高等农业院校“十二五”规划教材

第三方物流项目管理

（物流管理、物流工程专业使用）

辜丽川　主编

中国农业大学出版社
·北京·

内容简介

本书以第三方物流项目的生命周期为主线，围绕第三方物流项目管理系统展开阐述。全书共分10章，第一章介绍了第三方物流项目管理的基础理论，第二章介绍了第三方物流项目前期策划与启动阶段的主要工作。第三章至第七章介绍了第三方物流项目的计划与控制，包括范围、进度、成本、质量及风险等的计划与控制相关内容。第八章至第九章介绍了第三方物流项目实施阶段的主要工作与关键内容。第十章介绍了第三方物流项目收尾阶段的主要工作。附录以一个案例为主线介绍了 Project 2010 在第三方物流项目管理中的应用。在每章后面配备了阅读案例和练习题。

本书适合于物流管理及物流工程等相关专业的本、专科学生以及物流行业的从业人员的学习和参考。

图书在版编目(CIP)数据

第三方物流项目管理/辜丽川主编. —北京：中国农业大学出版社，2015.9
ISBN 978-7-5655-1391-6

Ⅰ.①第…　Ⅱ.①辜…　Ⅲ.①物流－物资管理－项目管理　Ⅳ.①F252

中国版本图书馆 CIP 数据核字(2015)第 210502 号

书　　名　第三方物流项目管理
作　　者　辜丽川　主编

策划编辑　姚慧敏　王笃利　　**责任编辑**　冯雪梅
封面设计　郑　川　　**责任校对**　王晓凤
出版发行　中国农业大学出版社
社　　址　北京市海淀区圆明园西路 2 号　　**邮政编码**　100193
电　　话　发行部 010-62818525,8625　　读者服务部 010-62732336
编辑部 010-62732617,2618　　出　版　部 010-62733440
网　　址　http://www.cau.edu.cn/caup　　**E-mail** cbsszs @ cau.edu.cn
经　　销　新华书店
印　　刷　北京鑫丰华彩印有限公司
版　　次　2015 年 9 月第 1 版　　2015 年 9 月第 1 次印刷
规　　格　787×1092　　16 开本　　14.5 印张　　356 千字
定　　价　31.00 元

图书如有质量问题本社发行部负责调换

前 言

在现代物流系统中，物流管理的重要特征是实现顾客满意为第一目标。由于物流市场客户需求呈现出个性化、多样化特征，也使企业物流的管理复杂化，越来越多的企业开始调整其物流管理经营策略和方法。一方面，更多的货主企业开始将物流服务外包给第三方物流企业。从第三方物流企业的角度讲，承接货主企业的物流外包业务为其提供物流服务产品，从洽谈合作到向顾客正式提交产品的过程可以当作一个项目来管理。另一方面，越来越多的第三方物流企业以物流作为独立的管理和核算对象，以考核不同物流产品生命周期的效益。在这种情况下，一种物流服务产品从创意到退出市场全过程也就具备了项目的特性，可以当作一个项目来管理。总之，在新的市场环境下，第三方物流企业传统的物流业务生产日趋具备了项目的特色，作业日趋项目化。

第三方物流企业的项目化运作，要求项目的组织者或参与者具有现代项目管理的一般理论知识、基本方法与技巧。物流工程是我国的一个年轻专业，为了培养出物流领域的项目高级管理人才，满足学科发展的需要，我们编写了这本《第三方物流项目管理》。

本书以第三方物流项目的生命周期为主线，围绕第三方物流项目管理系统展开阐述。第一部分介绍了第三方物流项目管理的基础概念、第三方物流前期策划和项目启动阶段的主要工作，第二部分介绍了第三方物流项目范围、进度、成本、质量及风险等的计划与控制相关内容。第三部分介绍了第三方物流项目实施阶段的相关知识与方法。第四部分介绍了第三方物流项目收尾阶段的主要内容。附录以一个案例为主线介绍了 Project 2010 在第三方物流项目管理中的应用。

本书建议学时为 32 学时，各章节建议学时分配见下表。

教学内容	学时数	教学内容	学时数
第一章　第三方物流项目管理概述	3	第七章　第三方物流项目风险管理	2
第二章　第三方物流项目启动	4	第八章　第三方物流项目组织管理	2
第三章　第三方物流项目范围管理	3	第九章　第三方物流项目采购管理	2
第四章　第三方物流项目进度管理	6	第十章　第三方物流项目收尾	2
第五章　第三方物流项目成本管理	3	附录	2
第六章　第三方物流项目质量管理	3		

本书共分 10 章，由安徽农业大学信息与计算机学院物流工程系教师编写。其中，辜丽川任主编，缪桂根任副主编，叶勇、罗红恩、王婧、吴雨婷参编。具体分工：辜丽川编写第一、十章，并负责设计全书结构、草拟写作提纲、组织编写和最后统稿工作；缪桂根编写第二、三章及全书

所有附录，王婧编写第五、七章 ，吴雨婷编写第六章，罗红恩编写第四章（不含附录 4A、附录 4B、附录 4C）和第九章，叶勇编写第八章。

在本书的编写过程中，深圳迈瑞医药科技公司物流项目经理许银甲、华为公司物流与供应链管理部门殷惠在提供资料、编书内容等方面给予了支持与有益的建议，在此表示衷心感谢。

书中直接或间接地参考、借鉴了一些相关著作（列于书末的参考文献），在此对作者和研究人员一并致谢。

由于编者水平有限，加之时间仓促，书中缺点和错误在所难免，敬请读者批评指正。

编　者

2015 年 6 月

目　录

第一篇　第三方物流项目启动

第二篇　第三方物流项目计划与控制

第三篇　第三方物流项目实施

第四篇　第三方物流项目收尾

第一篇　第三方物流项目启动

第一篇主要介绍第三方物流项目及其管理相关的概念、第三方物流项目启动阶段相关的内容。第三方物流项目按项目来源可分为外部物流项目和内部物流项目。外部物流项目是指来自第三方物流企业外部,为特定的货主企业服务的物流项目,通常以货主企业物流招标的形式出现。内部物流项目是指第三方物流企业自身提出的项目,如物流企业内部的新产品开发项目、信息系统使用培训项目、物流企业业务流程改进项目等。外部项目往往按照需求识别、提出解决方案、执行方案、结束项目等阶段进行。内部项目则往往按照需求识别、可行性论证、计划、制定运作方案、实施、试运行、项目结束等阶段进行。本篇首先对第三方物流项目管理的基本概念进行了介绍,在此基础上,从第三方物流内部和外部物流项目的角度,分别介绍了其启动阶段需要做的工作。

第一章　第三方物流项目管理概述

【导入案例】

中国邮政速递物流陆路运输网建设项目

中国邮政速递物流公司，是中国邮政集团公司旗下最新整合组建的、专业经营和管理全国邮政速递、物流业务的现代化综合快递物流企业。陆路运输网是任何一家实物性运输企业所必须拥有的、赖以发展和壮大的“必备武器”。由于中国邮政以及速递物流专业历史发展的原因，作为刚刚成立的专业公司，其实还没有真正意义上的自主陆路运输网，只能过多地依赖中国邮政传统的运输大网。随着公司的不断发展和壮大，传统的邮政大网和专业自身发展需求之间的矛盾日益加剧，不断深化。为此，着手建立速递物流自己的陆路运输网势在必行。

速递物流公司总部决定利用现代项目管理的理论组织开展这项工作。这对邮政企业而言，是一种尝试、一种探索、一种突破。要知道，中国邮政虽然成功实行了政企分开的改革，但日常工作管理方式、工作流程还属于典型的“国家机关式”管理，存在着灵活程度不高、管理层级多、管理成本高等问题。利用现代项目管理理论开展大型项目的管理工作，无疑可成为项目管理和实施的有力支撑。

资料来源：北京邮电大学硕士学位论文《中国邮政速递物流陆路运输网络建设项目的范围管理研究》。

问题：

1. 邮政速递物流公司为何要提出建设陆路运输网项目？

2. 利用现代项目管理理论开展大型项目的管理工作有何优势？

【本章概要】

- 项目的定义、特征、项目干系人
- 第三方物流项目的概念、类型和特点
- 第三方物流项目生命周期概念、阶段及特征
- 第三方物流项目管理的定义、特征、要素及工作过程

第一节　项　目

一、项目的定义

美国项目管理协会(PMI)在《项目管理知识体系指南(第5版)》中对项目下的定义为：项目是为创造独特的产品、服务或成果而进行的一次性努力。

下面是一些项目的例子：

(1)开发一种新的产品或服务；

(2)改变一个组织的结构、流程、人员配备或组织类型；

(3)开发或购买一套新的或改进的信息系统；

(4)开展一项研究，并记录下研究成果；

(5)建造一个仓库、工程或基础设施；

(6)实施、改进或提升现有的业务流程和程序。

二、项目的特征

项目的基本特征如下：

(1)一次性。一次性是项目与运作的最大区别。项目有明确的起止时间，而运作是无休止或重复性的活动。

(2)独特性。每个项目都会创造独特的产品、服务或成果。

(3)目标明确性。每个项目都有其明确的目标。项目的目标通常用质量、进度、成本等指标来界定。项目实施中的各项工作都是围绕实现项目的预定目标而进行的。

(4)组织的临时性和开放性。项目组织中的团队成员在项目的执行过程中会有增减变化。一个项目有时需要多个甚至数百个单位共同协作，它们可以通过合同、协议以及其他社会联系方式组合在一起，由此可知，项目组织并没有严格界限，而是具有良好的开放性。

(5)风险性。项目风险性是指由于各种条件和环境的发展变化以及人们认识的有限性而使项目结果出现非预期的损失或收益的可能性。例如，项目计划往往是基于很多假设条件而制定的，这些假设条件存在着很多的不确定性。这些不确定性正是项目风险的来源。

(6)资源制约性。任何项目在一定程度上都会受到项目所处的客观环境和各种资源的制约，包括项目所需的人力、财力、物力、时间、技术和信息等资源。因此，明晰开展项目工作究竟面临哪些约束条件，如时间约束、成本约束、质量约束等非常重要。项目的制约性是决定项目成败的关键特征之一。

这里，要将项目与运作区分开来。企业中有组织的活动可分为项目和运作两种类型。运作是连续不断、周而复始的，通常是遵循组织已有流程的重复性过程。相比之下，由于项目具有独特性、一次性的特点，所以其产出可能存在不确定性或差异性。项目活动对于项目团队成员来说可能是全新的，需要比其他例行工作进行更精心的规划。日常运作不属于项目的范畴，但是它与项目之间存在交叉。见表1.1。

表1.1　项目与运作的区别

比较内容	项　目	日常运作
目的	特殊的	常规的
责任人	项目经理	部门经理
时间	有限的	相对无限的
管理方法	风险型	确定型
持续性	一次性	重复性
特性	独特的	普遍性
组织机构	项目组织	职能部门
考核指标	以目标为导向(效果)	效率和有效性
资源需求	多变性	稳定性

三、项目干系人

项目干系人是指积极参与项目,或其利益受项目影响的组织或个人。

项目中会涉及的项目干系人如下:

(1)发起人。发起人是以现金或实物形式为项目提供资金来源的个人或组织。发起人对项目的成功与否承担着很大的风险,因此,项目范围变更的审批、项目阶段末的评审等工作都需要项目发起人参与决策。

(2)客户。客户即项目最终成果的需求者和使用者。客户可以是来自组织内部,也可以来自组织外部,客户也可以是发起人。客户是项目团队获得项目信息的关键来源,在项目范围的确定中客户起着重要作用,同时客户影响着项目的执行过程,并负责检验项目的可交付成果。

(3)项目经理。由上级组织授权或委派来保证按照客户的需求完成项目、并对项目全面负责的人。

(4)项目团队。项目团队是由项目经理、项目管理团队以及其他负责实施项目但并不参与管理工作的项目团队成员组成,为实现项目的共同目标而相互依赖、协同合作的群体。在有些项目中,发起人也可能是项目团队成员之一。

(5)项目管理办公室(PMO)。负责对其所辖项目进行集中协调管理的一个组织部门,其职责从提供项目管理支持到直接管理项目等。具体包括:管理其所辖范围内所有项目的共享资源;识别和研究项目管理方法和标准;开发和管理项目政策及其他共享文档;项目间的协调沟通。

(6)职能经理。指在企业的行政等各职能领域担任管理角色的人,如人力资源、财务、会计、研发或设计等部门经理。项目经理要与职能经理进行合作,从而更好地利用职能部门为项目提供服务。

(7)供应商。指以合同的形式提供项目所必需的组件或服务的外部公司。如原料、设备供应商,或服务供应商等。

(8)其他利益相关者。如政府有关部门、社区公众、项目用户、新闻媒体、市场潜在的竞争对手、专家顾问、项目班子成员的家属等。

项目团队必须仔细识别组织内部和外部的项目干系人,明确所有干系人的需求和期望,并设法满足和影响这些需求、期望,以确保项目能够成功。对项目干系人的分析应该在项目启动阶段就进行。随着项目生命周期的推进,各项目干系人的责任和权利也在不断变化,因此,项目干系人的识别和需求管理也应随着项目进展及时更新。

第二节　第三方物流项目

一、第三方物流项目概念

近年来,物流领域的项目大量涌现。上至国家、下至地方和企业都有不少与物流相关的项目。本书所称的第三方物流项目泛指第三物流企业所涉及的物流项目,包括多种类型的物流项目。

本书认为,第三方物流项目是指第三方物流企业在一定的时间、人员和其他资源的约束下，为创造和提供特定的物流产品、服务或成果而开展的一种具有独特性、一次性的活动。

二、第三方物流项目类型

（一）按第三方物流企业服务对象分

按第三方物流企业服务对象不同，可将第三方物流项目分为企业物流项目和社会物流项目。

1. 企业物流项目

企业物流项目是指面向特定货主企业的物流服务项目。目前，第三方物流供应商从事的物流项目大多属于此类，这是现代物流发展的趋势。这类项目必须满足特定客户的独特的物流服务需求，需要进行单独的设计。

货主企业购买物流服务的过程，实际上就是物流外包的过程。通常，货主企业通过招投标的方式来选择物流合作伙伴。货主企业发布物流服务招标书，对其物流服务要求进行详细的描述。物流企业如果想要参与物流服务项目承接的竞争，就必须撰写投标书并参与竞标。

这类项目也可以称为物流企业的外部项目。从物流企业的角度讲，该类物流项目的实施一般分为四个过程：

(1)需求识别。即识别理解客户的物流需求与问题，以更好的方式提供服务，满足服务需求。

(2)提出解决方案。根据对客户需求的理解，提出解决客户物流问题的方案，以使客户对物流公司能够顺利解决该问题充满信心。

(3)执行项目。在与客户达成协议后，物流公司根据拟订方案和相关协议为客户提供物流服务。在设备、人员等资源到位后，进行服务试运行，按照客户要求对服务成本、质量等进行评价，根据实际需要对服务进行完善。

(4)结束项目。服务试运行测试通过后，项目相关资源移交给服务运营团队，项目进入收尾阶段。在服务项目完成交接后，物流公司需要对项目的运作过程进行学习总结，积累相关经验。

2. 社会物流项目

社会物流项目是指非特定的，面向多个客户或社会大众的物流服务项目，通常体现为一项物流服务方案或物流技术措施。此类物流项目往往取决于物流供应商，如快递、搬运、零担物流等。这类项目也可以称为企业内部项目。

该类物流服务项目的实施一般包含需求识别、可行性研究、规划、制定运作方案、实施、试运行和项目结束七个过程。在项目结束后便可向物流服务作业转变，并将其业务内容固化为日常的物流服务作业。因此，这类物流服务项目的实施除了要进行客户需求识别和方案的制定外，还需要对方案的可行性进行论证，主要是对方案运作成本、能力及风险等方面的论证。为了检验方案实际运作效果，需要对方案进行小范围内的试运行。针对试运行的实际效果，对方案进行评价修改。根据修改完善之后的运作方案交付运营部门投入正式运作。最后，总结经验，项目结束。

（二）按第三方物流项目的来源分

1. 企业外部物流项目

这类项目来自于物流企业的外部，基本上等同于为特定的客户提供的物流项目。如货主企业招标的物流服务项目、帮助货主企业进行问题诊断并提出解决方案的决策咨询项目等，这类项目需要针对客户需求进行单独设计，项目形式较为正式。

2. 企业内部物流项目

这类项目来自于物流企业内部，如为向社会提供新的物流服务而进行的新产品开发项目，物流企业自身的人才培训项目、物流企业业务流程改进项目等。由于项目来自于物流企业内部，项目可能较为正式，例如需要成立专门的项目团队，也可能项目运作相对不那么正式，较为松散。

（三）按第三方物流企业提供服务的层次分

1. 运作层（微观）

运作层的服务是比较初级的物流管理服务，物流企业本身不涉及客户内部的物流管理和控制，只是根据客户的要求，整合社会物流资源，完成特定的物流服务。从物流市场发展的现状来看，运作层服务的外包是货主企业最重要的物流服务外包形式。因此，第三方物流公司应关注此类业务的开发。

2. 管理层（中观）

管理层的服务要求物流企业直接介入客户内部的管理，深入企业的销售、市场、生产、财务等环节，提供的服务包括销售预测、库存管理和控制等专业的物流环节，对物流管理的水平要求很高。因此，能够提供专业化物流管理的物流企业，往往能得到比较大的利润空间。

3. 规划层（宏观）

规划层的服务不仅要求提供管理和运作层面的服务，还要参与物流体系的规划与设计，这是物流服务中技术含量最高端的领域。因此，这需要有很强的专业性，只有少数第三方物流企业具备提供这类服务的能力，这类服务大多由专业的咨询公司提供。

4. 混合型

混合型的经营模式就是企业在不断拓展自己的经营层面，在核心能力得到加强的基础上，向其他经营层面延伸，以适应物流市场的发展需求。

（四）按第三方物流企业提供的业务类型分

1. 运输服务项目

(1)运输网络设计和规划。这类项目是指为特定的客户设计一个高效、协作的运输网络。

(2)"一站式"全方位运输服务。"一站式"运输服务是指物流企业提供多个运输环节的整合，为客户提供门到门的服务。

(3)外包运输能力。在此类项目中，客户不是完全外包运输业务，而是利用第三方物流企业的运输能力，由第三方物流企业提供运输车辆和人员，客户企业自己对运输过程进行控制和管理。

(4)帮助客户管理运输能力。这是一类比较新型的物流业务。客户企业自身拥有运输能力，如运输工具和人员，但在物流业务外包时，将这些运输能力转给物流公司，由物流公司负责运输工具的使用和维护及运输人员的工作调配。这类服务在国外比较常见，尤其是很多企业在采用物流外包服务前，一般都拥有自己的运输部门，在采用物流外包服务后，将这一部分能力交给专业的物流企业管理是一种比较好的做法。在我国，大多数生产制造企业都有自己的运输部门，这些部门的存在往往成为企业采用物流业务外包的障碍，采用由专门的物流企业管理客户企业运输工具和人员的做法值得推广。

2. 仓储/配送服务项目

(1)仓储管理。仓储管理一般包括货物搬移、装卸、存储等活动,是最常见到的传统的物流服务项目。

(2)代管仓库。代管仓库是一种比较常见的合作形式。这种情况一般发生在客户企业自己拥有的仓库设施,在寻求物流服务时,将自己仓库的管理权一并交给物流企业管理。

(3)库存管理。库存管理包含市场、销售、生产、采购和物流等诸多环节,一般企业不会将其全部外包,而是自身完成库存管理中最复杂的预测和设计部分。但在库存管理的执行环节,第三方物流却大有可为,如与仓储相关的库存管理主要涉及存货量的统计、补货策略等。在"一站式"物流服务中,物流企业甚至可以通过对客户历史数据的挖掘,为客户库存管理提供专业化的建议。

(4)配送网络的设计。配送网络的设计包括仓库定位、配送中心能力和系统设计等,是仓储/配送类业务中最具备技术含量的领域之一。这一部分服务功能可以作为独立的咨询项目存在,也可以作为物流服务整体解决方案的一部分。

(5)订单处理。订单处理是仓储/配送类业务中最常见的物流服务项目。客户企业在取得订单后通过物流企业完成拣货、配送和送货的工作。

3. 信息服务项目

在发达国家,信息服务是物流企业非常重要的服务内容。在我国,由于物流的企业信息化基础比较薄弱,这一服务内容还没有得到应有的重视。物流企业的信息服务一般包括以下内容:

(1)信息平台服务。客户通过物流信息平台,实现同海关、银行、合作伙伴等的连接(EDI对接),完成物流过程的电子化。我国有些城市目前正在推行电子通关服务,将来大量的物流企业都要实现同海关系统的连接,客户可以借助物流企业的信息系统实现电子通关。

(2)物流业务处理系统。客户使用物流企业的物流业务处理系统,如仓储管理系统和订单处理等完成物流过程的管理。随着物流复杂性的增加和物流业务管理系统的完善,这方面的信息服务还会加强。

(3)运输过程跟踪。通过全球定位系统和地理信息系统等跟踪手段,为客户实现运输过程和订单的实时跟踪。在我国,对运输过程的信息跟踪有大量的需求,国内已经具备了先进的跟踪技术和手段,但真正能够为客户提供实时信息服务的物流公司并不多,原因在于大多数企业还没有达到规模经济,一般客户也不愿意为信息服务支付额外费用。

(4)信息系统规划。物流企业以自身的行业经验和专业知识为基础,为客户定制物流信息系统规划。物流信息系统规划是物流系统规划的一部分,也是企业战略规划的一部分。它服务于企业的长期规划,是长期规划的手段和保证。物流信息系统规划是系统开发最重要的阶段,一旦确定了切身符合的系统规划,就可以按照数据处理系统的分析和设计持续进行工作,直到系统的实现。这是信息服务中最具备技术含量的领域之一。

4. 物流增值服务项目

(1)延迟操作。延迟是一种先进物流模式,是指将产品的差异化延迟到客户订单下达以后进行。在生产线上主要完成产品标准件制造,在接到订单后在仓库或配送中心根据产品特性完成相应的加工,比如涂上不同颜色、贴上不同的标签、分装或者安装不同配件等。我国许多第三方物流企业提供的贴标签服务或者在包装箱上注明发货区域等服务,都属于简单的延迟操作。

(2)包装/促销包装。随着物流模式创新,包装服务内容也更加丰富,如保护性包装、促销包装、配货包装等。

(3)零件成套。就是在不同的零部件进入生产线前完成预装配的环节,如汽车制造厂一般委托物流企业管理零配件仓库,在零配件上装配线前,在仓库内完成部分零件的装配。

(4)货运付费。物流企业提供的最常见业务。在物流服务过程中,物流企业一般代替客户支付运费,称作代垫、代付费用。

(5)支持JIT。这是一种新型的物流服务。在生产中,物流企业提供的服务有及时采购运输和生产的及时供货。

(6)咨询服务。物流企业提供的咨询服务有物流相关政策调查分析、流程设计、设施选择和设计、运输方式选择、信息系统选择等,现在一些物流企业还将咨询业务延伸到了供应链管理与方案设计等。

(7)售后服务。它是企业提供的新的服务领域,一般包括退货管理、产品报废服务、维修、保养、产品调查等项目。

(8)代收货款。代收货款作为物流企业提供的一种新型增值服务,在为企业快速传递货物的同时,为企业向终端客户收取货款,再转交给企业,并从中收取一定的手续费。当前我国很多物流企业已经开展此类业务,并且利润相当可观。近年来,我国电子商务市场发展迅猛,网购额一次又一次刷新,2014年"双11"仅阿里巴巴集团全天交易额就突破571亿元大关,为加强自身的竞争优势,越来越多的电子商务企业推出了货到付款服务,这也使得代收货款的需求强劲。从物流企业的角度看,以快递企业为例,很多快递企业在其传统递送业务上不赚钱甚至亏本运营,也迫切需要开拓新的业务增长点。代收货款业务不仅可以为物流企业赚取手续费,而且由于从收款到向企业回款有一个时间差,因此,代收的货款将是一个很可观的数目,可以为物流企业提供无息周转资金。

(9)电子回单。回单含义为各项目发货客户的书面订单,随同货物交付终端客户,并经终端客户签署的,需经发货(结费)客户认可的完整有效的发货单(送货单、终端客户入库单等)。需要在货物送达签收后及时收回,与客户进行运费结算,并作为订单完整完成的凭证。现在许多物流企业官网都能实现电子回单查询。

(10)物流审计。物流审计是为了提高企业物流的物流服务水平,降低企业物流成本,提高物流服务的核心竞争力,运用系统工程的思想,对物流环境、物流战略和规划、物流组织、物流资源、物流作业及物流成本等进行定期或不定期评估,并按一定评价标准和方法进行对比、取证、评价,进而提出改进和调整措施,修正不利于创造物流价值的部分,并达到持续改善物流系统性能,不断提高客户满意度的目的。通过对物流系统的全面审计,为企业制定或修订决策战略和运作计划提供数据和信息,以支持企业物流经营活动更加有效运行。

5. 供应链金融服务

在我国,第三方物流企业作为不可或缺的风险控制变量被商业银行等金融机构引入动产类质押业务操作中,第三方物流企业在供应链金融服务领域大有可为,可提供的服务包括供应链资金诊断与咨询、应收账款融资、贸易融资、现货质押融资等服务。

三、第三方物流项目的特点

第三方物流项目除具备一次性、独特性、目标明确性、组织的临时性和开放性、风险性及资源制约性等项目的一般的特点外，它还有其自身独特的特点：

(1)项目的产出以无形的服务为主。不管是来自物流企业的外部项目还是内部项目，其所有的工作都是围绕提供特定的物流服务而展开，项目的产出以无形的服务为主，如服务、解决方案、新产品等。

(2)前期的方案设计对项目的成败影响重大。作为服务型项目，其前期的方案设计往往决定了企业是否能够获得外部项目或其项目是否能被批准立项，并且也决定了后期实施能否实现项目预定的目标。

(3)通常，项目结束即转入日常运作。而越来越多的物流企业将为特定客户提供日常服务的环节按照项目制来运作，项目与运作的界限愈加模糊。例如，物流企业为获得客户下一年度的物流服务合同，成立专门的项目团队，组织人员编写投标书，参与投标，与客户签订服务合同后，由项目团队人员负责项目的实施，在项目正式投入运营后，项目团队成员转为运营团队，并将相关的车辆、仓库等物流资源划归该运营团队管理，服务的运营也是以项目制来运作。我们可以把正式的运营看作是日常运作，而站在合同物流的角度，也可以将其视为项目，因为一年合同期结束后，如果客户不续签合同，也就意味着项目的结束。

在此，有必要对第三方物流项目与物流服务作业这两类物流服务模式进行进一步的明晰。两者主要的不同之处在于：物流服务运作中存在着大量不断重复、周而复始的常规性物流作业，它们按照既定的业务流程操作；而物流服务项目是一次性的、独特的，它使企业具备提供某种服务的能力，或它就是为客户提供各种一次性的物流服务。

尽管物流项目与物流服务作业有很大的不同，但在物流企业发展中，两者又有密切联系。物流企业的创立本身就是从一个项目开始的，它按照市场或客户的需求，通过承接一个新的服务项目活动，使物流企业形成了提供物流服务的能力，从而获取盈利并得以生存和发展，并在此基础上重复物流服务作业。然而经过一段时间的运作之后，由于物流企业设备老化陈旧或环境及市场变化等原因，企业原有的设备可能已无法提供高品质的物流服务，不能适应市场需求。物流企业为了生存与发展，需要通过设备的更新改造项目、新产品开发项目、人才培训项目或与大客户的合作项目等来使企业恢复原有的生产能力或上升到一个新的作业平台。因此，在物流企业的整个发展过程中，总是如此不断地重复着项目与运作的交替过程，物流服务作业导致物流企业的量变，而物流项目使得企业产生质变。可以说，物流项目是物流企业跳跃式发展的动力。

第三节　第三方物流项目生命周期

一、第三方物流项目生命周期划分

项目从开始到结束可以划分为若干阶段，这些不同的阶段先后衔接起来便构成了项目的生命周期。阶段的名称和数量取决于参与项目的一个或多个组织的管理与控制需要、项目本身的特征及其所在的应用领域。阶段的结束通常以阶段可交付成果的交付为标志。阶段结束点是重新评估项目活动，并变更或终止项目的一个时点。这个时点通常称为里程碑。虽然每个项目都有明确的起点和终点，但具体的可交付成果及项目期间的活动会因项目的不同而有很大的差异。不论项目涉及的具体工作是什么，生命周期都可以为管理项目提供基本框架。

项目通用的生命周期划分法为将项目生命周期分为四个阶段:启动阶段、计划阶段、执行阶段、收尾阶段。见表1.2。

表1.2　项目生命周期的阶段

名称	主要内容	里程碑	可交付成果
启动阶段	确定项目需求;项目立项;可行性研究;建立项目组织;确定项目经理等	批准可行性报告(发布项目章程、签订合同)	可行性报告(项目章程、合同)
计划阶段	项目基本预算和进程的制定;为项目的执行做准备	批准项目计划	项目计划文件
执行阶段	项目实施;项目监督;项目控制等	项目完工	有待交付的完工产品或文件、软件等
收尾阶段	评价、总结项目目标的完成程度;项目交接	项目交接	完工产品和项目文件

生命周期的划分方法并不是唯一的,最为典型的就是上述的四阶段划分法。而根据第三方物流项目的不同类型,可以对其生命周期做出不同的划分。按照项目来源,可将第三方物流企业的项目划分为外部项目和内部项目。第三方物流企业外部项目通常是指为特定企业服务的项目。第三方物流外部项目的生命周期可划分为四个阶段:识别需求、提出解决方案、执行项目、结束项目。

项目生命周期的第一阶段是识别需求,包括对需求、问题或机会的确认,并促使客户向个人、项目团队或组织(承约商)征询项目建议书(项目设计方案),以便实现已确认的需求或解决问题。具体要求通常由客户在需求建议书中注明。通过需求建议书,客户可以要求个人或承约商提交其如何在成本约束和进度计划下解决问题的建议。但是,并不是所有的情况下都需要一个正式的需求建议书。如在一次会议或讨论中,人们通常会非正式地把需求定义下来。某些人可能会自愿或是按要求准备一份项目建议书,以决定是否由其承担项目。例如,物流公司希望对物流服务作业流程进行改善,管理层或某个经理会将流程改善的要求和预期达到的效果写下来,交给一个内部团队,而内部团队将会提交一份如何改善流程的项目建议书。在这种情况下,承约商是物流公司自己的内部项目团队,客户是公司管理层或经理。但无论如何,对需求进行准确识别是非常重要的。例如,流程改善的目的、范围、具体要求、预期的效果等。

项目生命周期的第二个阶段是提出解决方案。这个阶段可能会有若干个承约商(物流企业)向客户提交建议书。在这个阶段,承约商的努力非常重要。对需求建议书感兴趣的承约商,会花时间和精力来提出一个解决问题的方案,并估计所需资源的种类、数量,设计执行解决方案所需的时间。承约商将书面的解决方案提交给客户。例如,当某个生产企业提出外包其全国性的物流仓储、运输管理业务后,将会有若干个物流企业参与方案竞标,这些物流公司必须提出具有竞争力的解决方案,并提交给生产企业进行选择。生产企业选择一个优胜方案并与中标企业签订服务合同。然而不是所有的项目解决方案都必须通过招投标方式来完成。例如,物流企业自己内部的新产品开发项目,可能就由内部的项目团队来完成,内部项目团队向管理层提出一份新产品开发的项目建议书。由管理层决定是否批准项目建议书。项目建议书被批准后,进入项目运作方案制定阶段。

项目生命周期的第三个阶段是执行解决方案。此阶段始于客户与提交解决方案的个人或承约商之间服务合同的签订。此阶段即为项目的执行阶段，包括为项目制订详细的计划、然后执行计划以实现项目目标。在项目执行阶段，将会用到不同类型的资源，如人员、设备等。此阶段将最终实现项目的目标，使客户满意于整个工作高质量地在预算内按时完成。为了确保项目能够实现预期收益，在项目产品移交运营之前，可以在项目总工期中安排一段测试期（服务试运行），并基于干系人的最新基准来评价项目的成功。例如，某物流公司为客户完成了运输网络优化的设计和实施，并且新的运输网络顺利通过了运行测试，并付诸实际运作，那么第三个阶段也就完成了。如果运行测试未达预期效果，还需进一步调整优化直至达成预期目标第三个阶段才算完成。

项目生命周期的最后阶段是结束项目。当项目的阶段目标或最终目标已经实现，或者项目的目标无法实现时，项目就进入了结束阶段。在此阶段，项目团队将已完成或取消的项目移交给客户，进行财务方面的清算，并进行团队相关工作总结。此处需要注意的是，当我们预期项目目标将无法实现或实现目标的代价太大的时候，可以人为地终止项目。这一阶段的一个重要任务是评估项目的绩效，以便从中得知该在哪些方面进行改进，在未来执行相似项目时有所借鉴。这一阶段应该包括获取客户反馈信息以测量客户满意度，以及测量项目是否达到了客户的期望。同时，也应该从项目团队那里获取反馈，以便得到有关未来项目绩效改善方面的建议。

第三方物流内部项目的生命周期可划分为以下七个阶段：需求识别、可行性研究、规划、设计运作方案、实施、试运行、项目结束。

项目生命周期的长度从几个星期到几年不等，依据项目内容、复杂程度和规模而定。以项目生命期的典型的四阶段划分为例，并不是所有的项目都必然经历项目生命周期的 4 个阶段。例如，物流公司经理决定改变仓库货物的摆放位置以提高流通效率，他可能简单地批示，让仓库主管主持这一项目，并用仓库员工去执行项目。这种情况下就无须发布需求建议书，也无须征集项目建议书。一些小的项目可能只涉及执行阶段。如一些一次性的运输任务，可能仅涉及派车参与运输，项目生命周期的前两个阶段（启动与计划阶段）就与这个项目无关。有的时候，客户可能并没有提出明确的需求，而是邀请承约商进行实地考察，希望承约商为其提供问题分析和诊断，并结合承约商自身条件和物流服务优势，为客户提供一套完整的物流解决方案。这种情况下，项目生命周期是相对松散和不太结构化的。

二、第三方物流项目生命周期的特征

在第三方物流项目实现过程中，项目生命周期的各个阶段的资源投入情况、项目风险程度和项目干系人对项目的可控性均有所不同。一般而言，项目生命期都有如下特点（图 1.1）：

（1）项目资源投入具有波动性：成本和人员水平的分布是低—高—低。在项目启动阶段，主要投入的资源是项目管理团队的智力劳动，而物力和财力的投入较少。进入项目的执行阶段后，项目所需的各种资源（人力、物力、财力）的数量将迅速增加，并达到最高峰。项目收尾阶段，投入水平随之下降，直到项目终止。

（2）项目面临风险程度逐渐变小：不确定性因素随着项目进行逐渐减少，项目成功的概率随时间推移上升。

（3）项目干系人对项目的控制力逐渐减弱。在项目开始时，项目干系人对项目的成本和可交付成果的特征影响是最强的，随着项目进行，项目干系人的影响力会逐渐减弱，这主要是因为随着项目的深入，变更和纠错成本不断增加的缘故。

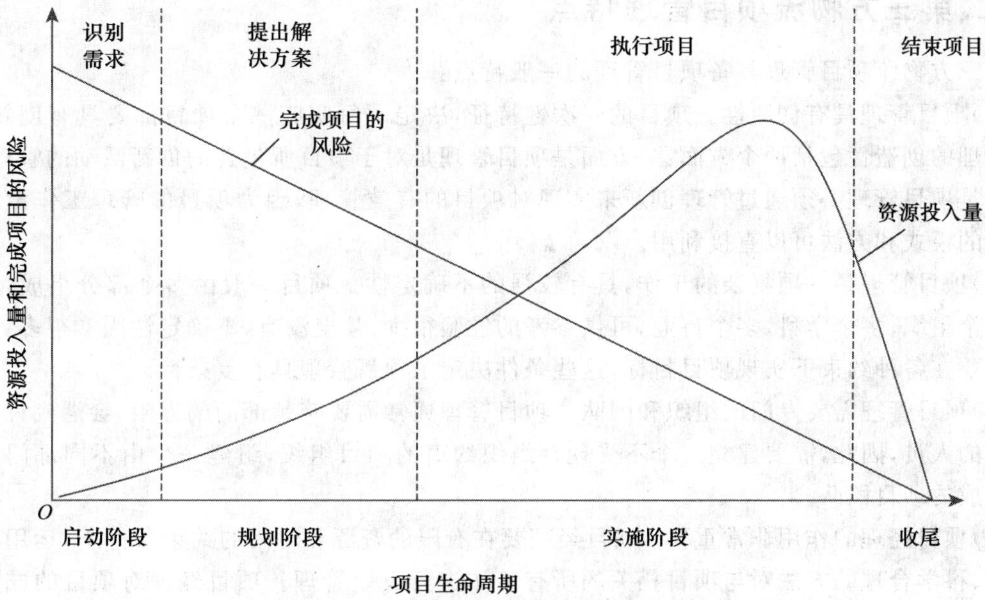

图 1.1　项目生命期资源投入示意图

第四节　第三方物流项目管理

一、第三方物流项目管理定义

和“第三方物流项目”一样，“第三方物流项目管理”至今也没有明确的定义。本书对第三方物流项目管理给出如下定义：第三方物流项目管理是指以第三方物流项目及其资源为对象，运用系统的理论和方法对项目进行高效率的计划、组织、实施和控制，以实现项目目标的管理方法体系。

第三方物流项目管理的要点如下：

(1)第三方物流项目管理的主体是项目经理。项目经理被授权在一定的时间、资金、人员等约束情况下完成项目目标，有权独立进行计划、资源调配、协调和控制，他必须使项目团队成为一个在工作上配合默契，具有积极性和责任心的高效群体。

(2)第三方物流项目管理的客体是物流项目本身。项目管理是针对项目的特点而形成的一种管理方式，因而它的适用对象是项目。

(3)第三方物流项目管理的职能由计划、组织、协调和控制组成。项目管理的职能是由项目经理执行的，他通过高效地运用这些职能来实现项目的目标。

(4)项目管理的任务是对项目及其资源进行计划、组织、协调、控制。注意，项目管理的任务与项目的任务含义是不同的。如一次特殊货物的专项运输项目，项目的任务是按照客户的要求实现特殊货物的空间位移，而项目管理的任务是对这个专项运输项目及其资源进行计划、组织、协调和控制,以圆满实现项目目标。

(5)项目管理的目的是实现项目的目标。即提供符合客户要求的产品或服务。

二、第三方物流项目管理特点

第三方物流项目管理具备项目管理的一般特点:

(1)项目管理具有创造性。项目的一次性特征,决定了每实施一个项目都要具有创新性。项目管理的创造性包括两个方面:一方面是项目管理是对于项目所包含的创新活动的管理;另一方面是项目管理必须通过管理创新来实现对项目的有效管理,因为项目的管理工作没有一成不变的模式和方法可以直接利用。

(2)项目管理是一项复杂的工作,具有较强的不确定性。项目一般由多个部分组成,工作跨越多个组织、多个学科、多个行业,可供参考的经验很少,甚至没有,不确定性因素很多,而项目管理要在各种约束下实现项目目标,这些条件决定了项目管理具有复杂性。

(3)项目管理需要专门的组织和团队。项目管理通常需要跨越部门的界限,会遇到许多不同部门的人员,因此,需要建立一个不受现存组织约束的项目组织,组建一个由不同部门专业人员组成的项目团队。

(4)项目经理的作用非常重要。项目经理要在有限的资源和时间的约束条件下,运用系统的观点、科学合理的方法对与项目相关的所有工作进行有效管理。项目经理对项目的成败起着非常重要的作用。

【课后习题】

1.第三方物流项目有哪些类型?

2.第三方物流项目有哪些独特性?

3.列举出5个日常生活中你曾参与的项目?

4.举例说明你曾参与的某一个项目所涉及的项目干系人有哪些?

5.第三方物流项目与物流服务运作有什么关系?

6.第三方物流项目的生命周期如何划分?

7.制约第三方物流项目目标实现的因素有哪些?

8.项目管理的五个管理工作过程之间是什么关系?它们与项目的生命周期的四个阶段有何关系?

【案例思考】

宝供物流战略与运营体系优化项目启动

2014年2月28日上午11:00,宝供物流企业集团有限公司与IBM"宝供物流战略与运营体系优化项目"启动大会正式开始。经过20年的发展,作为第三方物流的领先企业,面对新的形势与挑战,如何更好地拥抱变化把握商机,适应需求,宝供物流将与IBM强强联手,借助IBM高瞻远瞩的视野与广阔的战略眼光,助推宝供转型升级,实现宝供为客户创造价值的核心理念,同时,此举亦将有力地推动中国第三方物流产业转型升级,开创物流领域新的商业模式。通过拥抱科技实现产品创新，服务创新，业务流程创新，业务模式创新，持续提升客户满意度。

资料来源：http://www.pgl-world.com/news/detail.aspx? uid=100000012027559

问题：

1. 上网查找关于宝供物流的资料，了解这个企业的发展历程及现状，深入探究宝供提出转型升级的背后原因。

2. 在我国第三方物流企业转型升级的过程中，将会涌现出哪些物流项目？

3. 第四方物流企业将在第三方物流转型升级中扮演什么样的角色？

第二章　第三方物流项目前期策划与启动

【导入案例】

大连星玛电梯有限公司实施第三方物流案例

大连SIGMA电梯有限公司制造工厂物流管理部下设包装、仓储和发货三个分部，包装部下设国内包装和海外包装，仓储部下设原材料库和产成品库，发货部下设国内发货和海外发货。

公司的物流费用主要分为包装和运输两部分。

2009年8月5日，厂长要求物流部门将2009年的物流成本减少300万元人民币。物流部于部长决定召集部门成员开会商讨此事。

包装主管A说道：包装费用从2004年逐年递减，但是每年的木材费用及人工费用在逐年增加，即使在这种情况下，包装费用单价也是在逐年递减。去年的包装费用节减了15%，是因为受经济危机的影响国内木材价格下降，但是现在危机已经过去了，木材价格又涨上来了，各个供应商喊着涨价，甚至已经要以断货相要挟了，而按照我们的包装方法，现在给供应商的利润空间不到6%了，再降价的可能性几乎没有。我们的包装结构已经在去年降价的时候做出了调整，现在已经没有改善的可能性了，所以包装成本的节减不太容易了。

运输主管说道：其实运输费用和包装费用的情况差不多，运输费现在下调的空间几乎没有了。由于海外项目的船运价格占的运输费用比较大，这里我就国内项目运输费用单价和国内柴油价格自2004年6月到2009年6月的价格趋势做一个比较。从2004年6月到2009年6月，国内的柴油价格涨幅超过一倍，而我们的运输费用下调了25%。现在的运输公司已经是比较有实力的公司了，如果再下调的话困难会非常大。

1周后，大家提出了六个方案：①按照工厂的要求招标，看有没有其他的公司可以完成业务。②将运输公司变成一家，降低价格，增加运输公司的营业收入，降低利润率。③将包装公司变成一家，降低价格，增加包装公司的营业收入，以达到降价目的。④改变包装方法，由木箱改成纸箱。⑤由全封闭的包装箱改为半封闭的包装箱。⑥允许运输公司拼车。

但最终因为各种原因这六个方案都被否决了。看来真是没有好的办法了。

这时，A先生说话了：我有一个想法，现在还没形成方案，就是实行第三方物流。简单地说，就是由一家物流公司完成全部的包装、仓储、发运等作业，这样即使单价下降，但是物流公司的总营业额逐渐变大，同时他的利润也在上升，这样，有可能完成我们的成本节减任务。

大家一听说3PL，都不陌生，都知道，可是，现在能实现吗，得拿出可行性方案给厂长。

于部长做了总结布置：我们先找几家物流公司比比价，看看具体能节减多少？要拿出可行的方案，这要求运输主管和包装主管联起手来，共同去开发一家新的外包公司，这家公司必须有实力满足我们的要求。希望你们能在短时间内给出可行性方案。

资料来源：大连理工大学硕士学位论文《大连星玛电梯有限公司实施第三方物流案例研

究》。

如果把大连星玛电梯有限公司实施第三方物流看作是一个项目，结合本章知识回答以下问题：

1. 已识别的需求是什么？项目目标是什么？

2. 项目应具备什么样的假定条件？项目牵涉到的风险是什么？

【本章概要】

- 第三方物流项目需求识别
- 提出第三方物流项目解决方案
- 第三方物流项目可行性研究
- 第三方物流项目经济评价
- 第三方物流项目不确定性分析
- 第三方物流项目启动

第一节　第三方物流项目需求识别

一、需求识别

项目来源于各种需求和要解决的问题。需求识别是项目生命周期的第一个阶段。它起始于需求、问题或机会的产生，结束于需求建议书的发布。

对于一个企业，当它觉察到涉及物流的一个问题或一个投资机会，就可能会产生一种解决该问题或介入这项投资活动的“愿望”。这种愿望就是第三方物流项目需求的来源。任何新的项目都是以市场需求为出发点的。

物流是一个非常巨大的市场。然而在长期的发展和激烈的市场竞争中，一般能够想到提供的服务产品大多数已经饱和。第三方物流企业除了参加特定客户物流服务招投标活动获取项目外，还要不断开发新的产品，为客户提供新的服务。要实现这一点，就需要善于识别新的项目。

对于第三方物流企业，发现、挖掘有利的投资地点、服务领域的项目有：

(1)关注国家或地区物流发展战略和规划，从中分析预测项目机会。国家或地方经济发展规划中蕴含着许多项目。

(2)帮助客户企业整合物流功能，提供全套的供应链物流服务，拓展物流服务的高端市场。

(3)积极争取专项或专户合同物流，扩大物流企业经营范围，提高企业知名度。例如全国知名的宝供物流企业集团起家的物流项目就是 1994 年为宝洁公司配送全国的日用消费品。一炮打响后，企业业务范围不断扩大，到 20 世纪末，已在中国香港、北京、上海和曼谷等地设立了 40 多个分公司或办事处，从而成为国内第三方物流企业发展的典范。

(4)通过企业生产要素的合理组合，启动需求，产生项目机会。如：①对于国内第三方物流企业，可以通过大范围、国际的生产要素的优化组合，与国外物流企业结成战略同盟，共同向特定的客户提供全方位的物流服务。在国际物流领域，这种“组合”式合作越来越为人们所重视，通过它能演绎出各种各样的项目。②开发计算机信息管理系统，提高数据传输效率，使物流过程“透明化”，业务电子化，使物流企业与服务客户之间的战略伙伴关系更加紧密。③改造车辆、仓库，使之满足特种货物运输与仓储需要，开辟特种物流市场。

在许多情况下，识别市场前景的新项目本身就是一个项目。物流市场的发展催生了一类新的企业——物流策划公司和物流咨询公司等。其主要工作就是通过市场调查研究，在物流企业尚未意识到潜在的项目时，帮助其进行项目构思、目标设计、可行性研究、技术设计，为企业抓住发展机遇，咨询公司本身也获得可观的经济报酬。

以上项目机会可以分为来自物流企业外部和来自物流企业内部两种类型。也就是说，一种是来自于外部客户的需求，另一种是来自于物流企业内部为推动企业更好地发展而产生的项目机会。来自于物流企业外部的项目，如为特定的客户设计物流解决方案的项目，其项目的需求识别主体往往是客户，客户在清晰定义问题和需求后，将其对项目的详细要求写入需求建议书，并向社会公开征集项目建议书。物流企业可以选择参与物流项目承接的竞争。来自于物流企业外部的项目，还有一种类型是客户没有提出明确的需求，而需要物流企业帮助客户进行需求的识别，并形成一套完整的物流解决方案。而来自于物流企业内部的项目，其需求识别的主体往往是物流企业自身。

通常企业识别出的需求可能有多个，但由于资金、人力等的限制，往往无法使所有这些需求都得到满足，在这种情况下，企业必须进行项目选择。

二、需求建议书

需求建议书(requirement for payment，RFP)是客户项目意向的一种表现形式。它是从客户的角度出发，全面、详细地向承约商或项目团队阐述为满足其特定的需求所要做的全部工作的书面文件。详细完备的需求建议书能够使承约商或项目团队明确客户期望的项目产品，同时也是他们完成项目建议书(投标书)的基础。如货主企业向物流企业发出的投标邀请书就是一份典型的需求建议书。

项目需求建议书通常包括以下内容：

(1)项目的工作说明书(statement of work，SOK)。工作说明书涉及项目的范围，要概括指出要求承约商或项目团队执行的任务或工作单元。比如一个物流中心规划项目，要让承约商明白是仅做物流中心整体规划还是各功能区规划也要做。

(2)交付物。交付物是承约商所提供的实体内容。作为一个物流中心规划项目，承约商最终的交付物是“规划报告和图纸与说明”。对于一个物流网络的整合项目，交付物是“物流网络的整合方案”。交付物也可能包括客户要求承约商提供的定期进度报告或终期报告。

(3)项目范围的规定。承约商所提出的解决方案所必须满足的物理参数和操作参数。如大小、数量、颜色、重量、速度以及其他。对于物流中心规划的方案应能充分地体现出客户对物流中心的大小(如分种类的仓储面积、建筑层次)、布局(仓库区、加工区、停车区、商务办公区位置与相互关系等)、功能(满足仓储、加工、配送、交易等)、外观(包括建筑的颜色、绿地率、绿化率及绿化方案)等目标要求。

(4)客户供应条款。客户供应主要涉及项目实施上客户应提供的保障及物品供应。比如提供物流中心地块的方位、面积、地块作用现状、与城市基础设施衔接条件等。如提供现有网络中客户需求量、客户点位置、仓库位置、仓库容量、客户对服务水平要求、运输费率等条件。

(5)客户付款条款。这是承约商最为关心的内容。项目的付款有分期付款，也有一次性付款，视项目的性质、规模而定。客户在需求建议书中要明确采用的支付方式。比如，物流中心规划项目签约后，支付给承约商 50％的约定金，作为项目启动费和初期工作费；待项目初步方案提交后，再支付 30％的约定金；整个项目结束，再支付剩余 20％的约定金。

(6)项目进度计划。项目的进度通常是客户关注的重要方面，因为它将直接影响客户的利益，甚至打乱客户的整体战略部署。因此，客户一般都在项目建议书中对项目的进度做出明确的要求。如自签约 6 个月内提交正式的物流中心规划方案报告，或者是给出更详细的时间进度要求，如阶段性的设计评审。

(7)项目评估标准。指对交付物的评估标准。项目实施的最终标准是客户满意。这种满意可以是定性指标也可以是定量指标。比如，物流中心的规划的定性指标为：理念先进、布局合理、功能齐全、环境协调，并要求规划方案能通过专家的技术评定。若是要从多个承约商中选择，此标准可能包括如下内容：①承约商从事类似项目的经验。承约商多长时间以前曾做过类似的项目？他们是在预算内并且按时完成的吗？客户满意吗？②承约商提出的技术方法。使用哪种类型？③进度计划。承约商能否遵循所要求的进度计划？④成本。成本估算合理吗？是否看起来承约商提交了一份低成本预算，但在项目进行中会增加成本而导致最终的成本远远超出原始预算？

(8)需要客户审批的内容。如物流中心规划项目的分部分设计的阶段性审批。

(9)客户想使用的合同类型。合同种类很多，如固定价格合同、实际成本合同等。

(10)承约商项目建议书的格式和内容。若要在多个承约商间比选，就应该在承约商申请书的内容与格式上达成一致，这样才可以公平地进行评估。

(11)要求承约商提交申请书的最后期限。

(12)客户预算。一般客户很少透露这一项。但客户通常都希望承约商提交的申请书能以最合理的成本满足需求建议书中所列的要求。但是，客户暗示一下大致的费用数额也是有用处的。例如，在需求建议书中说明物流中心投资的总费用大约是 10 亿元，这样承约商就会提交与预算资金水平相适应的申请书，而不是提交远超出客户的负担能力的申请书。那样，承约商可能得重新修改申请书。

(13)其他。如违约责任处罚内容。按期、保质、保量交付项目是项目约定的重要内容，若承约商不能达到客户满意，将面临一定的经济损失。

项目需求建议书通常是正式的，但有时也可以是非正式的，例如项目是由公司内部团队完成时，口头传达或起草一份非正式文件即可。

当需求建议书完成后，客户就向可能的承约商发送需求建议书(投标邀请书、招标公告)，向承约商征集项目建议书(投标方案)。承约商的选择通常采用招投标的方式。

并不是所有的项目生命周期都包括书面需求建议书的准备和后续的承约商申请，有时候可以从界定需要做什么直接进入项目生命周期的执行阶段，这样就跳过了需求建议书和项目建议书两个阶段。例如项目由公司内部团队完成时，可能就只是简单的任务布置，直接进入执行阶段。还有的项目，并不是在正式的需求建议书中写出具体要求，而是通过与几个承约商进行沟通交流，然后寻找并选择与他们的要求和预算相称的供应者。

第二节 第三方物流项目解决方案

承约商若对客户的需求建议书有兴趣，或是客户项目交由内部团队完成，则承约商或内部团队需要有针对性地提出解决方案。这个阶段也可以看作是第三方物流项目生命周期的第2个阶段。它开始于需求识别阶段的完成，需求建议书已经形成，结束于选出合适的承约商、组织或个人并签订合同。对于一些内部项目，可能不是那么正式，如无须向外征求竞争性的建议书或投标书，公司管理层直接指定某个小组或团队来提交一份方案，方案中注明活动内容、需要用到的资源、资源成本、进度计划等，管理层接到方案，可以决定是直接进行项目还是继续修改方案，如果决定进行下去，项目就可以直接进行到项目生命周期的第3个阶段——为项目创建一份详细的计划并且执行计划，直到完成项目目标。对于一些小型项目，可能既没有需求建议书也没有详细的解决方案，而是在确定需求后，直接进入项目生命周期的计划和执行阶段。

第三方物流项目方案是针对客户需求而做出的物流项目规划和实施计划，是第三方物流企业提出的物流服务解决方案。是物流项目服务的承诺、方法、措施以及建议，既是计划书，又是可行性报告，更是作业指导书。

典型的第三方物流项目方案主要有三种形式：一是项目投标书。指向客户企业进行物流服务投标而形成的物流方案；二是项目建议书。指物流客户提出具体的物流服务要求，或者提出物流服务意向，物流企业通过分析这些具体要求和意向，针对客户的物流实际情况进行策划和设计的物流服务方案。还有一种情况是物流企业在分析研究物流市场中，自己发现物流市场机会，并经充分认证和实际考察，逐步形成的社会物流方案；三是具体方案报告，是针对具体的工商企业的物流需求而设计的解决方案。

一、项目投标书

第三方物流的企业物流客户往往通过招投标的方式来挑选物流伙伴。因此，第三方物流企业若想获得特定的客户的项目，必须准备投标书参与竞标。因为准备投标书是要花费时间并且消耗成本的，而如果物流公司在方案竞标中未能获胜，客户一般不会对其提供补偿，所以物流公司必须对中标的可能性进行评估，以决定是否参与投标。

准备项目投标书的工作可以是一个人就能胜任的简单任务，也可能是需要组织中的一个小组与一些具备各种专长和技术的人员共同合作的资源密集型活动。对于很大的项目，准备投标书的过程本身就是一个完整的项目，物流企业可能会委任一名投标项目经理，由他来协调投标小组的工作：项目经理负责组织投标团队，建立一个在客户规定日期前完成标书的进度计划。进度计划应当包括每个成员在起草标书中所负责部分的完成日期，与投标团队中适当的成员进行审议的日期，标书拍板定型的日期，内部管理层进行评估和批准的日期，标书打印的日期，标书邮寄的日期等。

投标书是一份推销文件，而不是技术报告。在投标书中承约商必须突出其不同于竞争者的因素，并强调，如果客户选择承约商执行项目，客户将会获得的好处。

投标书通常包括三个部分：技术、管理和成本。投标书的详细程度取决于项目的复杂度和需求建议书的内容。有的需求建议书规定了投标书的页数。

二、项目建议书

项目建议书是承约商对项目构思的具体而详细的书面表述。第三方物流的内部项目往往需要项目团队提交一份项目建议书(或可行性研究报告),以便企业管理层能依据项目建议书做出是否批准项目的决定。来自外部的企业物流项目,在企业客户提出具体的物流服务要求或没有提出明确的需求需要承约商帮助其明确需求并提出解决方案的情况下,客户要求承约商进行科学论证并提出项目建议书。这时候的项目建议书是第三方物流针对客户的实际情况进行策划和设计的物流服务方案。项目建议书中要做出关于能基本满足物流服务要求的思想、概念和初步的服务承诺,以及能达到承诺所具有的服务能力,展示物流服务优势是物流项目建议书的重要组成部分。同时,在项目建议书中可以阐明自身的物流服务模式,使客户对其物流服务水平和服务质量有一个大致的了解。如有必要,也可以初步给出服务报价。物流项目建议书是进行物流市场营销的重要手段之一。

承约商要花大量时间和资金来准备项目建议书,其中许多结论性意见都来自于对项目所做的可行性研究。

三、具体方案报告

具体物流项目方案报告是针对具体的工商企业的物流需求而设计的解决方案。这种物流方案针对性强、富有个性,能满足具体企业的物流需求。目前我国很多企业选择将物流服务外包出去,他们在进行物流外包时,往往寻找具有一定水平和规模的物流企业,并向物流企业详细说明物流服务需求原则、要求和大致意向,由物流企业和客户企业联合组成物流方案设计小组。方案设计小组主要由物流企业负责,客户企业负责全力配合并提供调研所需的各种资料和数据,经过方案设计小组人员双方多次协商研究后,制作具体物流方案建议书。物流方案建议书的基本原则经客户企业和物流企业董事会评估和通过后,物流方案小组再进行技术细节的设计,最终形成具体物流方案报告(包括可行性研究)。

第三节　第三方物流项目可行性研究

先论证,后决策是现代项目管理的基本原则。由于任何项目都有多种可能的实施方案,不同方案产生的效果也不相同。同时,未来环境具有一定的不确定性,同一方案在不同环境条件下也可能导致不同的效果,如何在项目建设之前,对未来多变的环境条件,做出准确的判断,规避可能的风险,是项目论证的主要目标。项目可行性研究是当前国际上普遍采用的项目论证方法。

一、项目可行性研究的含义与阶段

1. 可行性研究的含义

可行性研究是在具体实施某一项目前,对项目方案是否可行以及潜在的效果进行分析、论证和评价的工作。它综合运用技术、经济、管理多种学科的决策技术,是项目建设前期工作的核心内容。项目可行性研究的目标可主要概括为两个:①分析并确认项目的必要性和可行性;②给出各种备选方案的评估结果和优先序列,以供项目决策者选择。因此,项目可行性研究的最终目的，在于用目前有限的资源（人、物和财力），保证所选择的项目能够最大限度地满足项目投资者所追求的目标。

2. 可行性研究的阶段

在投资决策方面，西方发达国家普遍采用三阶段决策：投资机会研究、初步可行性研究和（详细）可行性研究。机会研究是对项目的设想进行鉴别，确定投资方向；初步可行性研究是为投资项目能否进行提供依据；可行性研究则是对项目的实施提供较为详细的依据。在上述三个可行性研究的任何一个阶段，只要研究结论为“不可行”，则不必进行下一个阶段的工作，项目周期到此为止；反之，则继续深入研究，直至全部通过评审。对于大型的、复杂的、不明确的项目，可行性研究的每一阶段都很必要，都是研究的重点；而对于小型的、简单的、明确的项目，也可简化调整论证的步骤，不一定通过全部三个阶段。

二、可行性研究报告的编制

在我国实行审批制的政府投资项目，项目单位应向发改委等相关审批部门报送可行性研究报告。对于企业不使用政府投资建设的项目，区别不同情况实行核准制和备案制。其中，政府仅对重大项目和限制类项目从维护社会公共利益角度进行核准，其他项目无论规模大小，均为备案制，项目的市场前景、经济效益、资金来源和产品技术方案等均由企业自主决策、自担风险。也就是说，对于非政府投资的项目，由企业自主决策是否要进行可行性研究及可行性研究的详细程度；而对于政府投资的项目，应编制可行性研究报告，且承接可行性研究报告编制工作的承约商必须是具有法人资格并经国家有关机关的资质审定的咨询单位或设计单位。

由于各行各业项目的目标与内涵上的差异，不同性质的项目其项目可行性研究报告编制要求和结构组成是不相同的。即使物流投资项目，其涉及的领域也较广泛，可以是物流中心建设项目，也可以是具体的某一专用仓库建设项目，还可以是物流企业的信息系统建设或改造等。这里以物流配送中心建设项目为背景，介绍物流投资项目可行性研究报告编写纲要。

1. 总论

总论作为可行性研究报告的首要部分，要求对整个研究工作和研究结果给出概貌性叙述，对项目的可行与否提出最终的建议，为决策部门的审批提供方便。主要内容包括：

(1)项目背景。包括：①项目名称；②业主单位概况；③可行性研究报告编制的依据；④项目提出的理由与过程。

(2)项目概况。包括：①项目拟建地区和地点；②项目建设规模与目标；③项目主要建设条件；④项目提出的理由与过程。

(3)项目研究结论。包括：①项目服务范围与物料种类；②项目工程技术方案；③项目投入的总资金及效益情况；④项目建设进度；⑤主要技术经济指标。

(4)问题与建议。就项目实施中可能存在的问题提出解决的方案和建议。

2. 市场供需分析

任何一个项目的建设规模和技术方案的选择都需要在对市场需求情况有了充分的了解之后才能做出决定。市场分析要求在既有调查的基础上，对未来情况做出预测和判断，市场分析和预测的结果是物流中心服务定价和收入的最重要的依据，其分析的可靠性最终影响到项目的营利性和可行性。主要内容包括；

(1)市场调查。包括：①拟建物流中心的服务客户与范围的市场调查；②既有物流中心替代条件的调查;③与物流中心作业相关的成本与收费调查。

(2)市场预测。包括:①使用物流中心企业未来产品需求量预测;②未来企业产品销售网络与品类数量变动趋势预测;③物流服务价格预测;④企业营销与竞争力分析;⑤物流中心运作的市场风险分析。

3. 厂址选择

本部分生要研究内容是确定物流中心的合理位置。它需要考虑其服务的企业位置、道路交通条件和公共设施供应条件,在技术经济分析的基础上,给出推荐意见,主要内容包括:

(1)建设条件。包括:①既有仓库和设备的可利用量;②周边的道路交通条件;③与公共交通系统的联系条件;

(2)场址选择。包括:①场址现状;②厂址方案比选;③推荐的场址方案。

4. 技术、设备和工程方案

技术和工程方案是可行性研究的重要组成部分。通过研究物流中心的生产方法、作业流程、设备选型及其平面布置等问题,形成完整的技术方案。并且在此基础上估算土建工程量和计划设备购置种类与数量。在此部分,除文字叙述外,还要通过图表形式给出工艺流程设计、平面布置方案和一些重要的数据和指标。主要内容包括:

(1)技术方案。包括:①功能及作业流程确定;②仓库种类、规模确定;③信息系统规划。

(2)设备方案。包括:①主要设备选型;②主要设备清单。

(3)工程方案。包括:①主要建、构筑物结构方案;②特殊基础工程方案;③建筑安装工程量及"三材"用量估算;④主要建、构筑物一览表。

5. 总平面布置与公用辅助工程

根据项目各单项工程、作业流程、场内外交通运输和辅助工程条件等情况,按场地的自然条件、作业要求与功能以及专业设计规范进行物流中心的总体平面布置,主要内容包括:

(1)平面布置。包括:①平面布置方案比选;②总平面布置主要技术经济指标。

(2)交通方案。包括:①场内外运输量及运输方式确定;②项目对周边交通的影响分析。

(3)公共输助工程。包括:①给排水工程;②供电工程;③通信设施和计算机网络;④其他设施(如供热,供气、维修等)。

6. 环境保护与劳动安全

建设项目一般会引起项目所在地自然环境、社会环境和生态环境的变化。作业流程和工作环境的方案也影响着劳动者的健康和安全。这些问题都需依据国家有关环境保护的法律和法规,对项目可能造成的近期、远期的影响做出评估,尽量减少对环境和劳动者生命和财产安全的不利影响。对存在一定影响的项目,还要提出治理和保护环境与劳动安全的具体防范措施。主要内容包括:

(1)环境影响评价。包括:①环境条件调查;②影响环境因素分析;③环境保护措施。

(2)劳动安全卫生与消防。包括:①危险因素和危害程度分析;②安全防范措施;③卫生保健措施;④消防措施。

7. 组织机构与人力资源配置

合理科学地确定项目组织机构和配置人力资源是保证项目建设和生产运营顺利进行,提高劳动生产率的重要条件。在可行性研究报告中,要根据项目规模、项目组成和作业流程,研究提出相应的项目组织机构形式、劳动定员总数、劳动力来源以及员工培训等计划。主要内容包括：

(1)组织机构设置。包括：①组织机构的设置方案及其适应性分析；②工作制度的确定。

(2)劳动定员和员工培训。包括：①劳动定员；②年总工资和员工年平均工资估算；③员工培训及其费用估算。

8. 项目实施进度

当项目工程建设方案确定后，应研究提出项目的建设工期和实施进度方案。项目建设工期是指从拟建项目永久性工程开工之日起，至项目全面建成投产或交付使用所需要的全部时间。由于在建设工期内包括了土建施工、设备采购与安装、生产准备、系统调试、试运转、竣工验收等多个工作环节，有些环节是相互影响、前后紧密衔接的，也有些是同时开展、相互交叉进行的，因此，在可行性研究阶段，需要将项目实施时期各个阶段的各个工作环节进行统一规划，综合平衡，使它们能够有条不紊地推进。主要内容有：①建设工期确定；②编制项目实施进度表(图)。

9. 投资估算与资金筹措

当项目的建设规模、技术、设备和工程方案以及项目实施进度等确定后，即可进行项目需要投放的总资金的估算。除此之外，可行性研究还需要重点讨论项目需要资金的筹措办法，比选推荐出可行的、风险小的融资方案。主要内容包括：

(1)投资估算。包括：①建设投资估算；②流动资金估算；③投资估算表。

(2)融资方案。包括：①融资组织形式；②资本金筹措；③债务资金筹措；④融资方案分析。

10. 经济效益评价

可行性研究中，任何一种比选方案，都需要对其进行财务、(社会)经济效益的评价，以判断项目在经济上是否可行，并从中推荐出最优实施方案。经济效益评价结果是方案取舍的最主要的依据之一。主要内容包括：

(1)财务评价。包括：①财务评价基础数据与参数选取；②物流服务收入与成本费用估算；③财务评价报表；④盈利能力分析；⑤偿债能力分析；⑥不确定性分析；⑦财务评价结论。

(2)国民经济评价。包括：①影子价格及评价参数选取；②效益费用范围与数值调整；③国民经济评价报表；④国民经济评价指标；⑤国民经济评价结论。

(3)社会评价。包括：①项目对社会影响分析；②项目与所在地互适性分析；③社会风险分析；④社会评价结论。

(4)风险分析。包括：①项目主要风险识别；②风险程度分析；③防范风险对策。

11. 研究结论与建议

在前述各项论证的基础上，归纳总结、择优提出推荐方案，并对方案进行总体论证，对项目和方案是否可行做出明确的结论。主要内容包括：

(1)结论与建议。包括：①推荐方案总体描述；②推荐方案优缺点描述；③主要比选方案的说明；④结论性意见与建议。

(2)附图。包括：①场址地形或位置图；②物流中心总平面布置图；③物流中心作业流程设计图；④主要仓库布置方案图；⑤其他图等。

另外，凡属项目可行性研究范围，但在研究报告以外单独成册的文件(如项目建议书、项目立项批文、贷款意向书等)均需作为可行性研究总报告的附件。

第四节　第三方物流项目经济评价

一、项目经济评价概述

项目经济评价是在技术可行性研究的基础上，对已建项目经济可行性和合理性进行全面的分析论证，做出综合性评价，为项目的科学决策提供依据。

1. 项目经济评价的层次

完整的项目经济评价可分为三个层次，即从微观效益出发的财务评价、从国家宏观效益出发的国民经济评价和从社会影响出发的社会评价。财务评价是在国家现行财税制度和市场价格体系下，分析预测项目的财务效益与费用，计算财务评价指标，考察项目的盈利能力、偿债能力，据以判断项目的财务可行性。国民经济评价是按合理配置资源的原则，采用影子价格等国民经济评价参数，从国民经济的角度考察投资项目所耗费的社会资源对社会的贡献，评价投资项目的经济合理性。社会评价是从“以人为本”的原则出发，分析拟建项目对当地社会的影响和当地社会条件对项目的适应性和可接受程度，通过分析项目涉及的各种社会因素，评价项目的社会可行性，提出项目与当地社会协调关系、规避社会风险、促进项目顺利实施、保持社会稳定的方案。社会评价适用于那些社会因素较为复杂，社会影响较为久远，社会效益较为显著，社会矛盾较为突出，社会风险较大的投资项目。

2. 不同层次评价方法的采用和结论处理

在可行性研究中，通常将社会评价纳入国民经济评价的结论分析与建议范围。因此，三种评价实际形成两个层次，即项目财务评价和社会经济评价。

(1)评价方法应用范围。不同性质、不同规模、不同种类的项目，项目经济评价的要求也是不同的。对国计民生影响重大、涉及国民经济许多部门的重大工业、交通或基础设施项目，应该先从宏观角度作国民经济、社会评价，确认可行后，再作财务评价。或先作项目财务评价，然后再作国民经济评价和社会评价。对于投资规模小、产出效益简单的小项目，当财务评价的结果已能满足投资决策者的要求时，可以不必再进行国民经济评价和社会评价。大多数第三方物流项目属于后者。

(2)最终结果处理。由于财务评价和社会经济评价采用的价格不同，计算的范围也存在差异，两个层次评价结论既可能相同，也可能相反。因此，需要按以下原则提出项目评价结论的最终结论。①当财务评价和社会经济评价结论均为可行时，最终结论认定项目可行；②当财务评价和社会经济评价均为不可行时，最终结论认定为项目不可行；③当财务评价认为可行，社会经济评价认为不可行时，一般情况下项目应予否定，最终结论认定项目不可行；④当社会经济评价认为可行，而财务评价认为不可行时，一般最终结论为项目可行。有时需要分析财务效益差的主客观原因，提出降低成、增加效益或争取政策性补贴等措施，尽量使财务评价也转为可行。

3. 经济评价指标体系

经济评价指标是指反映项目经济效益的某一种数量指标。由于项目的复杂性，单一指标很难达到全面、系统地评价项目的目的，一般需要采用多个评价指标，从多方面对项目的经济合理性进行分析与考察。这些既相互联系又有相对独立性的评价指标，就构成了项目的经济评价指标体系。

常用的几个经济评价指标为：投资回收期、投资收益率、净现值、内部收益率、效益费用率。

二、经济评价指标的计算

考察经济评价指标时，按照是否考虑资金时间价值，可以将经济评价指标进一步分为静态评价指标和动态评价指标。不考虑资金时间价值的即为静态评价指标，反之，则为动态评价指标。静态评价指标计算简便、直观，易于理解，适用于项目策划初期研究工作，如投资机会研究。但静态指标不能准确地反映项目的投资成本和经济效益，因此，在后期的项目可行性研究中，不宜采用静态指标作为研究结论的依据，需要用来衡量投资项目的效益和效果。

1. 投资回收期

投资回收期是反映项目投资回收速度的重要指标，它是以项目的净收益抵偿其全部投资所需要的时间，通常以“年”表示。根据是否考虑资金的时间价值，投资回收期可以分为静态投资回收期和动态投资回收期。

(1)静态投资回收期(T_p)。

$$\sum_{t=0}^{T_p} NCF_t = \sum_{t=0}^{T_p} (CI_t - CO_t) = 0 \tag{2.1}$$

式(2.1)表示 T_p为累计净现金流量等于零的时点。

若投资总额 I 在期初一次投入完毕，且每年的净收益(或年利润额)R 固定不变，则静态投资回收期公式可简化为：

$$T_p = \frac{I}{R} \tag{2.2}$$

(2)动态投资回收期(T_d)。静态投资回收期因未考虑资金的时间价值，难以正确地辨别项目的优劣。它相对应的改进指标则是动态投资回收期，它指用项目各年收益的现值来回收全部投资的现值所需要的时间。设资金的折现率为 i，T_d定义为：

$$\sum_{t=0}^{T_d} (CI_t - CO_t)(1+t)^{-t} = 0 \tag{2.3}$$

对于所投资的项目，投资回收期越短，经济效果就越好。若设该项目的基准投资回收期是 T_c，其具体数值一般由项目所在部门、行业制定，也可由企业自定，则项目判别标准是：当 T_p(T_d)$\leqslant T_c$，则项目可以接受；若 T_p(T_d)$> T_c$，则项目应被拒绝。

投资回收期指标的最大优点是意义明确，直观，计算方便。而且由于它的判别标准是资金回收速度越快越好，迎合了一些怕风险的投资者的心理，从而容易被人们所接受。但该指标仅考察了项目投资回收之前的情况，没有考虑项目整个结算期内的总收益和盈利水平，具有片面性，是一个短期指标，不适用于投资大、效益回收慢但稳定的项目。因此，它只适用于项目初期的粗略评价，不宜单独使用，可作为辅助指标与其他评价指标结合起来使用。

2. 投资收益率

投资收益率又称投资利润率，是在项目建成后，正常生产年份的净收益(或利润额)R 与项目投资总额 I 的比值。其表达式为：

$$E = \frac{R}{I} \times 100\% \tag{2.4}$$

对于生产期内各年的利润总额变化幅度较大的项目，则应计算生产期内年平均利润总额与总投资额的比率。

投资利润率是反映项目投资营利能力的静态指标。在项目经济评价中，当 $E \geqslant E_c$[该行业(或部门)的基准投资利润率]，则认为该项目在经济上是可以接受的。

3. 净现值

净现值 NPV(net present value)是指将项目整个计算期(n)内各年的净现金流量按一定的投资收益率(即折现率 i)折算到建设期初的现值累计代数和。

$$NPV(i) = \sum_{t=0}^{n}(CI_t - CO_t)(1+t)^{-t} \tag{2.5}$$

净现值判别的标准是，对于单一项目而言：若 $NPV \geqslant 0$，则项目可以接受；若 $NPV < 0$，则项目应被拒绝。而对于多方案比选时，则净现值越大者相对越优。

净现值是动态评价方法中最重要的指标之一，广泛应用于项目的可行性研究之中。

该指标使用的核心问题是折现率 i 的选取。可采用以下两种方法之一选取：

(1)选取行业或部门的基准折现率 i_c，即 $i = i_c$；

(2)不考虑行业或部门之间的判别或者无法确定行业(或部门)的基准折现率 i_c 时，可简单选取社会折现率 i_s，即 $i = i_s$。i_s 通常是已知的，为 12%～15%。

由于基准折现率 i_c 能较好地反映项目的生产技术性能和企业隶属关系，会使净现值 NPV 的计算更趋合理，应优先考虑。

4. 内部收益率(IRR)

内部收益率 IRR(internal rate of return)指使项目净现值为零的折现率，又叫内部报酬率。其计算公式为：

$$NPV(i) = \sum_{t=0}^{n}(CI_t - CO_t)(1+IRR)^{-t} = 0 \tag{2.6}$$

内部收益率的经济含义是项目对占用资金的恢复能力，它反映了项目对初始投资的偿还能力或项目对贷款的最大承受能力。与净现值指标相比，不需要事先设定折现率，而是由项目自身的情况决定。

内部收益率判别的标准是，若 $IRR \geqslant i_c$，则项目在经济上可被接受；若 $IRR < i_c$，则项目在经济上应予以拒绝。

5. 效益费用率

效益费用率 BCR(benefit-cost ratio)是项目计算期内的现金流入的现值和与现金流出的现值和之比。计算公式为：

$$BCR = \frac{\sum_{t=0}^{n} CI_t(1+i_e)}{\sum_{t=0}^{n} CO_t(1+i_e)^{-t}} \tag{2.7}$$

效益费用率的判断准则是：$BCR \geqslant 1$，则表示在经济上可以接受此项目；$BCR < 1$，则应该拒绝该项目。

当 $BCR \geqslant 1$，则必有：

$$\sum_{t=0}^{n} CI_t(1+i_e) - \sum_{t=0}^{n} CO_t(1+i_e)^{-t} \geqslant 0 \tag{2.8}$$

因此，BCR 和 NPV 两个指标是等价的，但所表述的意义有所区别。在进行项目的方案比选时，BCR 是一个比率性相对指标，表达的是投资效益相对比率；NPV 是价值性绝对指标，表明项目最终回报。实际工作中，可能会出现投资大项目的 BCR 要小于投资小项目的 BCR，但前者 NPV 可能会远远超过后者。根据投资目的要求，在建设资金不受限制的条件下，更应上大项目，以获取更高的经济收益。BCR 和 NPV 两个指标结合使用，可以更好地评估项目的经济有利性。

第五节　第三方物流项目不确定性分析

一、项目不确定性分析的意义及方法

不确定性分析是分析各种不确定因素的可能变化对项目经济效益的影响程度的一种经济分析方法。在项目可行性研究阶段，项目的经济评价是建立在研究人员对项目未来的经济状况做出的预测和判断基础之上的。项目并未上马，所有的经济数据，如投资、收入、经营费用、寿命期等都是经预测、判断得来的。由于经济系统的复杂性，在项目论证阶段进行不确定性分析，主要基于以下两个方面的原因：①随着时间的推移，项目论证中所涉及的因素和数据可能发生不同程度的变化，而且这种偏差的大小又具有不确定性。如投资是否会超支，工期是否会拖长，原材料或产品销售价格是否会有很大的波动等，这些都可能导致投资项目达不到预期的效果，甚至发生亏损。②项目论证所取得的参数和数据不可能非常完整、全面。主观认识的局限性和客观认识的制约性，会造成一个投资项目的实施结果，即结局和经济效益发生不符合人们原来做出的某种确定的预测和估计，这就是项目投资风险和不确定性所在。

因此，有必要了解各种外部条件、参数发生变化时对投资方案经济效果的影响程度，了解投资项目对各种外部条件变化的承受能力、项目风险的大小，从而选择那些经济效益好、抗风险能力强的项目上马。

常用的不确定性分析的方法有：盈亏分析、敏感性分析和概率分析。根据对项目不确定因素的掌握程度，方法的选择分以下三种情况：①当对某方案中某有关参数值的变化毫无头绪、一无所知时，则应作"倾向分析"，如盈亏平衡分析；②当对某方案中某有关参数值不确定，也不知其发生的概率，只提供变化的范围时，应作范围分析，如采用敏感性分析；③对某方案中有关参数的值不确定，但知道其要发生的概率，这时要做概率分析。

二、盈亏平衡分析

盈亏平衡分析是通过盈亏平衡点分析项目的成本与收益的平衡关系的一种方法，也是在项目的不确定性分析中常用的一种方法。

投资项目的经济效果，会受到许多因素的影响，当这些因素发生变化时，可能会导致原来盈利的项目变为亏损项目。盈亏平衡分析的目的就是找出这种由盈利到亏损的临界点，据此判断项目风险的大小以及对风险的承受能力，为投资决策提供科学依据。

盈亏分析的基本原理是将项目经营成本划分为固定成本（如固定资产折旧、大修理基金、项目管理费用等）和变动成本（人工费、原材料费、燃料能源费等），并且假定产销量一致，根据产品的产销量、总成本、售价和利润之间的函数关系，确定盈亏平衡点（也称为"保本点"），进而评价项目的不确定性。

三、敏感性分析

1. 基本概念

敏感性分析就是分析并测定某一相关因素的变化对反映项目投资效果的评价指标的影响程度，判断某指标对外界条件发生不利变化时的承受能力。项目对某种因素的敏感程度，可以表示为该因素按一定比例变动时引起评价指标的变动范围或幅度；也可以表示为评价指标达到某一临界点（如内部收益率等于基准收益率）时，允许某个因素变化的最大幅度。

2. 敏感性分析的步骤

（1）确定分析的经济评价指标。

（2）选择需要分析的不确定因素。通常选择那些对指标影响较大的因素和引用的数据的准确性把握不大的因素。

（3）计算不确定性因素变动对指标的影响程度。敏感性分析有单因素和多因素之分。在因素敏感性分析中，每次仅考虑一个不确定性因素变动对目标指标的影响。在多因素敏感性分析中，同时考虑多个不确定性因素的变动对目标指标的影响。

四、概率分析

1. 基本概念

概率分析是运用概率论和数理统计方法，对风险因素的概率分布进行定量化计算的分析方法，故又称风险分析。在项目可行性研究中，风险分析是研究分析产销量、销售价格、产品成本、投资、建设工期等风险变量可能出现的各种状态及概率分布，计算相关联的项目经济评价指标的概率分布，以确定项目偏离预期指标的程度和发生偏离的概率，判断项目的风险程度，从而为项目投资决策提供依据。

概率分析与敏感性分析的区别在于：敏感性分析并不知晓所分析的不确定性因素可能发生的概率，从而难以对可能造成的风险做出定量分析；概率分析通过估计不确定因素的概率，能够对项目风险做出定量评估。

2. 概率分析的步骤

（1）确定一个或多个不确定性因素，如投资或收益等。

（2）估计不确定性因素的概率分布。

（3）计算不确定性因素的期望值。

（4）对于效益指标的概率分布，运用一定概率分析方法（如决策表、决策树），来评价项目的风险性。

第六节　第三方物流项目启动

一、项目启动的步骤

在项目通过了可行性研究后，客户的需求即由一个概念变成了一个具体的、可行的项目方案，此刻就可以正式启动项目了。项目启动的步骤包括：

(1)项目发起。就是让项目利害关系者充分认识到项目实施的必要性,并承担起自己相应的责任。发起人可以是投资者、项目客户、实施项目的组织等。

(2)项目核准。是指由项目实施组织的最高决策者正式承认项目的必要性,把完成项目的全部权利授权给项目组织的过程。按照国家规定,项目必须通过必要的程序,获得有关部门的核准。但有些小项目只要合法,也可不经过核准就可以启动。

(3)项目启动。就是项目经理开始组建项目团队,并开始执行项目的具体工作。项目正式启动的标志有:任命项目经理,开始组建项目团队或颁发项目章程等。关于项目经理及项目团队相关的内容将在后续章节进行专门介绍,此处仅对项目启动阶段一项重要工作——制定项目章程进行介绍。

二、制定项目章程

在高层管理者决定实施哪些项目后,向有关人员通告这些项目的情况至关重要。管理层需要创建和分发授权批准项目启动的文件。这份文件可以有不同的形式,而常见的一种形式就是项目章程。

项目章程是指一份可以正式确认项目存在的文件。它指明了项目的目标和管理方向,授权项目经理利用组织的资源去完成项目。

制定项目章程的主要作用是,明确定义项目开始和项目边界,确立项目的正式地位,以及高级管理层直述他们对项目的支持。

在执行外部项目时,通常需要一份正式的合同来确立这种协作关系。在这种情况下,项目团队成了卖方,负责对来自外部实体的采购邀约中的条件做出响应。这时候,在组织内部仍需要一份项目章程来建立内部协议,以保证合同内容的正确交付。项目章程可以以合同框架内容为基础来拟定。不要把项目章程看作合同,因为其中并未涉及报酬或金钱。

项目章程授权项目经理规划和执行项目。项目经理应该参与项目章程的制定,以便对项目需求有基本的了解,从而在随后的项目活动中更有效地分配资源。因此,在项目中,应尽早确认并任命项目经理,最好在制定项目章程时就任命,最晚也必须在规划开始之前。项目章程通常是由项目经理起草,再由发起项目的实体批准(通常是项目发起人)。

项目章程一经批准就标志着项目的正式启动。最初的项目章程通常只是对项目范围和目标进行简要描述,在项目章程被批准后还要进一步细化。其步骤如下:

(1)收集基本信息。在制定项目章程之前,项目团队必须收集与项目有关的重要信息,如组织的规划、客户需求、项目干系人的情况、衡量项目成功的标准、项目建议书、组织的审批程序、历史项目信息等。项目章程可以以项目工作说明书、项目论证报告、项目合同、组织积累的相关资源等作为编制依据。

(2)编制项目章程。编制项目章程的具体工作有:定义项目目标,阐述项目需求,描述项目产品,指定项目经理,明确项目里程碑,识别主要项目干系人,描述组织的外部环境,制定项目预算等。

完备的项目章程可以使项目干系人实现避免许多在项目进程中可能会出现的问题。经过签发的项目章程表明项目已由在其上签名的项目发起人、高层管理人员以及其他重要项目干系人审阅过,并且同意和支持该项目。

不同的公司不同的项目可以有不同的格式,其内容的详细程度也取决于项目的规模和复杂程度。表 2.1 是某国际医疗器械制品公司的一个物流项目的项目章程。

表 2.1　项目章程示例

<table>
<tr><td colspan="6">项目章程</td></tr>
<tr><td colspan="6">一、项目基本情况</td></tr>
<tr><td>项目名称：</td><td colspan="2">亚太区物流平台建设</td><td colspan="2">项目编号：</td><td>008</td></tr>
<tr><td>制作人：</td><td colspan="2">张三</td><td colspan="2">制作日期：</td><td>2013.5.30</td></tr>
<tr><td>项目经理：</td><td colspan="2">张三</td><td colspan="2">审核人：</td><td>李四</td></tr>
<tr><td colspan="6">二、项目目标(包含质量目标,工期目标、费用目标和交付产品特征与特征的主要描述)</td></tr>
<tr><td colspan="6">在 2013 年 12 月 31 日之前,通过行业调研,资源优化,流程梳理等方式,完成亚太区物流运营平台建立,提升客户满意度:
1. 国际段运输周期改善 5%,航线运输价格改善 8%～15%;
2. 中国本地仓储资源储备,目标 3～5 家;
3. 搭建中国仓储流程体系,库存准确率目标值 98%;
4. 调研中国清关和派送业务,了解当地业务状况。</td></tr>
<tr><td colspan="6">三、任务描述(包含主要的项目活动、时间、验收标准等)</td></tr>
<tr><td colspan="6">项目任务一:亚太区国际段物流资源优化
—— 5 月 30 日之前,完成区域优质承运商接洽,目标:3～5 家承运商
—— 6 月 30 日之前,完成区域 15 个国家共 55 条航线空海运底层资源摸底
—— 9 月 15 日之前,完成承运商引入和价格谈判,运输价格下降 8%～15%,运输周期改善 5%左右。
项目任务二:建设中国仓储业务平台
——8 月 30 日之前,完成中国仓储资源储备,目标:考察 3～5 家承运商仓库,并且完成报价以及与现有仓储的比较分析
——10 月 30 日之前,搭建中国仓储业务流程框架,输出:《仓储供应商认证标准》;《仓储管理规范》;《出入库流程》;《运输商管理标准》
——11 月 30 日之前,完成中国仓库库存清点,建立库存清单,年底库存准确率目标值 98%
项目任务三:清关和派送业务调研
——7 月 30 日之前,输出:《清关承运商认证标准》《派送承运商认证标准》
——7 月 30 日之前,制定清关/派送工作模板,作为后续流程优化,绩效管理的基础。
完成时间:2013.12.30</td></tr>
<tr><td colspan="6">六、项目主要利益干系人(包括高管、客户、职能部门主管、供应商、项目赞助人、项目经理、项目组成员等干系人)</td></tr>
<tr><td>姓名</td><td>项目角色</td><td>部门</td><td colspan="2">职务</td><td>项目职责</td></tr>
<tr><td></td><td></td><td></td><td colspan="2"></td><td></td></tr>
<tr><td></td><td></td><td></td><td colspan="2"></td><td></td></tr>
<tr><td rowspan="2">签字和日期：</td><td colspan="3">项目赞助人：</td><td colspan="2"></td></tr>
<tr><td colspan="3">项目经理：</td><td colspan="2"></td></tr>
</table>

【课后习题】

1.第三方物流服务项目来源有哪些?

2.当企业识别出多个需求,又受到资金限制时,如何进行项目选择?

3.需求建议书的主体是谁,需求建议书主要包括哪些内容?

4.通过网络搜索3份不同类型的物流项目需求建议书或第三方物流招标文件。

5.项目建议书的主体是谁?项目建议书主要包括哪些内容?

6.投标书主要包括哪几部分内容?

7.上网搜索“物流项目建议书”、“物流项目可行性研究报告”、“物流项目投标书”、“物流项目方案”。根据搜索结果,下载其中任意一份,根据在本章学过的知识评价一下这份文案的有效性。讨论这份文案的优缺点,并根据本章学到的知识对它进行修改,标出你修改过的部分,你修改过的什么地方使文案比原来的更好?

8.项目可行性研究可分为几个阶段?它们之间的关系是什么?

9.常用的项目的经济评价指标有哪些?这些指标该如何计算?

10.项目章程应如何制定?上网搜索一份第三方物流项目相关的项目章程。

【案例思考】

新颜物流制造业物流项目管理案例

浙江新颜物流(连锁)有限公司主营业务是制造业运输总承包。

卡尔公司是国内汽车制动系统行业的龙头企业,生产各种刹车总成,包括共100多个系列500多个品种的,产品结构及数量极其复杂。卡尔公司的产品主要供应国内外各大知名整车企业,并自营出口北美、欧洲、澳大利亚等国家和地区。市场区域具有范围广、运输方式复杂多变等特点,同时对物流运输服务的及时性、准确性、安全性、专业性、成本控制等方面都有极高的要求。

2009年卡尔公司开始尝试物流外包,浙江新颜物流通过公开招投标成为卡尔公司物流总承包商。新颜物流与卡尔公司达成合作协议,“卡尔物流”的车辆、人员转让给新颜物流,卡尔公司的应收账款均全部转让给新颜物流代其收取。2010年3月份,卡尔公司开始实行第二年度的物流外包服务的招投标,浙江新颜物流公司在众多竞争对手的激烈竞争中经历了各种挑战,又独占鳌头,再次获胜。浙江新颜物流(连锁)有限公司的成功绝非偶然,本案例从新颜物流参与招投标的过程、业务操作模式的创新以及为卡尔公司提供增值服务达成双赢等方面,揭示新颜物流成功的秘诀。

一、招投标的过程

1.组建投标小组

2009年2月,公司接到卡尔公司招标的热情邀请,开始积极做卡尔公司招标工作准备,按照惯例,公司立即召集招投标小组开会讨论。

根据公司招投标原则,首先充分发挥新颜公司团队的集体智慧,集体行使公司的投标权;其次结合卡尔公司情况对国家招投标的法律法规进行研究;同时,充分发挥一线人员的作用,比如业务调度员、驻厂员,对一线行情及客情做出第一时间的反馈;此外充分收集与卡尔公司相关的企业、产品、市场等各方面的信息,认真细致地研究了卡尔公司的成长经历、产品类型特点、市场状况以及原有物流服务的状况与问题,掌握卡尔公司招标的组织结构和未来发展趋势,并以此制定卡尔公司的投标策略。

2.知客户才能服务客户

新颜物流在投标时注重与卡尔公司的各个层级做了全面沟通,深入透彻的理解客户的需求,并欢迎卡尔招标组到新颜公司考察,包括举行座谈会、PPT 演示、介绍新颜物流的服务优势、参观办公场地、试用新颜自行开发的软件等活动,同时高层领导互动接见与交流;另外也分析竞标对手的优劣势,掌握他们的投标动向,以己之优势攻敌之劣势,以己之长击敌之短,把握主动、保持领先;又采取了灵活的报价方式和精心设计的投标答辩,这样通过集体的智慧和大家的努力,首次投标获得成功。

随后,公司成立了针对卡尔公司的项目运作组,在各条战线上调精兵强将,根据项目团队成员的特点特长与卡尔公司项目的各种要求实现有效对接。

二、业务操作

1.长寿文化指导业务,创新物流操作模式

新颜物流的业务操作的口号:"一次物流服务,收获一家客户",真诚地承诺"追求远利,绝不斩客"。卡尔公司物流项目最困难的时候,就是刚与卡尔公司磨合期的前几个月甚至大半年里,新颜物流在业务操作上出现了很大程度的亏损,但公司没有怨言,以长寿文化为指导,重合同、重信用、重承诺,继续履行责任,不在意一时盈亏,看重长远的与客户共同成长,赢得了客户的好感。

业务操作上,公司将最前沿的项目管理理念与供应链管理的思想融合,创新卡尔公司物流操作模式。新颜物流成立卡尔项目管理部,把资深的项目经理派往一线,在合同期内(一年)驻在卡尔公司,独立操作独立核算,授权项目经理全权负责执行整个项目的运作。靠前指挥,现场处理各种突发事件和特殊困难。同时从各条战线抽调精兵强将组成项目成员,根据项目特点及工作内容与项目成员的特长有效对接,实现快速感知与响应,缩短沟通渠道的长度,实现沟通途径简洁化,决策快速化,命令执行协同一致。这样,项目成员与卡尔有关部门有效对接,使得他们行动一致、利益协同、项目协同化,以此组合成供应链,可与卡尔同业其他供应链竞争。

2.精于求精分工,细心周到运作

新颜物流为卡尔物流项目配备了合理有效的项目团队,并为团队每个岗位设置了详细具体的岗位职责,团队组织架构如图 2.1 所示。

三、互利双赢的增值服务

新颜物流成功运作卡尔物流,是运用顾客价值公式,使顾客价值增加,同时也为公司带来更大的效益。顾客价值公式为:顾客价值=顾客总价值−顾客总成本。其中,顾客总价值包括产品价值、服务价值、人员价值、形象价值等;顾客总成本包括货币成本、时间成本、体力成本、精神成本等;新颜物流与卡尔公司第二年的继续签约,使得卡尔公司获得的顾客总价值包括:

1.产品价值

卡尔公司深知 2010 年产品竞争较往年更加激烈,要求物流公司在运输过程中减少破损、及时交货、增加产品的核心竞争力。这方面卡尔公司与新颜物流已进行一年的合作,对新颜物流的物流服务水平有充分的了解,卡尔公司如选择新的物流合作伙伴则至少需要 3 个月以上

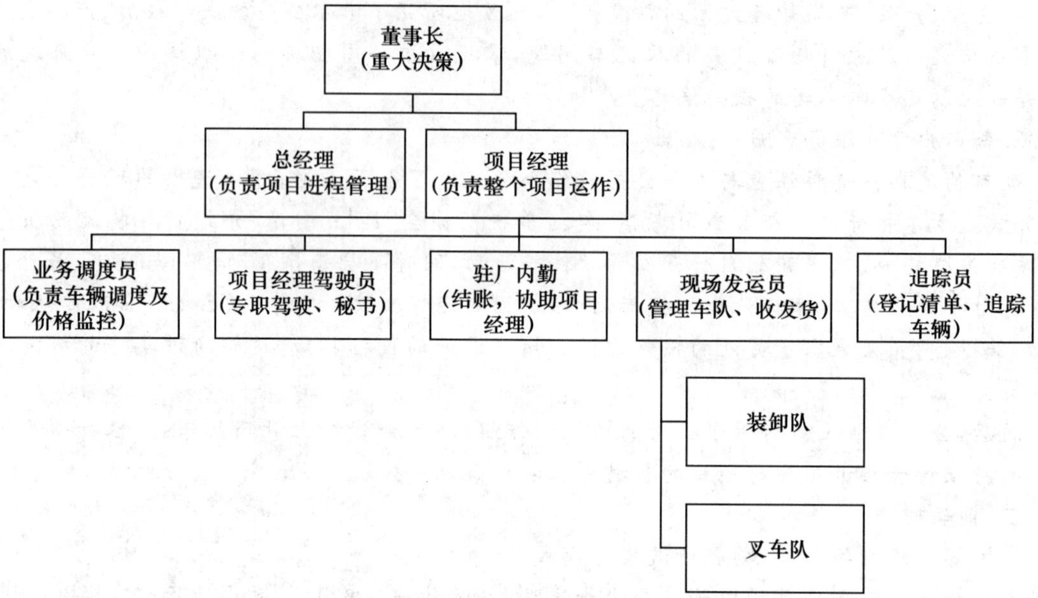

图 2.1 新颜物流卡尔物流项目团队组织架构

磨合期，新的合作伙伴在磨合期间将严重影响卡尔公司产品价值，从这一点说卡尔公司选择与新颜物流继续合作使得产品价值更有保障。

2. 服务价值

新颜物流的服务价值不但卡尔公司切身感觉十分满意，此外通过邀标、议标多方面广泛接触物流行业服务提供商，卡尔公司认为新颜物流的美誉度均排在首位。

3. 人员价值

新颜物流驻厂项目部靠前指挥、靠前管理，使得卡尔公司节约了大量物流方面的人力成本，通过专业服务外包，做到精细化分工，将企业重心放到提高产品质量和创新产品性能等核心工作中去，新颜物流的人员价值使得卡尔公司人员价值得以充分释放和体现。

4. 形象价值

新颜物流的良好服务不但赢得了卡尔公司收货单位客户的广泛认同，而且赢得了浙江物流业同行的广泛认同。不比不知道，一比才知道，现在卡尔公司深刻认识到与新颜物流合作，对于维护卡尔公司形象价值是直接受益的。卡尔公司原本打算外包一年后，让原有“卡尔物流”再回来做，是新颜物流专业化的服务维护了卡尔公司的良好企业形象，专业化的运作让卡尔公司认可了新颜物流。物流服务外包也将是制造业物流的发展趋势。

5. 顾客总成本中的货币成本

由于出现恶性竞争，新颜物流同意将现有价格下浮 3 个百分点与卡尔公司继续签约，这个价格对于其他物流公司都是亏本价格，对于恶性竞争的物流公司，他们都主动退出竞争，虽然新颜物流这个价格直接利润不多，但是能带动产生间接利润 80 万～100 万元，况且还有几个点的利润率，符合公司长寿文化的战略利益。卡尔项目的成功主要体现在社会影响力大，增加了新颜物流的品牌效应，这对于处于快速发展的新颜物流是有利，对于卡尔公司找到了价廉物美的物流合作伙伴——新颜物流，获得了更大赢利空间，从这个角度说，新颜物流与卡尔公司达到了合作的双赢。此外，新颜物流与卡尔公司的继续合作为卡尔公司节约了以下成本：

(1)时间成本：卡尔公司与新颜物流继续签约，没有交接，没有磨合，工作非常顺利，对于卡尔公司来说，大大节约了更换物流公司的时间成本。

(2)体力成本：更换物流服务供应商会带来物流服务质量风险，如果新的物流公司服务不能满足客户要求而中途退出，会造成卡尔公司重大损失，再重新进行物流服务供应商选择招投标，卡尔公司会浪费更多人力资源成本。

(3)精神成本：经过考察权衡，卡尔公司选择跟新颜物流续约，虽然花费了一点精神成本，但是这无论是对于卡尔公司来说还是对于新颜物流来说，都是难能可贵的，因为认识加深了，价值体现了，合作加强了，服务保障了，成本下降了，真所谓“不打不相识”。

总之，卡尔价值＝卡尔总价值(产品价值，服务价值，人员价值，形象价值)－卡尔总成本(货币成本，时间成本，体力成本，精神成本)，结果是非常理想的，新颜与卡尔继续签约，使卡尔价值增加，为新颜也带来效益，这是供应链合作双方的胜利和双赢的美好结局。

资料来源：http://wenku.baidu.com/view/a596214dc850ad02de80413b.html

问题：

1. 新颜物流做出继续投标决策，做这些决策时会涉及哪些因素？

2. 为什么卡尔公司选择继续与新颜物流合作？

第二篇　第三方物流项目计划与控制

第二篇讨论为实现第三方物流项目目标而进行第三方物流项目计划与控制的技术。计划确定需要做什么、由谁来做、用多长时间做和花费多少来做。因此，制定计划就是根据既定目标，确定行动方案，分配相关资源的综合管理过程。花时间制定一个完善的计划对成功实现项目目标是很重要的。一旦基准计划做好，接下来就是按计划执行。在执行计划的过程中必须对执行过程进行控制，以使项目工作范围在预算内按进度完成。有效的项目控制的关键是及时、定期地把工作实际绩效与计划加以比较，一旦实际与计划存在偏差，必须采取纠正措施并重新修订计划。《项目管理知识体系指南（第五版）》规定的项目计划涉及十个知识领域，限于篇幅本篇仅对范围管理、进度管理、成本管理、质量管理、风险管理等计划进行介绍。

由于往后的章节全部是探讨第三方物流项目的计划、实施、管理与控制，因此，为使文字更为精炼，在提到“第三方物流项目”时很多地方省略了“第三方物流”而直接用“项目”两字指代。

第三章　第三方物流项目范围管理

【导入案例】

大连中外运物流有限公司集装箱场站项目

大连市大窑湾港区是国家级保税港。大连中外运物流有限公司集装箱场站项目拟建在大连市大窑湾港区中部，该区域内拥有上百家中外大型工业企业，与大连经济开发区临近，紧邻公路，与高速公路直通，内有铁路专线贯穿，具有优越的地理位置。大窑湾物流中心的建立，可以加强中外运为客户提供物流服务的硬件基础，同时也可以加强中外运在物流市场中的竞争力。

该项目投资总额2.2亿元(原立项投资为21 926万元；经过项目范围变更申请将项目投资增至22 676万元)。项目占地面积20.35万m^2。项目建设内容：集装箱堆场、仓库、修洗箱车间及其配套办公区。项目目的：依托港口优势，面向东北腹地，将进出口货代、集装箱场站和物流配送业务等有机地结合起来。项目建设目标：项目通过建设仓库、集装箱堆场、修洗箱车间及其配套办公区以支撑"场站业务"、"常规仓储业务"、"保税仓储"、"国际中转和国内外物流配送"、"修箱"、"租箱"、"熏蒸"等辅助业务的开展。

资料来源：北京邮电大学硕士学位论文《大连中外运物流有限公司集装箱场站建设项目范围管理》。

问题：

1.为确保项目成功完成，项目实施团队应该完成哪些必不可少的工作？

2.当项目范围出现变更，应如何进行项目范围控制？

【本章概要】

- 第三方物流项目目标设计
- 第三方物流项目范围规划与定义
- 第三方物流项目 WBS 创建
- 第三方物流项目范围确认
- 第三方物流项目范围变更控制

第一节　第三方物流项目目标设计

一、项目目标的概念

项目目标，就是实施项目所要达到的期望结果——预期的产品或服务。要取得项目的成功,必须要有明确的项目目标。计划过程的第一步就是确定项目目标。确定项目目标,可以明确项目以及项目团队共同努力的方向;对项目团队产生一定的激励作用;为制定项目计划奠定基础;此外,项目目标是评价项目是否成功的基准。

二、项目目标的特点

项目目标具有多目标性、层次性和优先性等三个基本特点。

(1)多目标性。指项目目标往往不是单一的,而是一个多目标的系统。任何项目从启动到结束,一般都会有成本、进度和质量(技术性能)目标,实施项目的目的就是要充分利用可获得的资源,使得项目在一定的预算和期限内,按某一技术要求完成工作。然而,这三个基本目标之间往往存在一定的冲突。通常加快速度,要以成本的提高为代价,而时间及成本投入的不足又会影响技术性能的实现。因此,在确定项目目标时,需要对这三个目标进行权衡。

例如,第三方物流企业在承接物流配送服务性项目时,其目标无外乎是:保证服务质量、降低物流成本、增加物流收入和减少资源消耗等。其中,服务质量对于物流服务对象(即客户)最为关键。比如,承诺在规定的时限内货物的可得率不低于95%(或缺货率不超过5%)。然而,项目运行费用即物流成本往往与服务质量矛盾。货物的按时送达是服务质量的核心指标之一。在当前多变的市场环境条件下,货物配送时间性要求强,但货物的单件配送成本远高于批量配送成本;而批量配送又会恶化配送的时间性指标,并且作为物流企业还需要取得必要的经济效益。这是一种典型的物流服务质量与物流服务成本的效益背反现象。而物流服务中的效益背反不仅仅体现在服务质量与服务成本之间,物流系统的各功能要素之间也存在效益背反。如运输成本的降低可能会导致库存成本的上升;包装成本的上升会减少运输中的货损货差,进而降低运输成本等。因此,在确定第三方物流服务项目的目标时,必须以系统的观点去考虑问题,对项目各目标进行协调,既包括在同一层次的多个目标之间的协调,也包括项目总体目标与其子目标之间的协调等。

又例如,第三方物流企业承接的物流系统规划项目时,必须考虑项目的质量、成本和进度。首先,物流系统规划项目是有质量、成本和进度要求的。其进度目标是指该规划项目应在多长的时间内完成,及相应各阶段应完成哪些具体工作。其成本目标是指完成该规划项目应投入多少成本。其质量目标,是指按照该规划建成或改造后的物流系统在运营时应达成的物流质量及物流成本目标,这里的物流质量和物流成本目标同样适用效益背反原则,两者必须是相适应和相协调的,不能只谈建成后的成本目标,也不能只谈建成后的质量目标,两者必须放在一起并且必须有一个明确的界定,如运输成本降低5%,运输的准确性、及时性提高3%,运费周期降低2%。其次,物流规划项目的质量目标应与物流服务质量目标相区分。从前面分析可以看出,物流规划项目的质量目标(也可以说是技术性能目标)是可以进一步分解的,通常是既包括物流服务质量目标也包括物流服务成本目标。而规划项目最终达成的物流服务质量目标及物流服务成本目标既受规划方案质量的影响,也受方案(项目)实施质量的影响。再次,物流规划项目的成本、质量和进度等目标间是相互制约的。物流规划项目有成本投入及时间要求。加快项目进度,项目总成本会增加。在时间和成本投入方面的不足,会影响到规划方案的质量及方案的实施质量,进而整个项目的预期成果——投入运营后的物流系统的技术性能受到影响。

综上所述,在定义第三方物流项目目标时,必须深刻理解其目标的多样性及各目标之间的制约关系,进行综合权衡。

(2)层次性。指项目的目标具有从抽象到具体的一种层次结构。其最高层是总体目标,指明要解决的问题的总的期望结果;最下层是具体目标,指明解决问题的具体方针和具体措施。上层目标是下层目标的目的;下层目标是上层目标的手段。上层目标一般表现为模糊的、不可控的;下层目标则表现为具体的、明确的、可度量的。这里需要注意的是,各个层次的目标需要具有一致性,不能自相矛盾。

图 3.1 是一个企业物流分销网络系统项目的目标设计。其结构分为三个层次,在总目标的要求下,从市场和物流运作优化需要,分解成 4 个主目标和 10 个子目标。其中主目标是期望的具体结果,而子目标是具体操作的要求,可以定量化地描述。最终目标即分销配送、网络优化体现在最大限度地为客户提供满意的服务和最小化物流服务成本,从而获取系统运作的最高利润。

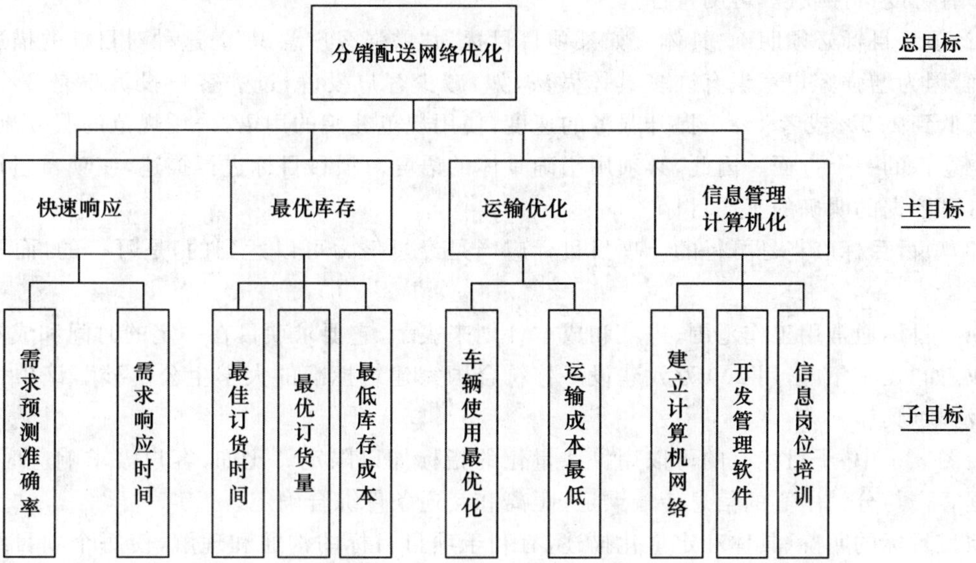

图 3.1　目标层次结构示意图

(3)优先性。是指当项目的目标之间发生冲突时,优先考虑其中的某个或某些目标。不同层次的目标,其重要性必不相同,往往被赋予不同的权重。这种优先权重对项目经理的管理工作有一定的指导作用。此外,不同的目标在项目生命周期的不同阶段,其权重也往往不同。例如,技术性能(质量)、成本、时间作为项目的三个基本目标,技术性能是项目初始阶段主要考虑的目标,成本是项目实施阶段主要考虑的目标,而时间往往在项目终止阶段显示出迫切性。

三、项目目标确定要求

所确定的项目目标应该被所有项目组成员及组织中各个层次的经理人员所了解。不同类型的项目,在项目的初始阶段,项目目标确定的难度也不相同。为了协调好各方的利益,往往需要经历一个过程。比如,对于一个新产品的开发项目,一开始项目的目标往往难以非常清晰、具体地描述。有些项目还会在项目实施过程中,根据遇到的新问题和新情况,对项目中间成果进行分析、判断、审查、探索新的解决办法,做出决断,逐渐明确并不断修改目标,最终得到一个结果。

项目目标一般由项目发起人或项目委托人(项目经理)确定。完成的项目目标内容将写入项目方案中(项目建议书、项目投标书或具体的方案报告)。理想状况下,项目经理是项目方案的最佳起草人。因为,项目经理是项目执行的重要主体。他对项目目标的正确理解和正确定义很大程度也决定了项目的成败。此外,项目目标必须在执行项目的组织和客户之间达成一致意见。

项目目标需要加以具体描述。项目目标的描述应力求反映项目本质目标,应该清楚明确。描述项目目标的基本准则有:

(1)项目目标是可以度量的。制定项目目标时,能定量描述的不定性描述,应该有一组明确的数据,作为衡量是否达成目标的依据。例如,项目经理在制定ERP实施目标的时候,要有一个明确的尺寸。如"通过ERP的应收账款管理,我们要明显改善客户拖款问题"。这个"明显改善",就没有具体的标准。应该说:我们把客户的延迟付款额从600万元降低到200万元。这样才有可度量性或说"可测量性"。

(2)项目目标必须明确、具体。如某项目目标为"增强客户意识"。这种对目标的描述就很不明确,因为增强客户意识有许多具体做法,如:减少客户投诉,过去客户投诉率是3%,现在把它减低到1.5%或者1%。提升服务的速度,使用规范礼貌的用语,采用规范的服务流程,也是客户意识的一个方面。因此,必须用明确具体的语言对项目目标进行描述,使项目组每个成员都有可依据的明确的工作目标。

(3)项目目标应当是可行的。项目目标应当是经过努力可以达到的,是可行的,而不是理想化的。

项目目标通常用工作范围、进度和成本计划来表示,它要求项目在一定的时间和成本预算内完成,如"在1年内,用200万元建设一栋符合国家建筑标准的大学生公寓楼",该项目目标明确、清晰、具体。

在图3.1中,子目标有的可以用一些量化的指标加以限定。比如,客户需求响应时间,可以根据客户与分销中心的信息传输渠道、距离和交通条件综合确定。

项目目标的明确、具体和定量化描述,有利于项目目标的沟通和理解,使每个项目组成员对目标的实现具有信心,并能使每个项目组成员结合项目目标确定个人的具体目标,把责任落实到个人,只有这样才能起到很好的激励作用。理想情况下,项目目标在项目一开始就应是清楚而明确的。但有的时候项目目标随着项目进展需要变更,任何项目目标的变更都会对项目的成本和进度等方面产生影响,所以项目团队和客户必须对项目目标的变更达成一致的意见。

四、第三方物流项目目标的描述

1. 项目总目标的确定

项目实施前,项目经理最主要的任务是必须准确地界定项目的总目标,通过对总目标的分解可得到项目实现的目标体系。总目标的描述应该明确、具体,并尽可能量化。项目总目标的确定,通常依据以下三个方面:

(1)工作范围。即可交付成果、交付物的描述,主要是针对项目实施的结果——产品。

(2)进度计划。说明实施项目的周期、开始及完成时间。

(3)成本。说明完成项目的费用。

2. 某物流项目目标形成简述

在一家物流公司定期召开的业务碰头会上,有过以下讨论过程:

总经理:"近两个月来,经常发生顾客投诉,说我们不能按时将货物送到,看来我们要好好地找找原因，想办法解决这一问题。”

物流部主任：“运输方面不存在运力和仓储容量不足的问题。缺货的主要原因，是因为到货量不够，引起库存不足而脱销，这主要是计划采购部门的责任。”

计划采购部主任：“最近市场情况有些变化，本部门原先的采购和进货的小批量多次订货的计划需要做一些调整。虽然，多订一些货会避免脱销问题，但库存量的增加，会增加库存的成本和流动资金的占用。这两方面的矛盾需要协调。”

营销部主任：“本部门与这个问题也有一定的关系。如果能及时、准确地掌握市场行情的变化，事先准确地估计到哪些货会脱销，哪些货会滞销，并将此信息及时通报给计划采购部，就可以减少缺货情况的发生。但靠现有的手工报表式的信息管理手段，难以实现。建议公司尽快地建立计算机网络，开发计算机信息管理系统，改善信息处理落后于生产发展的被动局面。”

信息部主任：“我非常赞同这一观点。当前很多企业都已装备了物流信息计算机管理系统，并取得了一定的效果。有了计算机工具，可以根据需要随时对产品的销售和其他方面的情况进行分析，并做出必要的预测，非常有利于营销部门及时应对市场的变化，同时还可以向计划采购部提出采购建议。”

……

最后，总经理总结说：“今天大家所谈情况都很好，看来信息管理成为我们进一步发展的主要障碍。要优化我们分销配送网络一方面需要各部门间信息的沟通，另一方面需要完善企业的信息处理系统。请发展部就今天所谈的情况，组织各部门有关人员进行一次调研，以确定下一步行动方案，争取在 6 个月内使该问题得到明显的改善。”

以发展部为主，信息部、营销部、物流部、计划采购部、计划财务部等派员参加，经过一周的调研，最后，构思了一个“物流配送系统改善(优化)项目”。该项目以信息系统建设为中心，各部门强化管理为手段，实现企业物流配送系统作业效率与水平上一个新台阶。按此想法，总体目标描述的思路为：

(1)可交付成果。企业物流计算机信息管理系统。

(2)工期。自立项起，计划在 6 个月内，系统能够投入实际使用。

(3)费用。整个系统开发费用和人员培训费用合计 300 万元。

图 3.1 为该项目的目标系统设计结果。对于每一个可执行的子目标，也需要比照总目标描述的思路具体化，使项目每个参与者都有明确的工作目标与要求。比如，“快速响应”属于营销部的职责，市场需求预测的准确率和响应延迟时间，取决于如何利用计算机系统以及信息(数据)处理方式来实现。为了保证在 6 个月内整个系统能够顺利运行，“快速响应”的目标则可描述为：“在 5 个月内完成预测模型需要的市场数据的准备与录入(即交付物)，供系统调试使用，相关费用开销不超过 10 万元”。

第二节　第三方物流项目范围规划与定义

项目组织要想成功地完成某个项目，在明确了项目的预定目标后，必须开展一系列的工作或活动，这些工作或活动构成了项目的工作范围。项目的工作范围包括项目的最终产品或服务、实现该产品或服务所需要做的各项具体工作。因此，项目范围规划就是为了成功地实现项目的目标，规定或控制哪些方面是项目应该做的，哪些方面是项目不应该做的，从而定义项目的范畴。

一、项目范围规划

1. 项目范围的含义

项目范围是指为实现项目的目标所必须完成的全部且最少的工作或任务（防止项目范围的“萎缩”和项目范围的“蔓延”）。

“范围”这一术语有两种含义：即产品范围与项目范围。产品范围是指客户对项目最终产品或服务所期望包含的特征和功能的总和；项目范围是为了交付满足产品范围要求的产品或服务所必须完成的全部工作的总和。项目范围是以产品范围为基础确定的。项目范围有时候包括产品范围。产品范围的完成情况是参照客户的要求来衡量的，而项目范围的完成情况则是参照项目管理计划来检验的。

2. 项目范围规划的成果

通俗地说，项目范围规划就是明确哪些工作是项目需要做的，哪些是不需要做的，确保仅做需要做的工作。

范围规划的主要成果是项目范围说明书。项目范围说明书定义了项目组织应该执行和应该剔除的工作，详细说明了项目的可交付成果和为提交这些可交付成果而必须开展的工作。

项目范围说明书的主要内容包括：

（1）产品范围描述。描述项目所要创造的产品、服务或成果的特征，项目的产品范围是渐进明细的。

（2）可交付成果。在某一过程、阶段或项目完成时，必须产出的任何独特并可核实的产品、服务能力或成果。可交付成果分为阶段性的可交付成果和总的可交付成果。可交付成果还包括各种辅助成果，如项目管理报告和文件。对可交付成果的描述可略可详。

（3）验收准则。验收可交付成果的过程和原则。

（4）项目的除外责任。识别出哪些内容不属于项目范围，实质上就是确定项目的边界，有助于管理干系人的期望。

（5）制约因素。对项目或过程的执行有影响的限制性因素。需要列举并描述与项目范围有关且会影响项目执行的各种内外部制约或限制条件，例如，客户或执行组织事先确定的预算、强制性日期或进度里程碑。如果项目是根据协议实施的，那么合同条款通常也是制约因素。关于制约因素的信息可以列入项目范围说明书，也可以独立成册。

（6）假设条件。列出与项目范围有关的具体假设条件及这些条件不成立时可能造成的潜在影响。在项目规划过程中，项目团队应该经常识别、记录并确认假设条件。关于假设条件的信息可以列入项目范围说明书，也可以独立成册。项目假设条件将在项目推进过程中逐渐明朗化。

项目范围说明书是项目团队和干系人之间就项目的工作内容达成共识的结果；可用来指导项目有关文件如项目计划的产生；形成项目结果核对清单，作为项目评估的一个工具；可以作为未来项目变更控制和项目决策的基准。

二、项目范围定义

1. 范围定义的含义

一般情况下，项目范围较为宽泛，项目可交付成果较多或较复杂，不便于项目的管理。因此，范围定义是指把项目的可交付成果分解成较小且易于管理的单元的工作。

项目范围的定义要以产品范围定义为基础。

第三方物流项目的范围定义要以其要创造的产品的范围定义为基础，这是一个由一般到具体、层层深入的过程。以物流企业内部的信息系统操作培训项目为例，该项目的目标是一周内完成对全体物流操作人员的 ERP 系统使用培训，要求培训合格率达到 95%以上，项目预算为 5 万元。该项目的产品范围是 ERP 系统操作合格率达到 95%以上。为实现这一产品范围目标，整个项目团队要做的全部必不可少的工作的总和即为项目范围。例如，这一项目范围包括：制定详细的培训计划，实施培训、考核、结束项目。其中制定培训计划又包括培训内容安排、培训日程安排、培训内容准备、培训场地安排、培训食宿安排等；考核又分为：考核方式安排、考核内容安排、考核日程安排、考核场地安排、考核结果评定及公示等；结束项目又可分为项目验收及项目总结等工作；为保证合格率达到 95%以上，可能还要准备二次考核环节。第三方物流企业中有很多为货主企业提供物流服务的项目。这些服务包含一系列组成部分，每个组成部分又有其各自独立的产品范围。例如，某一项物流服务系统可能包括仓储管理、订单处理、运输配送，如果这个物流项目目标是为顾客提供规范化、标准化、合理化的物流服务，降低物流运作成本，那么要定义这个物流项目的范围，首先就要确定这个物流系统的产品范围，即系统应具备哪些功能，这些功能应具备哪些具体特征，然后具体定义系统的各个组成部分的功能和服务要求，然后明确项目需要做些什么才能达到这些功能和特征。

2. 范围定义的作用

项目范围定义的主要作用表现在：

(1)将项目分解成具体的工作任务便于按工作的逻辑顺序来实施项目，这有助于制定出一个完美的项目计划，更容易掌握各项工作之间的关系。

(2)通过项目分解，可以确定完成项目所需的资源、技术、时间，提高资源、成本及时间估算的准确性。

(3)通过工作任务的界定，项目团队成员就能知道自己相应的职责和权力，从而进行有效的沟通，形成团队合力。

3. 范围定义的依据

项目范围定义的主要依据有以下几个方面：

(1)范围说明书。

(2)其他计划结果。其他知识领域的结果也可以作为确定范围定义所应考虑的因素。

(3)历史资料。其他项目的相关历史资料，特别是历史项目的经验教训，也应作为项目范围确定的参考。

4. 范围定义的工具

(1)工作分解结构模板。工作分解结构是由项目各部分构成的、面向成果的树形结构。该结构定义并组成了项目的全部范围。虽然每个项目都是独一无二的，但仍有许多项目彼此之间都存在着某种程度的相似之处。许多应用领域都有标准的或半标准的工作分解结构模板可作为范围定义的参考模板。

(2)工作分解技术。范围定义的核心工作是进行项目分解,就是把主要的项目可交付成果分为较小的、更易管理的组成部分,直到可交付成果定义得足够详细,足以满足项目未来的活动管理(如计划、实施、控制等)要求。关于项目分解的方法,见本章第三节内容。

5. 范围定义的成果——WBS

经过项目分解工作所形成的项目工作结构分解 WBS(work breakdown structure)就是范围定义的最终成果。工作分解结构确定了项目的整个范围,WBS 图和项目范围说明书一起,有助于人们对项目范围的清楚理解。

第三节　第三方物流项目 WBS 创建

一、WBS 概述

工作分解结构(WBS)是对项目团队为实现项目目标、创建可交付成果而需要实施的全部工作进行分解之后得到的一种层次结构。WBS 将项目目标分解成许多可行的、逐步细化的、相对短期的任务,将需要完成的项目工作按其内在工作性质或内在结构划分为相对独立、内容单一和易于管理的工作单元。WBS 定义和组织了项目的全部范围。其主要作用是为所要交付的内容提供一个结构化的视图(图 3.2)。

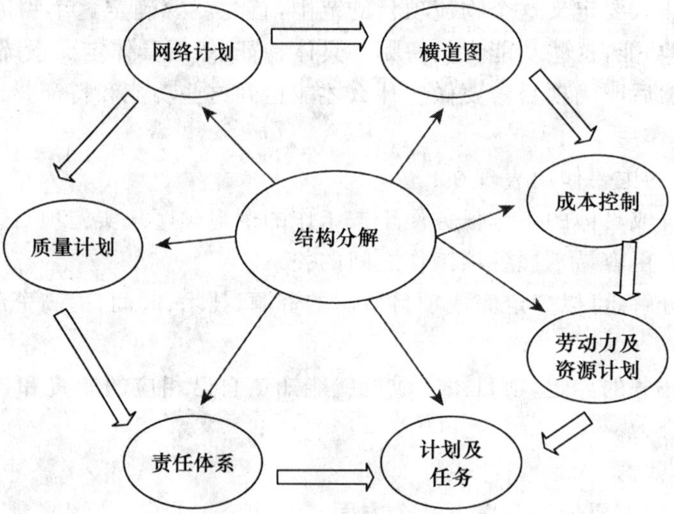

图 3.2　工作结构分解的作用

工作分解结构的主要作用有:

(1)使项目的组成形象透明,一目了然。正确分解的 WBS 必然包含了项目的所有工作,通过这种结构化的视图,有利于项目管理者及各主要项目干系人把握整个项目。

(2)有助于项目团队按照项目活动之间的逻辑顺序来制订项目的进度计划。

(3)为制定完成项目所需要的资源估算提供基准。

(4)有利于组织和落实项目责任的分解,建立起相应的组织形式(工作小组),使项目的管理更加规范和有效。

(5)还可以作为项目变更控制的基础,并且可以提供描述项目风险管理的框架。

二、工作分解技术

1. 工作分解的基本原理

工作分解技术是指把主要的项目可交付物成果分成较小的、更易管理的组成部分的技术。工作分解技术是创建工作分解结构的主要方法。

工作分解就是将项目工作逐级分解细化的过程。工作分解结构一般采用树状的层次体系结构。工作分解结构设计的原则是:①必须有效划分等级,一般设计 4～6 个层次就足够了;②必须保证信息在各层次之间能顺畅有效地交流;③结构必须具有足够的灵活性。

工作分解时将所有的工作分解到工作包为止,即工作包是工作分解结构(WBS)的最小工作单位,处于 WBS 的最底层。工作包是完成一项具体的工作任务所要求的一个特定的、可确定的、可交付、独立的基本工作单元,可以对其进行成本和持续时间的估算和管理。项目工作分解的详细程度取决于项目的规模、复杂程度及项目团队的控制能力。

此外,需要说明的是,并非工作分解结构中所有的分支都必须分解到同一水平,而且各分支的分解方法也不尽相同。例如,可以按项目的专业分工分解(图 3.3 为按专业分工划分的某物流企业新产品开发项目的 WBS);按照项目的可交付成果分解(图 3.4 为按项目的可交付成果划分的某企业物流项目管理应用模板开发项目的 WBS);按项目的子系统分解(图 3.5 为按项目的子系统划分的某企业物流系统优化项目的 WBS);按项目生命周期的不同阶段分解(图 3.6 为按阶段划分的某企业物流系统规划项目的 WBS)等。以上每种分解方法都有其优缺点,一般情况下,在确定项目的工作分解结构时可以将它们加以组合运用,即在不同的层次可以使用不同的分解方法。

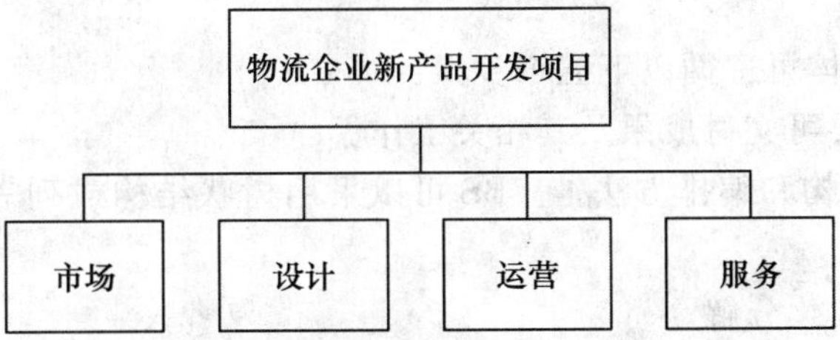

图 3.3 按专业分工划分的某项目的 WBS

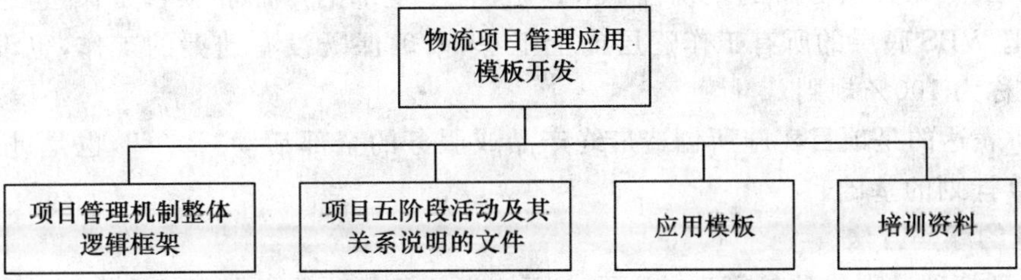

图 3.4 按项目的可交付成果划分的某项目的 WBS

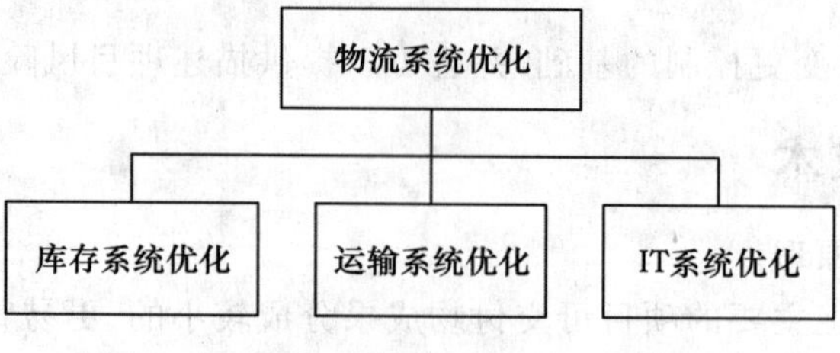

图 3.5　按项目子系统划分的某项目的 WBS

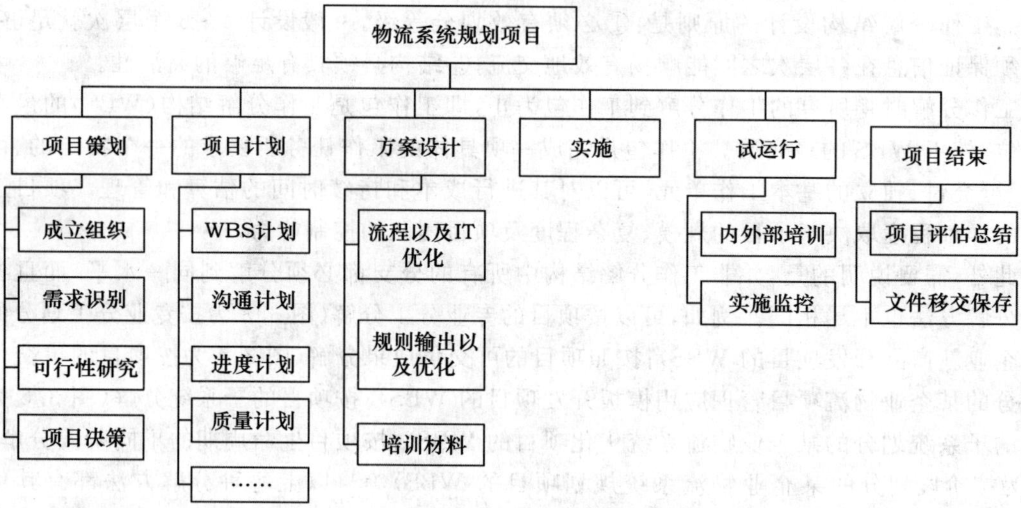

图 3.6　按阶段划分的物流系统规划项目 WBS

2. WBS 分解的步骤

进行工作分解时具体可遵循以下五个步骤：

(1)明确项目的主要可交付成果及其相关工作。

(2)确定 WBS 的结构和编排方法。WBS 可以采用树状结构或列表结构或能表明层级结构的其他形式。

(3)自上而下逐层细化分解。

(4)为 WBS 组件分配编码。

(5)核实 WBS 分解的正确性。通过确认 WBS 下层组件是完成上层相应可交付成果的必要且充分的工作，来核实分解的正确性。WBS 包含了全部的产品和项目工作，包括项目管理工作，通过把 WBS 底层的所有工作逐层向上汇总，来确保既没有遗漏的工作，也没有多余的工作。这被称为 100％规则。

WBS 所表达的是项目实施所创造最终产品或服务的全部活动“清单”，也是进度计划、人员分配、预算计划的基础。

3. WBS 的编码方法

项目信息管理是现代项目管理的重要方面。为便于各项目任务责任人之间的信息交流和计算机数据处理，一般情况下需要运用特定的规则对分解结构图中的各个节点(任务)进行编码。

编码设计是保证整个项目的计划、控制工作和管理系统的运行效率的关键工作。在项目初期，项目管理者应进行编码设计，建立整个项目统一的编码体系，确定编码规则和方法，并在整个项目管理中使用。

工作分解结构的编码方法有多种，最常见的按照 WBS 结构分解图，采用“父码加子码”的方法编制。WBS 编码的位数由分解的层次数的多寡而定。如图 3.7 所示，项目工作共分为五级，则编码由五位数组成。

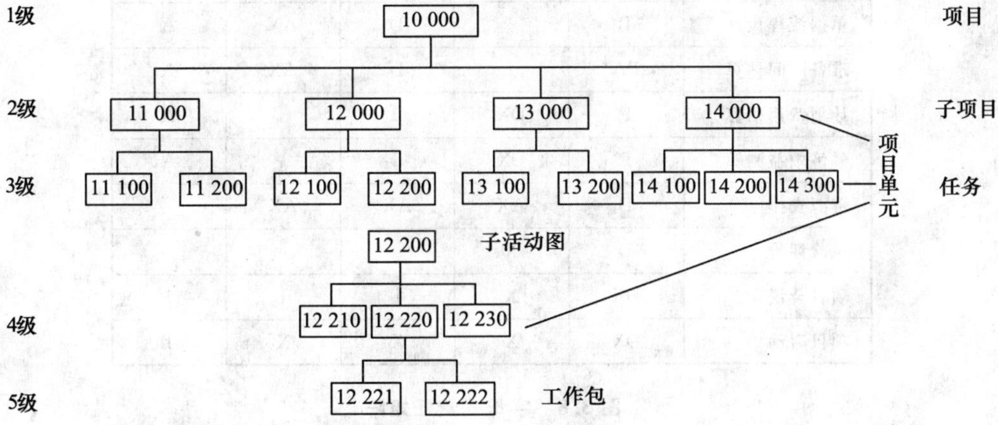

图 3.7　WBS 结构分解图

4. 工作分解结构字典

对工作分解结构中的每项工作下定义，具体描述该项工作任务所含的全部工作内容的文件，叫作工作分解结构字典。工作分解结构字典中包含的主要内容有：工作任务编码、工作任务名称、工作活动描述、工作任务责任人以及该工作任务的进度计划、成本预算和质量标准等。

此外工作分解结构字典中也可以包括里程碑、所需资源、假设条件和制约因素、验收标准、技术参考文献、合同信息等。

三、责任分配矩阵

1. 概念

一种将所分解的工作任务落实到项目有关部门或个人，并明确表示出他们在组织工作中的关系、责任和地位的一种方法和工具。通过它可以了解每个人的责任、任务，也便于测算每个人的工作强度。责任分配矩阵以组织单元为行，工作单元为列。矩阵中的符号表示项目工作人员在工作单元中参与的角色或任务。

2. 表现形式

责任分配矩阵的表现形式有两种，分别是字母式和符号式。字母式采用字母来代表工作参与角色或责任，便于加强彼此间的联络。符号式与字母式不同，表达更为简洁，易于制作，但包含的信息量没有字母式丰富。

图 3.8 为某第三方物流公司为客户策划一个专户型物流配送项目。在项目经理领导下，项目团队各成员各行其则，按确定的项目目标设计形成客户接受的项目方案，正式启动项目。其中：X 表示执行工作；d 表示部分或参与决策；T 表示需要培训工作；I 表示必须通报；P 表示

控制进度;D 表示单独或决定性决策;A 表示可以建议。

活动或任务名称	组织责任人				
	项目经理	经济师	工程师	作业管理员	全体人员
项目谈判	D	X	A		
目标设计	D	X	X	I	A
作业流程设计	P		D	AX	A
单据流程设计	P		D	AX	A
准备时间估算	PA	I	D	AX	A
计划费用估算	P	DX	d		A
经济效益测算	P	DX	d		A
资源安排	D	AX	AX	AX	
风险评价	D	X			
项目会议	DX	X	I	I	I
项目启动	DX	X	X	X	T

图 3.8　字母式责任矩阵

图 3.9 为符号式表达形式。

活动或任务名称	组织责任人				
	项目经理	经济师	工程师	作业管理员	全体人员
项目谈判	▲	●	●		
目标设计	○	▲	●		
作业流程设计	□		▲	●	
单据流程设计	□		▲	●	
准备时间估算	□	□	▲	●	
计划费用估算	○	▲	●		
经济效益测算	○	▲	●		
资源安排	▲	●	●	●	
风险评价	○	▲	●		
项目会议	▲	□	□	□	
项目启动	○	□	□	▲	

注:▲负责　○审批　●辅助　□通知

图 3.9　符号式责任矩阵

3. 责任矩阵的适用对象

责任矩阵解读容易,能较清楚地反映出各工作部门或个人之间的工作职责和相互关系。

责任矩阵可以用在 WBS 的任何层次。

第四节　第三方物流项目范围确认

一、范围确认的含义

项目范围确认是指客户或发起人正式验收已完成的项目可交付成果的过程。其主要作用是使验收过程具有客观性；同时通过验收每个可交付成果，提高最终产品、服务或成果获得验收的可能性。

项目范围确认应该贯穿项目的始终。项目范围确认既可以针对项目的整体范围进行确认，也可以针对某个项目阶段的范围进行确认。项目或项目阶段结束时，项目班子在将项目交付成果交给使用者或接受者之前，接受方要对已经完成的工作成果重新进行审查，查核项目计划规定范围内的各项工作或活动是否已经完成，应交付成果是否令人满意。如果项目提前结束，则应查明有哪些工作已经完成，完成到了什么程度，并将核查结果记录在案，形成文件。

范围确认与质量控制不同，范围确认是有关工作结果的接受问题，而质量控制是有关工作结果正确与否，质量控制一般在范围确认之前完成，当然也可并行进行。

二、范围确认的依据

(1)范围基准。包括已批准的详细的项目范围说明书、工作分解结构和工作分解结构字典等内容。

(2)核实的可交付成果。指已经完成，并被质量控制过程确认为正确的可交付成果。

三、范围确认的方法

对于项目经理或项目管理人员来说，可以通过“检查”来实现范围的确认。检查的方法主要包括：

(1)试验。是指采用各种科学试验方法对完成的可交付成果进行试验检测。业主方(咨询方)可以建立试验室对可交付成果进行采样试验，或委托具有相应资质的、独立的第三方进行相关试验，出具试验报告。

(2)专家评定。业主方可以按合同约定的标准、程序和方法，组织相关领域的专家和相关政府部门代表对可交付成果进行评定。

(3)第三方评定。按合同约定委托双方一致认可的、具有相应资质的、独立的第三方，运用专业方法，对可交付成果进行评定。

范围确认通常包括以下三个基本步骤：①测试，即借助于工程计量的各种手段对已完成的工作进行测量和试验；②比较和分析即评估，就是把测试的结果与双方在合同中约定的验收标准进行对比分析，判断是否符合合同要求；③处理，即决定被检查的工作结果是否可以接收，是否可以开始下一道工序，如果不予接收，采取何种补救措施。如第三方物流服务项目，通过对服务的试运行获取测试数据，将测试数据与合同中约定的指标进行比对，判断是否符合合同要求。若测试指标达不到合同要求，需要进行改进，则实施项目变更，改进后再次进行测试。

四、范围确认的结果

(1)验收的可交付成果。指经客户或发起人签字确认已认可的可交付成果。在每个项目阶段结束时,必须进行项目范围的确认。并且应当从客户或发起人那里获得正式的验收文件。项目团队不仅要记录已通过验收的可交付成果,还要记录未能通过验收的可交付成果及未能通过验收的原因。

(2)项目范围变更请求。针对未能通过验收的可交付成果提出变更请求以进行缺陷补救。项目范围变更有正式的程序,需提请项目变更控制委员会进行审查与批准。变更请求被批准后,应对相关计划及项目文档进行更新。

第五节　第三方物流项目范围变更控制

一、范围变更的原因

很少有项目能按项目的初始计划进行运转,项目的范围随时都可能发生变化。在项目执行时,进度、成本、质量以及客户需求等各种因素的变化都会导致项目范围的改变,项目干系人也常因为各种原因要求对项目范围进行修改,即项目范围变更。导致范围变更的主要原因如下:

(1)项目客户要求发生变化。

(2)工艺技术的变化,如项目团队提出新技术、手段和方案。

(3)项目组织本身发生变化,如人员变化。

(4)项目范围计划或定义时出现错误或遗漏。

(5)经营环境的变化,如政府的有关规定发生变化。

二、范围变更控制的含义

项目范围变更控制是指为使项目向着有利于项目目标实现的方向发展而变动和调整某些方面因素而引起项目范围发生变化的过程。通常表现为对已批准的工作分解结构所规定的项目范围进行修正的过程。项目范围变更是不可避免的,通常对发生的变更,需要识别是否在既定的项目范围之内。如是否是与时间、成本、质量相关。如果是在项目范围之内,那么就需要评估变更所造成的影响,以及如何应对的措施,受影响的各方都应该清楚明了自己所受的影响;如果变更是在项目范围之外,那么就需要商务人员与用户方进行谈判,看是否增加费用,还是放弃变更。因此,项目范围变更及控制不是孤立的。

三、范围变更控制的程序

一个项目的范围计划做得再好,也不可能不出现任何改变。因此。变更是必然的。正确地对待范围变更的态度应该是"拥抱范围变更",这样才能适应不断变化的环境的需要。从另外一个角度看,它却为项目管理者提供了一次重新计划项目、纠正不足和改进管理的机会。但是,变更一旦失去控制,就会不断地产生意料之外的风险。所以,可怕的是缺乏规范的变更控制程序。

控制变更时可以按以下流程进行：

(1)提出变更请求。范围变更(scope change)的请求可能由不同的来源提出，以不同的形式出现。口头的或书面的，直接的或间接的，外部提出的或内部提出的，法律强制性的或可选择的等。

(2)对变更请求进行审查，如果通过审查，则进入第三步，否则返回第一步。

(3)对申请变更的事项进行影响分析。

(4)审查影响分析，如通过，则进入第五步，否则，返回第三步。

(5)批准变更。

有效控制范围变更，至少应该做好以下几项工作：一是项目管理是一个不断沟通和协商、谈判的过程，项目经理要经常与各干系人进行沟通；二是为范围变更控制制定一个良好的控制计划；三是规范变更控制的流程；四是提出变更时要填写变更申请表；五是注意利用软件协助变更的管理和沟通，对于较小的变更，要能够快速决策。范围变更控制通常必须与其他控制过程，如时间控制、成本控制、质量控制等结合起来。范围的变更控制是一项实践活动，所以，对于项目管理的人员，更重要的是实践中不断地去摸索、创新，寻找更加符合项目需要的、更加有效的方法。

范围变更被批准后，与变更相关的管理计划都需要更新。如范围基准、成本基准、进度基准、质量基准等，还有相关的项目文件，如需求文件、需求跟踪矩阵也需要更新。更新后的项目文件将作为未来范围控制的新基准。

【课后习题】

1. 第三方物流项目目标应如何确定？
2. 第三方物流项目范围规划的成果是什么？其主要内容有哪些？
3. 如何理解第三方物流项目的范围定义？
4. 项目范围定义有何作用？
5. WBS分解的方法有哪些？
6. 简述责任分配矩阵的作用。
7. 第三方物流项目范围确认有何作用？
8. 如何进行第三方物流项目范围变更控制？
9. 根据本章所学知识，拟定一个项目或以你曾经参与过的项目为例，进行项目范围的定义及创建项目WBS。

【案例思考】

甲公司的公路大桥建设项目为何延迟

甲公司两年前承建了一个公路大桥项目，合同规定工期为3年，工期若有延迟，则每延迟一个月需要支付约为客户付款金额2%的罚金。该项目的记录表明，目前项目进度计划只完成了50%，而且存在很多问题。该公司的上级部门对该项目进行了深入调查，调查结果发现：该项目工程设计的变更次数太多；项目专业技术人员严重不足；工作质量不合格的比例非常高。

问题：

1. 作为项目经理，你认为导致该项目延迟的原因是什么？

2. 该项目在范围管理方面存在哪些问题？症结何在？

3. 你认为该项目现在是否还需要做出范围变更？如果需要，应该在哪些方面做出变更？

资料来源：骆珣. 项目管理教程. 北京：机械工业出版社，2010.

第四章　第三方物流项目进度管理

【导入案例】

“义乌港”推进重点物流项目建设

义乌不靠海，如何更好、更快地发展现代物流业，打造国际陆港城市？这一问题从义乌市上半年稳步推进的重点物流项目建设中，可以得到很好的答案。

2011年以来，义乌市根据建设满足“义乌港”高效吞吐货物的集疏运体系，增强物流承载力的目标，有序开展了义乌内陆口岸场站、义乌小商品出口监管中心、义乌小商品国内物流中心和铁路海关监管点等四个项目的建设。

义乌港一期工程于2011年10月已经正式投入使用，目前运行情况良好。义乌港二期是一期工程的有力补充与功能延伸，只有加快推进二期工程建设，才能使得义乌港整休功能更快、更好地发挥出来。义乌港一、二期工程通过下穿诚信大道的行车通道相连，整个工程全部建成后，可以满足110万标箱的出口作业量。

2011年以来，义乌港二期工程围绕“海关监管区基本建成，完成二期工程设计，争取主体开工建设”的年度目标，目前各项工程稳步推进。其中，海关监管区已于今年3月28日开工建设，整个监管区分2个标段同时施工，合同工期为8个月，预计2011年底完工。只有制定和实施严密的项目进度管理控制，才能保证项目如期完成。

资料来源：http://www.lt56.net/news/NewsView.asp? newsid＝2252

问题：

1. 你从义乌港项目进度控制中得到什么启示？
2. 查找资料了解项目进度管理在项目管理中的重要性。

【本章概要】

- 第三方物流项目进度管理概述
- 第三方物流项目进度计划编制
- 项目网络计划技术
- 第三方物流项目进度控制

第一节　第三方物流项目进度管理概述

项目进度管理(project schedule management)，也称项目时间管理或项目工期管理，是指采用科学的方法确定进度目标，编制进度计划和资源供应计划进行进度控制，在与质量、费用等项目目标协调的基础上，实现工期目标。

项目进度管理包括确保项目准时完成所必需的一系列管理的过程和活动，主要内容有：

(1)活动定义。即界定和确认项目活动的具体内容，明确每项活动的职责。

(2)活动排序。即确定项目活动的顺序。

(3)活动资源及时间估算。

(4)制定项目进度计划。

(5)项目进度的跟踪与控制。

第二节　第三方物流项目进度计划编制

项目进度计划一般是在工作分解结构的基础上，对项目、活动做出的一系列时间计划，以达到控制项目时间和节约时间的目的。项目进度计划的编制因项目性质、类型的不同会有所不同，但以下几项工作是必不可少的：活动定义、活动排序、项目资源估算、活动持续时间估算、项目进度安排。

一、项目活动定义

1. 项目活动定义的含义

项目活动定义就是在项目工作分解的基础上，对 WBS 结构最下层的工作包所包含的各项工作的具体内容和要求进行明确的界定和描述。

活动是为完成工作包而必须开展的工作，完成了这些工作便意味着完成了工作包。活动是开展成本估算、编制进度计划以及执行和监控项目工作的基础。通过活动定义这一过程可以使项目目标体现出来。活动可以由每个工作包的责任人或责任小组来界定。

2. 项目活动定义的方法

项目活动定义常用的方法是活动分解技术和模板法。活动分解技术以项目工作分解结构为基础，按照一定的层次结构把项目工作逐步分解为更小的、更易操作的工作单元。这种方法有助于找出实现工作分解结构规定的可交付成果所需完成的所有活动，并且可以对这些活动进行更有效的管理。模板法是使用已经完成的类似项目的活动清单或部分活动清单作为模板，根据新项目的实际情况，在模板上进行调整，从而定义出新项目的所有活动。

图 4.1 显示了一个消费者市场研究项目的工作分解结及给每个工作包所定义的活动。

3. 项目活动定义的结果

(1)工作描述表。如物流仓库项目中的钢材采购工作的描述形式见表 4.1。

(2)项目工作列表。对项目各子项工作描述工作完成后，应将其汇总成“项目工作列表”(表 4.2)，并进行标准化处理，以便于用计算机工具进行项目信息的管理，方便项目经理通盘掌握项目各项工作。

表 4.2 所示的项目工作列表的主要内容有：①工作代码。可用项目工作分解的代码，它具有唯一性，作为计算机信息数据管理和处理的唯一标识符。②工作名称。来自于项目的描述。③输入。完成该工作所要求的前提条件，如设计文件、技术规范、市场调查数据等。④输出。完成该工作后应输出的结果信息，如产品或半成品、设计图、技术文件或报告、有关决策信息等。⑤内容。定义本工作要完成的具体内容和流程，如应用文件、支撑环境、控制条件、工作流程等。⑥负责单位。⑦协作单位。⑧子工作。WBS 分解结构中与本工作直接相连的附属工作。

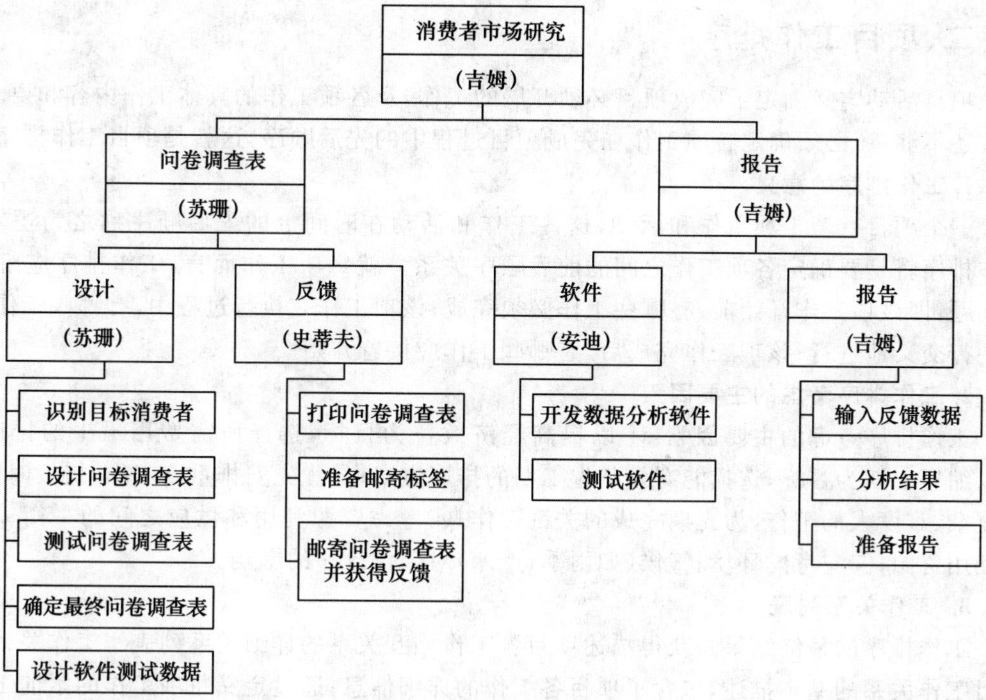

图 4.1 消费者市场研究项目的工作分解结构

资料来源:杰克·吉多.成功的项目管理.3版.电子工业出版社,2011.

表 4.1 工作描述表

工作名称	物流仓库建筑钢材的订购
工作交付物	签发订单
验收标准	部门经理签字,订单发出
技术条件	遵守项目合同约定的项目材料采购程序与原则(招标采购)
工作描述	根据有关规定,完成订单并报批
假设条件	所需钢材的规格市场有充足的供货
信息源	采购部、供应商广告等
约束条件	必须考虑钢材的价格因素
其他需要描述的问题	风险:选择的供应商要具备一定的可靠信誉,在购货合同约定违约责任;防范计划:提前2周通知供应商,了解钢材供货的可能性
签名	

表 4.2 项目工作列表

工作代码	工作名称	输入	输出	内容	负责单位	协作单位	相关工作

二、项目工作排序

项目活动定义确定了完成项目必须开展的工作，及各项工作的具体工作内容和要求，但仅这些还不够，还必须确定各项工作在完成项目过程中的先后顺序，这就是项目工作排序问题。

1. 工作排序的意义

一个项目有若干项工作和活动，这些工作和活动在时间上的先后顺序称之为逻辑关系。工作排序就是要确定各项工作之间的前后顺序关系。就每项工作而言，工作排序应解决好三个问题：即该项工作开始前，有哪些工作必须完成；该项工作在执行过程中，有哪些工作可以与它平行交叉地进行；该项工作完成后，有哪些工作应接着开始。

2. 工作排序考虑的主要因素

工作排序考虑的主要因素：①以提高经济效益为目标，选择所需费用最少的排序方案；②以缩短工期为目标，选择能有效节省工期的排序方案；③优先安排重点工作，持续时间长、技术复杂、难度大的工作，为先期完成的关键工作；④考虑资源利用和供应之间的平衡、均衡，合理利用资源；⑤应考虑环境、气候（如雨季、严寒）对工作排序的影响。

3. 工作关系列表

工作排序的最终结果是获得描述项目各工作相互关系的详细关系列表。工作关系列表是项目工作关系的基本描述，包含了项目各工作的详细信息，通过定义每项工作的紧前工作和紧后工作来描述工作之间的关系。

除了首尾两项，每项工作都至少有一项紧前工作和一项紧后工作，应通过设计逻辑关系来创建一个切实可行的项目进度计划。表 4.3 是某物流配送服务项目工作排序的结果。

表 4.3 工作关系列表

工作编码	工作名称	紧前工作编码	紧后工作编码	持续时间/天	负责人
110	市场调查	—	120	5	营销部
120	配送方案设计	110	130	10	运营部
130	合同谈判与签约	120	140,150	10	发展部、财务部
140	物流资源调整	130	150	20	设备部
150	上岗人员培训	130	160	10	人力资源部
160	系统试运行	150	—	5	运营部

三、项目资源估算

1. 项目资源估算概述

项目资源估算就是确定在实施项目活动时要使用何种资源（人员、设备或物资），以及每种资源的需要量，从而为项目成本的估算提供信息。项目资源估算过程同费用估算过程紧密配合。

在进行项目资源估算之前，首先要对项目中所需的资源进行分类，按照项目中所需的资源的特点可以将资源分为两类：

(1)可以无限使用的资源。这类资源供给充足，而且价格很低，在项目的执行过程中，对成本来说没有数量限制,可以根据项目的需要任意使用。比如,简单的劳动力、普通的设备等。

(2)只能有限使用的资源。这类资源是指价格比较昂贵,在项目的实施过程中,不可能完全得到的资源或者使用数量有明确标准的资源,如大型的进口设备。

在进行项目资源估算时,对不同类型的资源必须进行不同的管理。对于可以无限使用的资源,不必专门进行严格、全面的跟踪管理,以免导致过高的管理成本;对于只能有限使用的资源,要进行全面的跟踪管理。

2. 项目资源估算的依据

①工作描述表。

②项目工作列表。

③资源日历。项目资源日历类似于资源的可利用情况,它记录了确定使用某种具体资源(如人力资源、设备和材料等)的信息,这些信息包括具体资源的属性(资源的来源或技术水平)、可利用的时间,以及每一资源可供使用的数量等。项目资源日历一般根据资源的种类标识及各自可以使用的时间,它可以针对某个活动或整个项目。

④项目的制约因素。

⑤历史资料。

3. 资源估算的方法和工具

(1)资源估算的方法。

①专家判断法。利用专家的经验和知识判断项目需要的资源类型、数量等。

②多方案选择。很多项目活动都可以利用多种方式来完成。例如,使用能力或技能水平不同的资源、不同规模或类型的机器、不同的工具(手工或自动化),有关资源可以自制、租赁或购买等。项目团队可以通过制订多种资源计划,由有经验的专家或技术团队成员进行选择,来得到最优的资源计划方案。

③定额法。定额法是根据定额进行项目资源估算的一种方法。定额是在合理的劳动组织和合理地使用材料和机械的条件下,预先规定完成单位合格产品的消耗的资源数量标准。

④自下而上估算法。当估算项目计划的活动无足够把握时,则将项目范围内的工作进一步分解。然后估算下层每项更具体的工作资源需要,接着将这些估算按照计划活动需要的每一资源汇集出总量。这些项目活动之间可能存在也可能不存在影响资源利用的依赖关系。如果它们之间存在依赖关系,资源的这种利用方式就要反映在活动的估算中,并形成文件。

⑤项目管理软件法。这是使用现成的项目管理软件去估算项目资源的方法。现在市场上已经有许多项目资源估算的通用软件系统,不仅可以储存资源库信息,而且可以定义资源的使用定额,以及确定资源需求的时间等。

(2)资源估算的工具。

①资源计划矩阵。资源计划矩阵是在项目工作分解结构的基础上,结合每项工作所需的资源需求量绘制得出的。资源计划矩阵的样式如表 4.4 所示,该表的缺陷是无法囊括信息类资源。

表 4.4　资源计划矩阵

WBS 结果	资源需求量				备注
	资源 1	资源 2	……	资源 3	
工作包 1 工作包 2 工作包 3 …… 工作包 n					

②资源数据表。资源数据表与资源计划矩阵的区别在于：前者表示的是在项目进展各个阶段的资源使用和安排情况，后者表示的则是对项目各项工作所需资源的统计汇总说明。资源数据表的样式如表 4.5 所示。

表 4.5　资源数据表

需求资源种类	需求资源总量	项目进度阶段(时间)				备注
		1	2	……	n	
资源 1 资源 2 资源 3 …… 资源 n						

③资源需求甘特图。资源需求甘特图直观地显示了资源在各个阶段的需求情况，它比资源数据表更为直观、简洁，该图的缺憾是无法显示资源配置效率方面的信息。资源需求甘特图的示例如表 4.6 所示。

表 4.6　资源需求甘特图

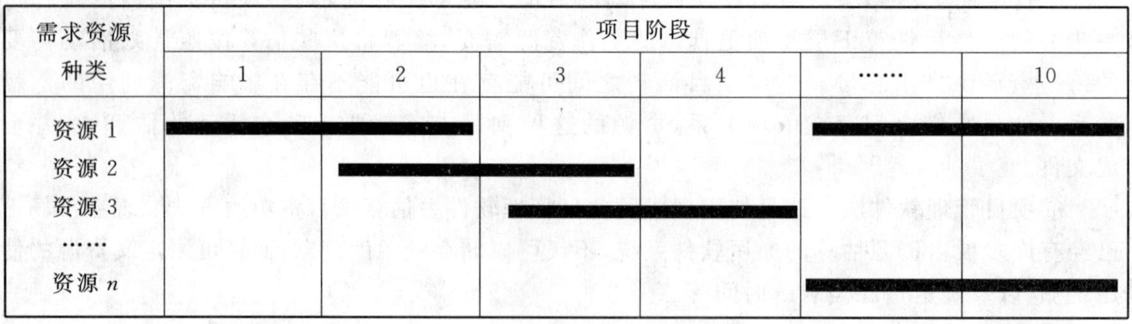

4. 资源估算的结果

项目资源估算的就是识别并说明工作细目中每一活动所需要使用的资源种类与数量。资源估算的结果是一份资源需求说明书。资源需求说明书列出本项目需要使用的资源类型、数量，工作分解结构中各部分需求资源的种类和所需数量，以及当项目的几项活动共用一种资源时，如何进行合理的资源平衡。

项目活动的时间取决于资源的数量和质量。大多数项目活动的时间将受到分配给该工作的资源数量的影响。一般来说，当人力资源减少一半时，工作的延续时间将会增加一倍。另外，大多数项目活动的时间也受到项目所能够得到的资源质量的影响，如对于同一个活动，高级工人花费的时间肯定比普通工人花费的时间少。而项目能够支配的资源的数量和质量都是受到一定限制的，因此，资源计划需要与进度计划进行综合平衡，使得项目既能满足进度要求，又能实现资源总量最少。

四、工作持续时间估算

1. 估算项目工作持续时间的意义

工作持续时间估算是根据资源估算的结果，估算完成单项活动所需工作时段数的过程。本过程的主要作用是，确定完成每项工作所需花费的时间量，为制定进度计划过程提供主要输入。

2. 工作持续时间估计的依据

工作持续时间估算的主要依据有：①项目工作列表。②项目的约束和限制条件。③资源需求。工作的持续时间受到分配给该工作的资源情况以及该工作实际所需要的资源条件的制约。④历史信息。类似的历史项目工作资料可作为确定当前项目工作时间的参考。

3. 工作时间的影响因素

在计划阶段，对项目实施时的环境仅是一种假定，无法事前确切知晓工作的实际需要时间，工作时间可以说是一个随机变量，只能进行近似的估算，以方便项目的正常实施与控制，避免项目失控造成延期和迟滞。但在实施阶段中，随着时间的推移和真实的环境条件，需要不断地对工作时间进行估算更新。也就是说工作时间的估算是渐进明细的。

在项目实施中，主要存在以下一系列因素，影响工作完成时间。

(1)突发事件。在项目的实施过程中，总是会遇到一些意料不到的突发事件，如火灾、地震、洪水等。项目周期长的大型项目更容易受此类事件的影响。这些突发事件均会对工作实际花费时间产生影响。在计划和估算阶段就考虑所有可能发生的突发事件是不可靠的，也是没有必要的，但是，在项目实施中，需要对此有所准备，锁好预案应对的调整准备。

(2)工作能力和效率。项目时间的估算总是基于项目团队成员的平均工作能力之上的。实际上并非如此，有些成员的工作能力会高于平均水平，有些成员的工作能力会低于平均水平。工作中，项目团队成员的工作能力或效率，由于主观或客观上的原因很难保持稳定。

(3)项目计划的调整。在计划执行中，总会发生一些变故，经常会随着项目环境的变化做一些必要的、局部的调整。计划的调整也是需要时间的。

由于以上因素的存在，任何工作时间的估算与实际完全吻合是不可能的。也正是由于这些因素不容忽视，在进行工作时间估算中，应给予适当考虑。

4. 有效工作时间

有效工作时间是指人能以饱满的精力和体力从事工作的时间，即有效率状态的工作时间。鉴于上述因素的影响，在进行工作时间估算时，需要考虑有效工作时间和自然流逝时间之间的差异。时间上的差异可以用图 4.2 表示。

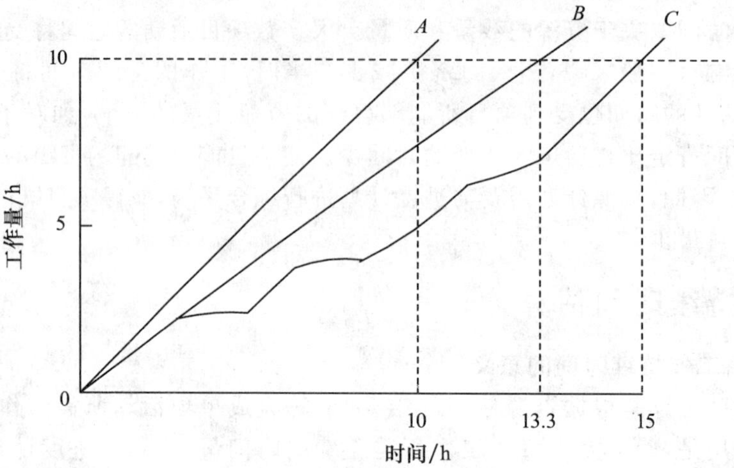

图 4.2　时间差异图

在图 4.2 中，A 线为完全具有效率的连续工作所需要的时间，显然花费时间与工作量(按时间计算的)相等，也就是说一个完美的工作人员(不间断)高效工作 10 h 可以完成这一目标。然而这在现实中是不可能的，人总有疲惫的时候，也总是要花一些时间在学习、返工等事项上。研究表明，人的典型有效工作效率为 75%～66%(图 4.2 中的 B 线和 C 线)。也就是说，一个人连续为一个目标而工作，也真正用在该目标上使其获得进展的时间一般是所流逝时间的 66%～75%。因此，在进行工作时间估算时，需要适当放宽。比如，按 B 线估算，10 h 的工作量(任务)实际需要花费的工作时间约 13 h。

5. 工作时间估算方法

(1)类比估算。它是根据以前类似工作或活动实际消耗的时间，估算本工作或活动未来的持续时间。如果以前工作或活动与本工作或活动在性质和所处环境方面极其相似，且估算人员具有专门技术，则估算的结果将非常可靠。

(2)专家评定。当项目涉及新技术的采用或者某种不熟悉的业务时，项目组织者往往不具有做出较好估算所需要的专业知识和技能，这时就需要借助相应专家的意见与判断，帮助项目组织者估算项目的工作时间。较为普遍而有效的方法为德尔菲法。

(3)时间定额估算法：已知活动的工作量、劳动力或设备工作定额、每天可安排的劳动量或设备量，即可计算出各工作或活动的持续时间。

(4)三点法。在既无经验可循又无定额可查，可采用三点估计法对工作持续时间进行测算。三点法的基本思路是，对一项工作估算出三个可能值，然后对每个值赋予一个权重，最后通过计算得出活动的期望完成时间。通常估算出活动完成的三种可能时间：乐观时间 t_o、最可能时间 t_m、悲观时间 t_p，即可确定该项目工作需要时间的估算值 t_e，t_e 代表了一种平均先进水平，反映了大多数情况下，项目工作会得到较好的执行。

$$t_e = (t_o + 4t_m + t_p)/6 \tag{4.1}$$

五、项目进度安排

在完成了项目分解、确定各项工作和活动的先后顺序、估算资源需求并估计各项工作持续时间的基础上，即可安排项目的时间进度。

项目进度计划的主要任务是确定各项活动的起始日期和完成日期。在制订进度计划时，项目经理应邀请有关职能部门的人员参加。另外，在编制项目进度计划时还应考虑各方面因素的影响，尤其要综合考虑活动持续时间估算和成本估算。项目进度计划是随着持续时间估算和成本估算过程的不断修正而不断调整的。

1. 进度安排的依据

(1)工作持续时间的估计。

(2)根据项目所包含的各项工作的先后顺序绘制的工作关系网络图表。

(3)资源需求。

(4)资源配置描述，包括各项工作所需资源的种类、数量以及随着时间的变化资源配置的变化情况等。

(5)项目日历。项目日历是指约定的项目使用资源的有效周期。标准项目日历是周工作5天，每天工作8 h，周有效工作时间为40 h。不同的项目日历(如一周仅休息一天)将直接影响项目的进度和资源安排。

(6)限制和约束。由于用户的要求或其他的限制条件(比如合同约定)，导致某些工作(比如里程碑事件表规定的交付物)必须在指定的时刻完成，这就存在所谓的强制日期或时限。这是项目执行过程中必须考虑的限制因素。

2. 进度安排的方法和工具

在第三方物流项目进度安排中，可使用的方法有数学分析法、仿真分析法、资源分配启发式法等。比较实用的方法是数学分析法中的关键线路法和计划评审技术。

(1)关键线路CPM。该方法假定项目的资源需求不受限制，纯粹按工作衔接关系计算出项目各项工作的最早、最迟开始和结束时间。用最早时间和最迟时间的差额(即时差)指标来反映每一工作相对时间紧迫程度及工作的重要程度，时差为零的工作通常称之为关键工作。关键线路法的主要目的就是确定项目中的关键工作和关键线路，以保证项目实施过程中能抓住主要矛盾，确保项目按期完成。

(2)计划评审技术PERT。这是一种基于工作或活动时间不确定情况下的网络计划图编制技术。虽然，PERT法的基本形式与CPM法基本相同，但两者存在很大的差异。CPM法要求每一项工作必须有一个确定的工作时间，而PERT法则不需要，它允许用户事先估计三个工作时间，即最乐观时间、最可能时间、最悲观时间，然后按加权平均的方法计算工作的期望时间。

3. 项目进度计划的主要内容和形式

项目进度计划主要包括项目进度、细节说明、进度管理计划等内容。

(1)项目进度。项目进度至少要包括每一具体活动的计划开始日期和期望完成日期。在不考虑资源的限制前提下所制定的项目进度仅是一种初步进度计划。正式的进度计划应考虑与资源估算及成本估算的综合平衡。进度计划可用简略形式或详细形式表示，虽然可用表格形式表示进度，但更常以图的形式来表示，如甘特图、里程碑图和项目进度网络图等图形。

①项目进度计划表(表4.7)。

表4.7 项目进度计划表

序号	工作名称	持续时间	最早时间		最迟时间		时差		完成情况
			开始	完成	开始	完成	开始	完成	

②网络图。在项目计划工作中,网络计划是一种很实用的技术。它由许多相互关联的工作(活动)组成,用来表明工作顺序和流程以及各种工作间的相互关系。通过网络图(图4.3),你可以直观地了解每一任务编号、责任、什么时候进行,接下去要做什么工作等,或者由于某一工作的延误可能给整个项目工作造成的影响。关于网络计划图的构建方法详见本章第三节。

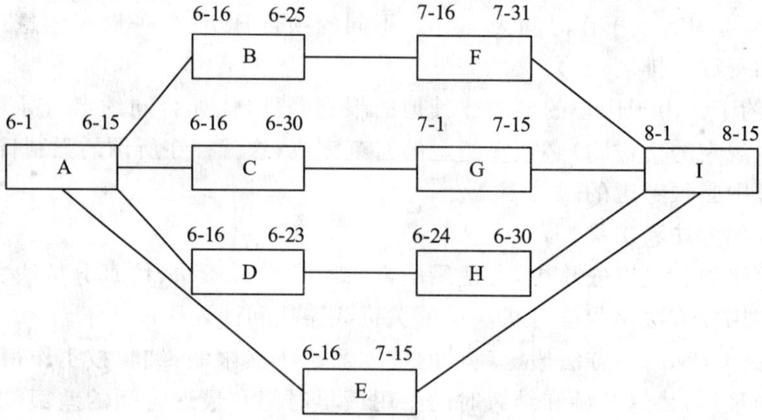

图4.3 带日历的项目网络图

③甘特图。甘特图又称横道图、条形图,是一种更为古老的计划和进度安排工具,但因为其简单明了,至今仍被广泛使用。甘特图是一个二维平面图,用横轴表示时间刻度,纵轴表示活动,横道线表示该活动的起始和结束时间,横道线的长度表示了该项工作的持续时间。图4.4是某项目的甘特图示例。

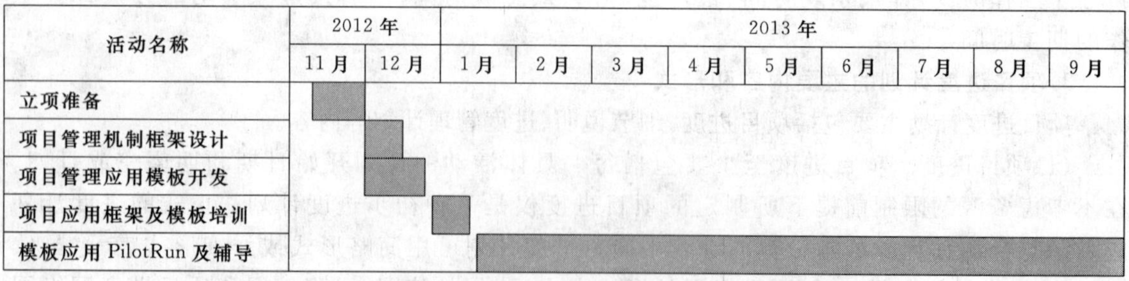

图4.4 某企业物流项目管理应用模板开发项目甘特图

④里程碑计划。里程碑计划是以项目中某些重要事件的完成或开始时间点为基准所形成的计划，代表着一个战略计划或项目框架。它包含里程碑的时间和成果。该方法侧重于结果，即项目在每一阶段应达到的状态（或结果），不关心该状态（或结果）是如何实现的。里程碑计划可以是用图形和表格的形式来表示（图 4.5 和表 4.8）。

图 4.5　某企业物流项目管理模板开发项目里程碑计划图

表 4.8　某企业物流项目管理模块开发项目里程碑计划表

序号	里程碑事件	可交付成果	完成时间
1	立项准备	项目章程	2012.11.27
2	项目管理框架及模板开发	项目管理机制框架、项目管理应用模板	2012.12.20
3	模板应用培训	培训情况报告	2013.1.10
4	模板应用试运行	试运行总结报告、修改的应用模板	2013.9.30

（2）细节说明。对项目进度计划所依据的假设和约束条件等方面的补充说明。例如，各种资源需求图、费用预测、设备、材料、构配件的购置计划等。

（3）进度管理计划。进度管理计划主要说明进度计划的执行、检查、调整、控制等有关问题。根据项目的特点，进度管理计划可以是正式计划，也可以当作非正式计划参考。有些不复杂的物流服务项目，只需编制一个框架性的进度管理计划，作为该项目进度计划的辅助说明即可。

第三节　项目网络计划技术

一、概述

1. 网络计划技术

网络计划是在网络图上加注工作的时间参数编制而成的进度计划。有两种网络计划方法——关键路径法（CPM）和计划评审技术（PERT），两种方法的网络图结构基本相同，其区别在于关键路径法要求每一项工作必须有一个确定的工作时间，而计划评审技术则不需要，它允许用户事先估计三个工作时间，即最乐观时间、最可能时间、最悲观时间，然后按加权平均的方法计算工作的期望时间。对于一般项目来说，根据经验和知识，能够对项目的各项工作所需时间进行合理、较准确的确定，从而关键路径法在项目管理中更为常见。

网络计划技术与传统的甘特图相比，具有如下的优点：

（1）网络图所表达的不仅仅是项目的工期计划，它实质上表示了项目全部活动的流程。从而它有助于项目管理者(经理)对项目实施过程进行系统的、逻辑性的筹划。

(2)通过网络分析,能够给项目管理者提供丰富的信息,例如某项任务(活动)最早开始时间、最迟开始时间、时差有多少等。

(3)可运用一定的数学方法,方便地进行工期和资源使用的优化。

(4)为整个项目团队各级成员提供了十分清晰的任务关键线路,这对于计划的调整和实施控制是非常重要的。

对于复杂的大型项目,网络计划技术的优越性更为突出,已成为现代项目管理中普遍采用的计划方法。由于网络的绘制、分析和使用比较复杂,在现代项目管理中,通常用计算机来辅助项目网络计划的编制和分析。

2. 网络计划的构成

网络计划主要由网络图和网络时间参数两大部分组成。

(1)网络图。网络图是一个有向、有序的网状图,用于表示工作流程和次序及接续关系,它由箭线、节点和线路三个要素组成。网络图可以分为两种形式,一种是用节点表示活动,又叫作单代号网络图;另一种是用箭线表示活动,又叫作双代号网络图。节点和箭线在单代号网络图和双代号网络图中的含义有所不同。线路是指从首节点开始,沿着箭线的方向连续通过一系列箭线与节点,最后到达尾节点的通路。

(2)网络时间参数。网络时间参数是根据项目中各项工作的延续时间和网络图所计算的工作、节点、线路等要素的各种时间参数。

二、网络图原理

1. 双代号网络图

双代号网络图中每一项工作都用一根箭线和两个节点来表示。工作的名称写在箭线上方,工作的持续时间写在箭线下方,每个节点都编以号码,箭线所指方向表示工作的前进方向,箭线的箭尾节点和箭头节点就是每一项工作的起点和终点,从箭尾到箭头表示一项工作的作业过程。“双代号”即由此而来(图 4.6)。箭尾节点的编号通常小于箭头节点的编号。

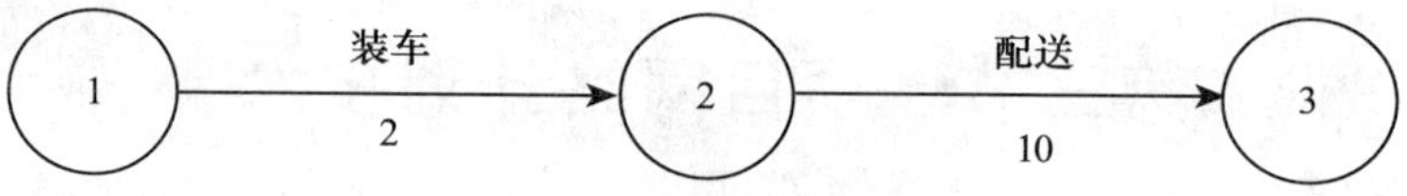

图 4.6 双代号示例图

在双代号网络图中,有一种特殊的工作,叫作虚工作。它既不消耗时间,也不消耗资源,在网络图中用一个虚箭线表示,仅表达到工作之间的逻辑关系。使用虚工作有两个原因:

①有助于很好地识别虚工作。如物流项目中配送车辆喷涂新标志后等待油漆干燥,它们虽不消耗资源,但是要消耗时间,在完成任务过程中,它们同样是一个不可缺少的过程。这些不消耗资源的等待结果的过程也应视为工作。如图 4.7(a)所示,工作 2—3 为等待油漆干燥的过程,可以看作是一项虚工作。

②用来表示某种如果不用虚工作就无法表明的先后关系。考虑这样一种情况,活动 A 和 B 可以同时进行;只有活动 A 完成之后,活动 C 才能开始;只有活动 A 和活动 B 都完成后,活动 D 才能开始。为了描述这种逻辑关系,必须插入一项虚工作。如图 4.7(b),虚工作 3—4 在

某种意义上是活动 A 的延续，以表明它除了是活动 C 开始所必须的条件之外，它的完成同时也是活动 D 开始所必需的。

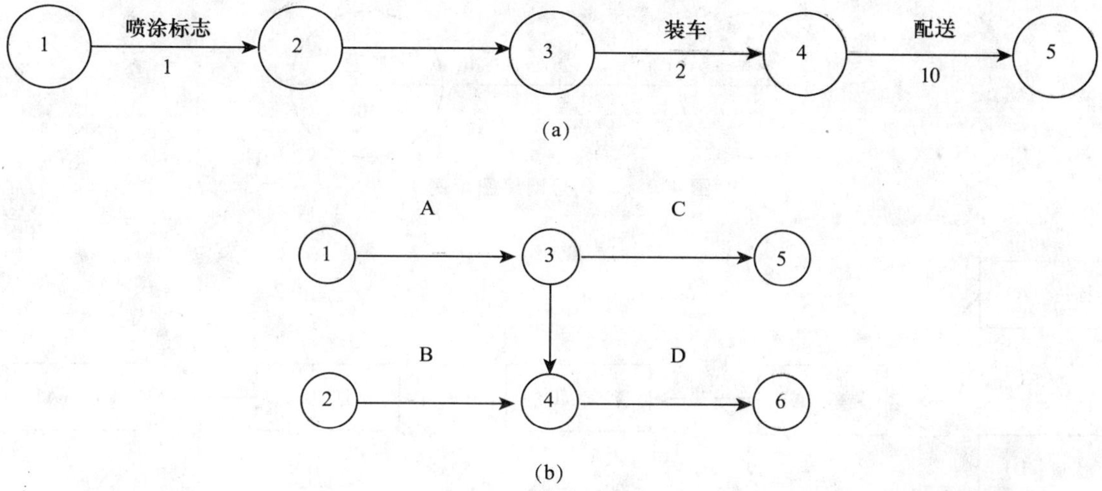

图 4.7　虚工作

每一项工作都存在一个开始时刻和结束时刻。一个工作若只有一件紧前工作，那么这件紧前工作的结束时刻，也就是该工作的可能开始时刻；一件工作若有数件紧前工作，则要待紧前工作全部结束后，才有可能开始做这件工作。这种紧前工作和紧后工作的结束和开始标志，称为节点或事项。节点的主要作用是连接箭线。箭线尾部的节点（简称箭尾节点）表示箭线（工作）的开始节点；箭线头部的节点（简称箭头节点）表示箭线（工作）的结束节点。如图 4.7(a)所示，“喷涂标志”的紧前事件是节点 1，紧后事件是节点 2；“装车”的紧前事件是节点 3，紧后事件是节点 4。只有当指向节点的所有活动都完成后，从节点出发的活动才能开始。

2. 单代号网络图

单代号网络图用节点表示工作，节点编号即为工作的代号。由于仅编一个号，故称“单代号”。一项工作只能有唯一的一个节点和唯一的一个编号，单代号网络图的节点表示方法如图 4.8 所示。

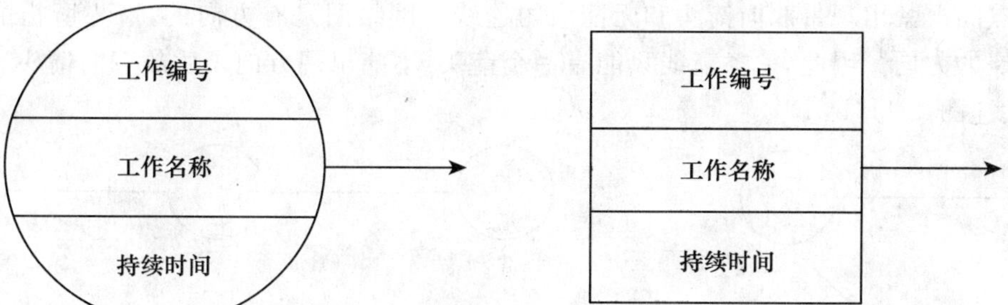

图 4.8　单代号网络图节点的表示方法

单代号网络图中，箭线用来连接各节点，表示工作的先后次序关系。箭尾节点表示的工作是箭头节点的紧前工作；箭头节点所表示的工作是箭尾节点的紧后工作。一项工作只有与其连接的所有紧前工作都完成后才能开始。工作之间的次序包括顺序进行和平行进行。在绘制网络图之前，一定要先明确工作之间的逻辑关系。例如，只有在“装车”工作完成后，“配送”工作才能开始(图 4.9)，这是顺序进行的工作。但为不同门店拣货工作是可以同时进行的(图 4.10)。

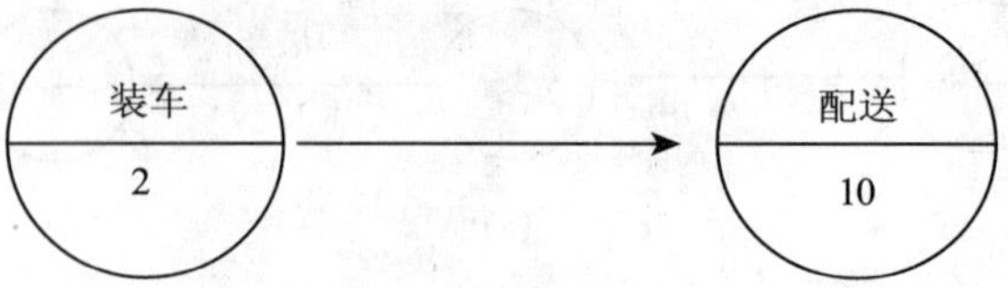

图 4.9　单代号网络图示例 1

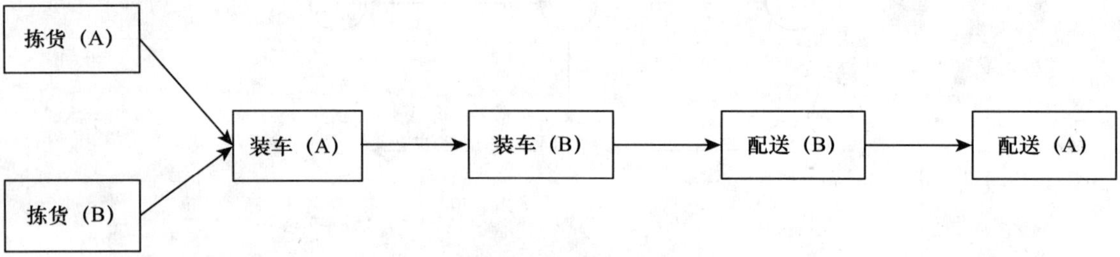

图 4.10　单代号网络图示例 2

单代号网络图与双代号网络图是网络计划的两种不同的表示方法。由于单代号网络图编制时无须用到“虚工作”，相对于双代号网络图更加易画和易理解，检查与修改也方便。在一些项目管理的实践中也有成功之例。但双代号网络图可以明确地表示工作之逻辑关系，各工作的时间参数计算简便，而且它与较早出现的网络计划的 PERT 原理相通，从而使用更为普遍。

3. 绘制网络图的基本规则

为了使编制的网络图规范、正确并具有通用性，就必须遵循必要的绘图规则。根据我国有关标准、规程的规定，双代号网络图的编制应遵循以下基本规则：

①在绘制网络图之前，要正确确定工作间的逻辑关系，使用正确的符号和标识进行标记。

②不允许出现循环回路。所谓循环回路，是指从某一个节点出发，顺着箭线的方向又回到了该节点[图 4.11(a)]。这是由于工作逻辑关系分析错误造成的。

③节点间严禁出现带双向箭头和无箭头的连线。网络图是有方向的，箭头所指的方向就是工作进展的方向。因此，一条箭线只能有一个箭头，不能出现方向矛盾的双向箭头和无方向的无箭头线[图 4.11(b)]。

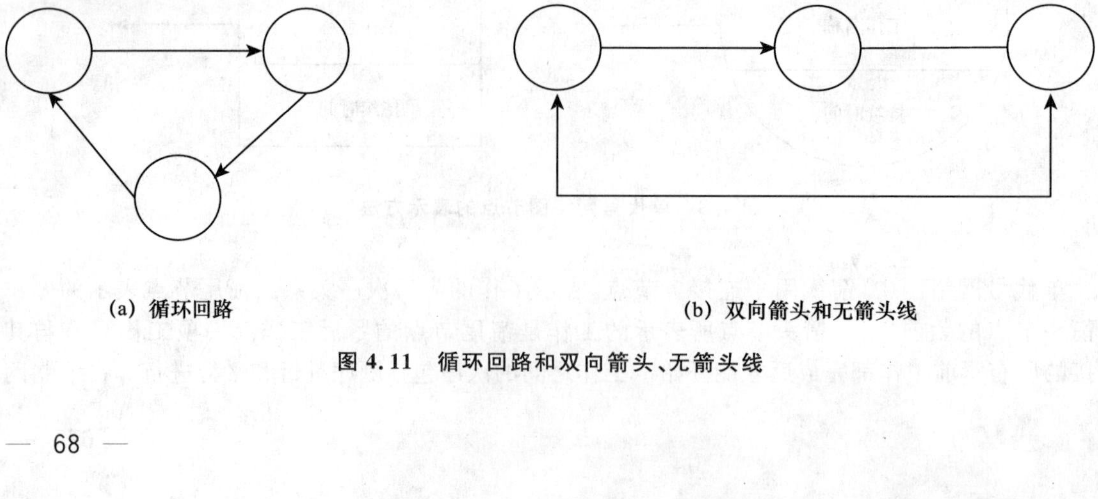

(a) 循环回路　　(b) 双向箭头和无箭头线

图 4.11　循环回路和双向箭头、无箭头线

④严禁出现无箭头节点或无箭尾节点的箭线(图 4.12)。

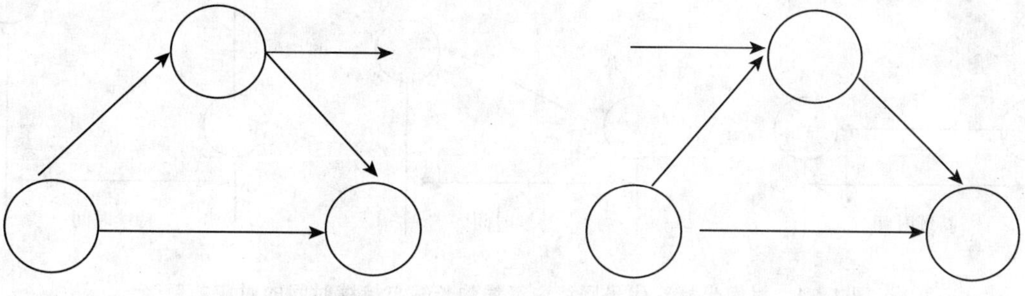

(a) 无箭头节点的箭线　　(b) 无箭尾节点的箭线

图 4.12　无箭头节点的箭线和无箭尾节点的箭线

⑤绘制网络图时,箭线最好不要交叉。当交叉不可避免时,可采用过桥法(暗桥法)或指向法(图 4.13)。

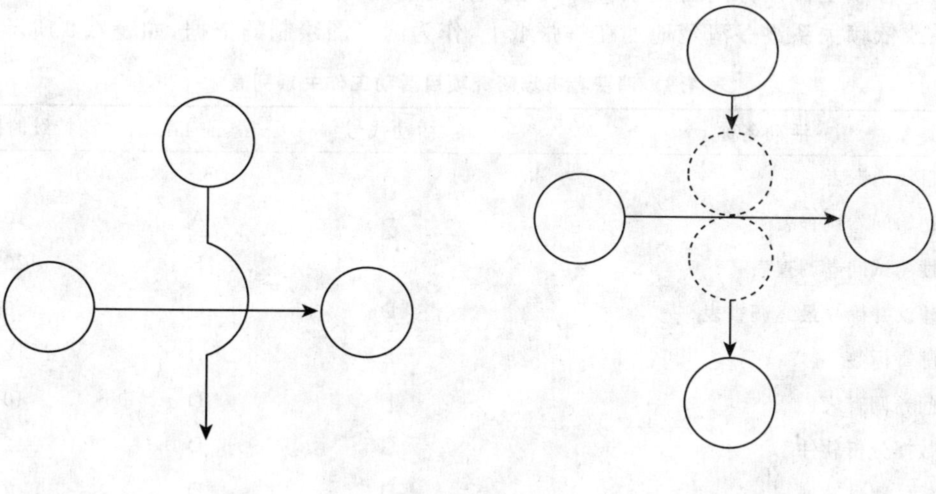

(a) 过桥法　　(b) 指向法

图 4.13　交叉线的画法

⑥一般情况下,网络图从左往右的方向为项目进展的方向,即正向。箭线的方向应与之相符合,避免出现反向箭线。

⑦对于双代号网络图,有带时间坐标的网络图和非时间坐标的网络图之分。在非时间坐标的网络图中,箭线的长短与所表示工作的持续时间无关,主要考虑网络图的图面布置整齐、关系明晰;而在时间坐标的网络图中,箭线长短与工作持续时间相对应,以水平长度为度量标准(图 4.14)。

⑧双代号网络图中的所有节点都必须编号且不能重复。箭尾节点的号码应小于箭头节点的号码,一般应采用连续编号法。为了方便网络计划图的修改和调整,在初次绘制网络图时可有意识地采用非连续编号法,预留一些可补充的号码。

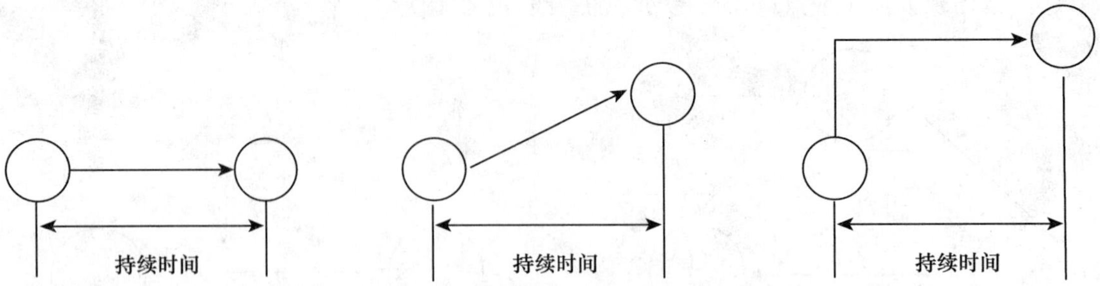

图 4.14 时间坐标双代号网络中箭线的长短与持续时间的对应关系

4. 绘制网络图的步骤

网络图的绘制通常是先画一个初步网络图，然后在此基础上进行优化和调整，最终得到图面清晰、布置整齐而合理的正式网络计划图。网络图绘制的基本步骤如下：

①列出工作任务清单。参见本章第二节中的项目活动定义。

②界定各项工作任务间的关系。即确定工作之间的先后次序关系，并把这些工作之间的优先关系或依赖关系逐一清楚地列在一张纸上，作为网络图绘制的依据，如表 4.9 所示。

表 4.9 消费者市场研究项目活动工作关系列表

活动名称	活动代号	紧前工作	持续时间/天
识别目标消费者	A	—	3
设计初始问卷调查表	B	A	10
试验性测试问卷调查表	C	B	20
评审建议并确立最终调查表	D	C	5
准备邮寄标签	E	D	2
打印问卷调查表	F	D	10
开发数据分析软件	G	D	12
设计软件测试数据	H	D	2
邮寄问卷调查表并获得反馈	I	E、F	65
测试软件	J	G、H	5
输入反馈数据	K	I、J	7
分析结果	L	K	8
准备报告	M	L	10

③绘制网络计划图。项目的工作总是从前往后依次进行的，一般情况下，网络计划图可以从首节点开始向后绘制至尾节点。网络图中的第一个节点称首节点，它意味着一个项目或任务的开始，它只有箭线出发，没有箭线指向它；最后一个节点叫尾节点，它意味着整个项目工作的完成，它只有箭线指向它，没有箭线出发。网络图中的其他节点称为中间节点。中间节点可以任意数量，但只允许有一个首节点和一个尾节点。一旦出现多个首节点或尾节点情况时，需要用加虚箭线的方式进行技术处理，合并首(尾)节点。

实践中，也有一些项目管理者，习惯从尾节点开始向前（首节点）绘制，实际工作中，网络图的绘制可根据紧前工作和紧后工作的任何一种关系进行。a. 按紧前工作关系绘制时，从无紧前工作的工作开始，依次进行，将紧前工作一一绘制出，并将最后的工作结束于一点，以形成一个终止节点；b. 按紧后工作绘制时，亦应从无紧前工作的工作开始，依次进行，将紧后工作一一绘出，直至无紧后工作的工作绘完为止，并形成一个终止节点。

在实际中，可灵活使用这两种方法，如使用一种方法绘制完成后，可利用另一种方法进行检查。一开始绘制网络计划图时，不要过度追求完美。可先做一张草图（初步方案），再进行适当的加工和美化。按表 4.9 绘制的网络计划图的结果如图 4.15、图 4.16 所示。

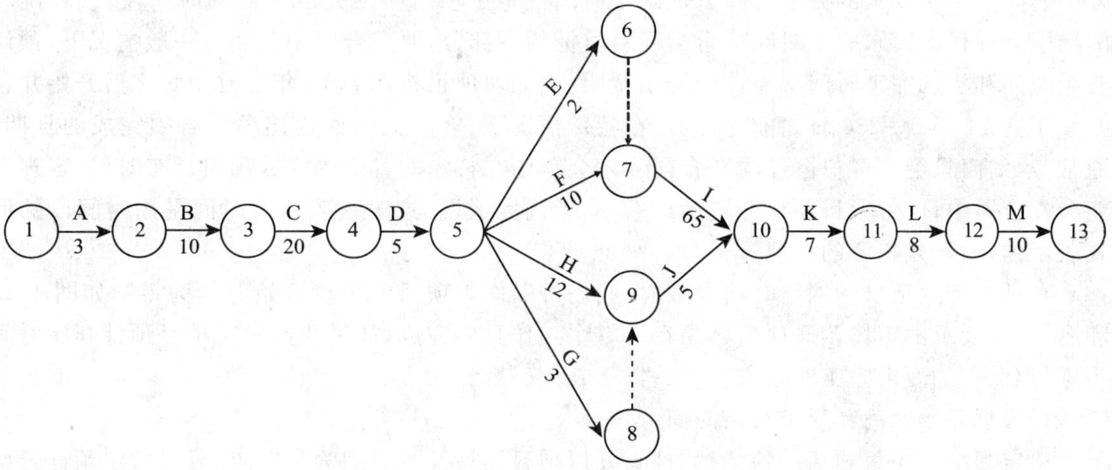

图 4.15　双代号网络计划图

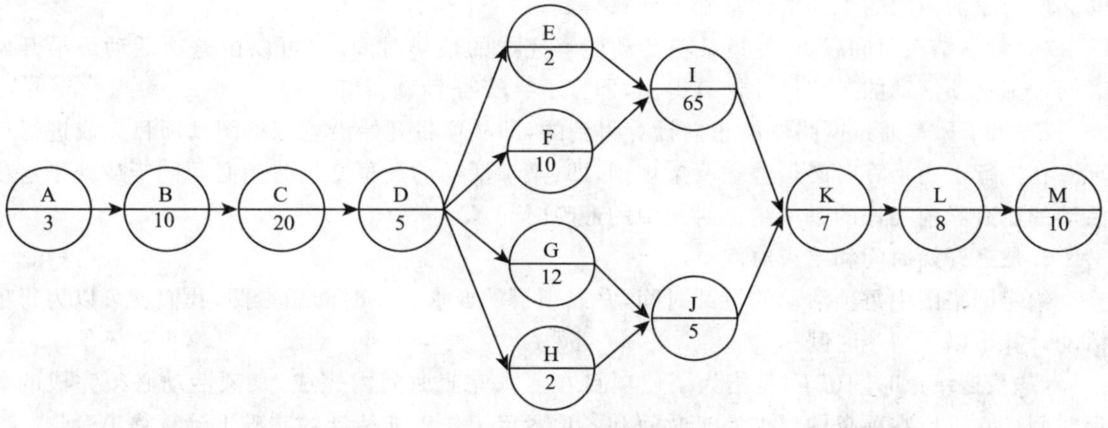

图 4.16　单代号网络计划图

④检查网络计划图的逻辑结构。检查网络计划图中各项工作任务之间的逻辑关系是网络图绘制最后不可缺少的工作。只能通过调整工作前后的优先关系、因果关系，才能避免因定义错误给日后项目实施造成麻烦，最终绘制出一份最优的网络计划图。检查的方法是根据网络图描述工作关系，对照项目工作列表，若与项目工作列表所描述的工作关系一致，则说明该网

络图能正确表达工作关系。

三、网络时间参数计算

绘制网络图不是网络计划编制全部内容,更重要的工作是通过计算与确定网络计划时间参数,以实现网络计划调整与优化。需要计算的网络时间参数主要包括:工作的最早开始时间、工作的最早结束时间、工作的最迟开始时间、工作的最迟结束时间、工作总时差、工作自由时差、关键线路。

为了建立一个用所有活动的工期来计算进度的基准,有必要为整个项目选择一个预计的开始时间和一个要求的完工时间。这两个时间规定了项目必须完成所需的时间段,或者说时间期限。项目的要求完工时间通常是项目目标的一部分,要在合同中载明。一般情况下,预计开始时间和要求完工时间都要在合同中载明,例如,“项目将在2014年1月1日之后开始并且必须于2014年9月30日之前完成”。在特殊情况下,客户只明确提出项目必须完成的日期。通常,承约商只会在客户已经同意合同后才会承诺在特定的日期内完成项目。有时候,客户可能会在合同中订明“项目要在合同签订后30天内完成”。这时候项目的时间是用时间段的形式表示的,而不是特定的日期。

在计算特定项目的网络时间参数时,我们可以假定项目的预计开始时间为零。如图4.15和图4.16所示的市场调研项目必须在130个工作日内完成,如果我们定义项目预计开始时间为零,那么它的要求完工时间点应该是第130天。

1. 最早开始时间和最早结束时间

给定网络图中每项活动的持续时间,并以项目预计开始时间为参照点(可以假定预计开始实际为零),我们就可以为每项活动计算出以下两个时间。

(1)最早开始时间(ES)是指某项活动能够开始的最早时间,它可以在项目的预计开始时间和所有紧前活动的工期估计基础上计算得到。

(2)最早结束时间(EF)是指某项活动能够完成的最早时间,它可以由这项活动最早开始时间加上这项活动的工期估计计算得出,即:$EF=ES+$活动持续时间。

ES和EF是通过网络图的正向计算得到的,即从项目开始沿着网络图到项目完成进行计算。在进行正向推算时必须遵守一条规则,即:某项活动的最早开始时间必须同于或晚于这项活动的所有紧前工作的最早结束时间中的最晚时间。

2. 最迟开始时间和结束时间

给定网络图中每项活动的持续时间,并以项目的要求完工时间做参照,我们就可以为每项活动计算出以下两个时间。

(1)最迟结束时间(LF)是指为了使项目在要求完工时间内完成,某项活动必须完成的最迟时间。它可以在项目的要求完工时间和各项紧后工作工期估计的基础上计算得出。

(2)最迟开始时间(LS)是指为了使项目在要求完工时间内完成,某项活动必须开始的最迟时间,它可以用这项活动的最迟结束时间减去其工作持续时间得出,即:$LS=LF-$活动持续时间。

LF和LS是通过反向推算得出的,即从项目完成沿网络图到项目的开始进行推算。在进行这类计算计算时,必须遵守一条规则,即:某项活动的最迟结束时间必须同于或早于该活动的所有紧后工作的最迟开始时间的最早时间。

3. 总时差

在图 4.17 的市场调研项目中，最后一项活动"准备报告"的最早结束时间和项目的要求完工时间之间有一个 8 天的差距，这个差距就叫作总时差(TF)。

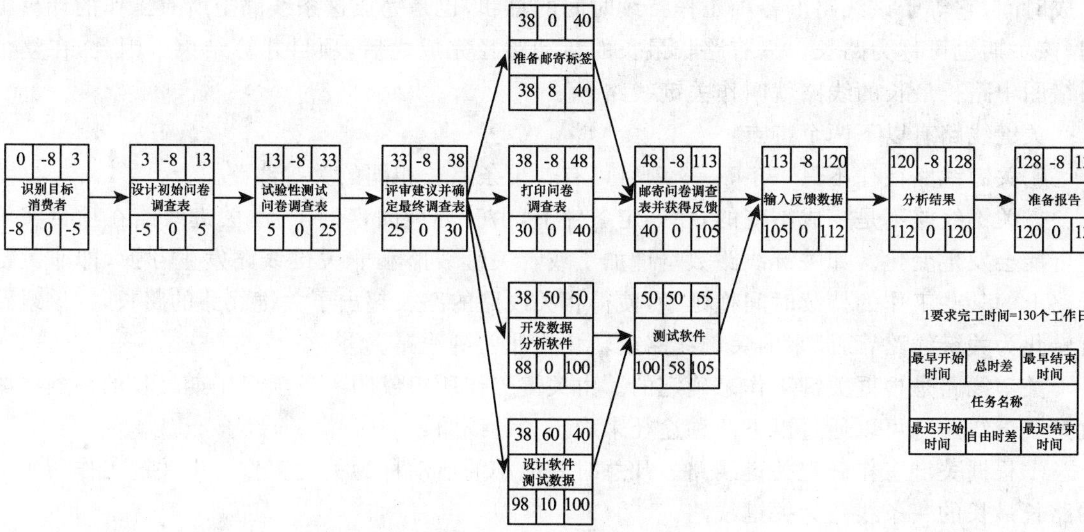

图 4.17　附有时间参数的市场调研项目单代号网络图

工作总时差，是指在不影响总工期的前提下，项目工作可以利用的最大机动时间。总时差可以用活动的最迟结束(开始)时间与活动的最早结束(开始)时间相减得到，即：总时差＝$LF-EF=LS-ES$。

总时差的取值有三种情况：①总时差为正值，表明关键路径(路长最长的那条线路)上的各项活动所花费的时间总量可以延长，只要工期延长量不超过总时差的范围，项目就可以在要求完工时间内完成。②总时差等于零，表明关键路径上的活动不必加速完成，但也不能拖延完成。③总时差为负值，表明关键路径上的各项活动要加速完成，以减少整条路径所花费的时间总量，否则项目将无法按期完成。如市场调研项目中，项目的总时差为－8，表明完成这个项目缺少时间，按目前进度，还缺少 8 天。

必须注意的是，某一路径上的总时差是由该路径上所有活动共有和共享的。例如，假设某项目某路径的总时差为 3，表明该路径上的所有活动拖延的工期总和最多为 3 天，超过 3 天将会影响项目总工期，而不是说每项工作都可以延迟 3 天。反之，图 4.17 的市场调研项目中，关键路径的总时差为－8，表明关键路径上所有的工作工期压缩的总和达到 8 天即可保证项目按期完成，而不必每项工作都压缩 8 天。

4. 自由时差

工作自由时差 FF，是指在不影响其紧后工作最早开始的前提下，本工作可以利用的机动时间。自由时差可以用所有紧后工作的最早开始时间的最早时间与本工作的最早结束时间相减得到，即自由时差＝min{紧后工作的 ES}－本工作的 EF。

了解工作自由时差的重要性，在于项目组织者可以迅速判断某工作是否可以推迟，因为，当一项工作没有自由时差时，任何延误都会推迟至少一项其他工作的开始，从而，可能拖延项目工期。

5. 关键线路

在网络图中，从首节点开始，沿着箭线的方向连续通过一系列箭线与节点，最后到达尾节点的通路称为线路。大型、复杂项目的网络图往往有多条线路。每一条线路都有自己确定的完成时间，它等于该线路上各项工作持续时间的总和，也是完成这条线路上所有工作的计算工期，该工期也可称为路长。只有路长最长的活动路径完成之后，项目才算结束。因此，在整个网络图中路长最长的线路就叫作关键线路。

关键线路有以下两个特点：

①关键线路往往不只一条，一个项目可有若干条路长相同的关键线路。

②关键线路不是一成不变的，在一定条件下，由于环境因素的干扰，关键线路在项目实施中可能会发生变化。如关键线路数量增加了或者关键线路和非关键线路发生互换，即非关键线路上的某些工作的持续时间拖延了，使得相关线路的路长超出了关键线路的路长，则该线路就转化为关键线路，而原来的关键线路就转化为非关键线路。

关键线路是根据关键工作来确定的。由关键工作所组成的一条项目工期最长的一条线路就是关键线路。可以通过以下两种途径来确定关键线路：

①根据关键工作确定关键线路。凡总时差最小的活动称为关键工作。由关键工作所组成的路长最长的一条线路为关键线路。

②根据自由时差确定关键线路。关键工作的自由时差一定最小，但自由时差最小的工作不一定是关键工作。若从起始节点开始，沿着箭头的方向到终止节点为止，所有工作的自由时差都最小，则该线路是关键线路。

将时间参数标注在网络图上，有利于清晰明了地掌握项目的时间进度要求，但将进度从网络逻辑图上分离出来，将使得修订和更新进度计划更容易。市场调研项目中，关键路径的路长为 138 天，为了在要求的完工时间 130 天内完成项目，必须将关键路线上的活动工期压缩 8 天。假定通过减少被调查者反馈信息的时间，把“邮寄问卷调查表并获得反馈”的时间从65 天缩减为 55 天，由于关键路径上的一项活动预计工期减少了 10 天，总时差便由 −8 天改为了 2 天。把活动持续时间修改为 55 天后，就可以给出一个修订后的项目进度表(表 4.10)。

表 4.10　修订后的市场调研项目进度

活动名称	持续时间	最早时间		最迟时间		总时差
		开始时间	结束时间	开始时间	结束时间	
识别目标消费者	3	0	3	2	5	2
设计初始问卷调查表	10	3	13	5	15	2
试验性测试问卷调查表	20	13	33	15	35	2
评审建议并确立最终调查表	5	33	38	35	40	2
准备邮寄标签	2	38	40	48	50	10
打印问卷调查表	10	38	48	40	50	2
开发数据分析软件	12	38	50	88	100	50
设计软件测试数据	2	38	40	98	100	60
邮寄问卷调查表并获得反馈	55	48	103	50	105	2
测试软件	5	50	55	100	105	50
输入反馈数据	7	103	110	105	112	2
分析结果	8	110	118	112	120	2
准备报告	10	118	128	120	130	2

四、网络计划的优化

无论是按何种网络计划技术编制的项目，网络计划仅仅是一个初步的方案，还没有考虑到各种人力、资源及费用等方面的限制。网络计划的优化就是从工期、资源占用和成本支出三个方面，用最优化的原理调整和改进网络的初步计划，使所制定的项目网络计划工期最短、耗用资源和费用最少。

1.时间（工期）优化

项目的计算工期大于给定的完工期限是项目实施过程中经常发生的情况，或者由于前一阶段的实施工期比计划工期拖延，或上级要求项目提前竣工等。压缩工期是经常遇到的问题，压缩工期的关键是压缩关键线路的工期。网络计划的时间优化就是在人力、物力、财力等资源不受限制的前提下，寻求完成一项工程或一项任务所需最短的周期。主要措施分两类：

（1）劳动组织措施。通过合理地调整劳动组织方式，提高劳动效率或加快工作进度。例如：①将原先顺序进行的工作任务改为平行同时进行；②采用多班制工作或延长工作时间（即加班），增加有效工作时间；③在可能的情况下，采用流水作业方法拆分一些顺序进行的工作；④将原先计划自己研制的项目需要的产品改为外购；⑤重新进行劳动组合，推迟非关键工作的开始时间或延长非关键工作的延续时间，把非关键线路工作的劳动力和其他资源调整到关键线路上。

（2）技术措施。通过一些技术手段，改变项目的工艺或技术条件，达到缩短工作周期的目的。

上述措施的采用都有一定的适用范围和条件，都会带来一些不利的影响，如加班时间过长，会导致劳动效率降低，工作质量下降，易引发安全事故；多班制工作，会产生资源投入量的增加，工作成本上升等。因此，项目管理者在选择压缩工期措施时要进行周密地考虑和利弊权衡。

2.资源优化

对于一个项目，如果计划安排得不合理，就会在计划工期内的某些时段出现资源需求的“高峰”，而在另一些时段，则会出现资源要求的“低谷”。通常提供给项目的各种资源数量往往是有限的。当项目计划的某些时段内资源需求超过最大可能的供应量时，势必造成资源的短缺或推迟工作开工时间的后果；而在出现资源需求低谷时，又会造成资源的大量积压，这种资源消耗的不均衡不仅会增加项目成本，而且也增加了项目组织的难度，最终影响项目目标的实现。

资源优化就是如何解决网络计划中这种资源的供需矛盾或实现资源均衡利用问题。它通常有两个不同的目标：

（1）工期固定的资源均衡。指在工期一定的条件下，合理调整网络计划中的某些工作，实现资源的均衡利用。资源均衡问题是在可用资源数量不受限制和保持工期不变的条件下，通过反复试验调整各项非关键工作进度的办法，使资源的需要量随时间的变化趋于平整。资源优化过程也就是逐步地将资源的“峰值”填入资源的“谷值”的过程，它属于一种启发式的优化方法。

（2）有限资源的合理分配。指在资源有限的情况下，合理安排各工作的进度，力求使网络计划总工期最短。在资源限定条件下,进度的合理安排是一项复杂的问题。可用的求解方法多种多样,但最常用的是“备用库法”。其基本思想是,假如可供分配的资源储备在备用库中,任务一开始,从库中取出资源,按工作的优先安排规则,给即将开工的工作分配资源,并尽可能地考虑最优组合,资源分配不到的工作推迟开始。随着时间的推移和工作的陆续完成,资源又逐渐返回到备用库中。当从备用库中取出资源,进行资源分配时,分配不到资源的工作,推迟开工时间。这样反复循环,直到所有的工作都分配到资源为止。

资源分配的优先规则各种各样,如可以是:最小化最迟开始时间 $\min\{LS\}$ 或最迟结束时间 $\min\{LF\}$ 或最早结束时间 $\min\{EF\}$ 以及最小化工作总时差 $\min\{TF\}$,等等。为了更全面地讨论这个问题,可以参照本章后的附录 B“资源平衡”。

3. 费用优化

一项工程的总费用除直接费用(包括实现一项工程所需的直接劳动力、原材料和设备使用费用等)外,还包括间接费用(与工程的完成没有直接关系的费用,包括与工程有关的管理费、资金的利息和一切不便计入直按费用的其他费用)。它们与工期的关系如图 4.18 所示。

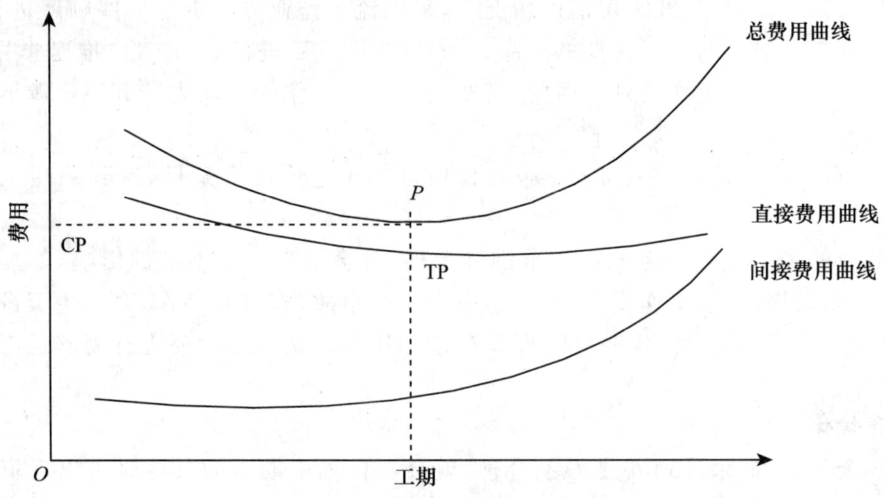

图 4.18　时间费用关系图

间接费用与工期有关,它随着项目完成工期的缩短而降低,直接费用是随着项目完成工期的缩短而增加。因此,对于一个项目来说,不能一概认为缩短工期必然增加成本,或延长工期必然降低成本。实际上它们之间存在着一个总费用最少的最优工期(最优进度),即最佳工期-费用组合。

从图 4.18 中所示的费用曲线呈凹形,最优的工期应该是总费用曲线的最低点,即图 4.18 中的 P 点,总费用最小。

网络计划的费用优化就是根据这种项目的工期与费用的关系,寻求以缩短工期的最少直接费用或寻求总费用最少的最优工期。

第四节　第三方物流项目进度控制

一、第三方物流项目进度控制概述

1. 项目进度控制概念

项目进度计划为项目的实施提供了科学、合理的依据，其目的是确保项目可以如期完成。但是，由于外部环境的变化以及一些出乎意料的事情发生，在进度计划的实施过程中，项目的实际进度经常会与进度计划发生偏离，如果不能及时纠正这些偏差，就可能会导致项目延期完成，甚至影响到项目目标的实现。

项目进度控制就是根据项目进度计划对项目的实际进展情况进行对比、分析和调整，从而确保项目进度目标的实现。

2. 项目进度控制的过程

项目进度控制表现为一个过程。当项目按照所编制的进度计划正式开始运作后，就必须动态监控项目的进程和实施情况，并将实际情况与计划进行对比分析。一旦出现偏差，应分析产生的原因及其对工期的影响程度，采取必要的调整措施，更新原计划，以确保项目中每项活动按计划进度进行。实际上这一过程在整个项目实施过程中周而复始，循环进行，直至项目完成，如图 4.19 所示。项目进度控制的目标就是确保项目按既定工期目标实现，或是在保证项目质量并不因此而增加项目实际成本的条件下，适当缩短项目工期。

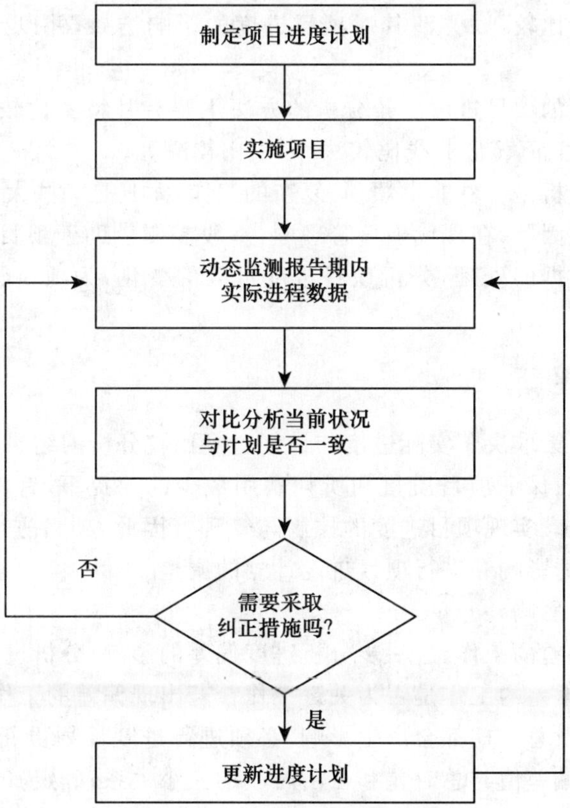

图 4.19　项目进度控制过程

二、项目进度信息收集

要实现对项目进度的有效监督，应确定一个固定报告期，将实际进度与计划进度进行比较。根据项目的复杂程度和时间期限，可以将报告期定为日、周、双周或月。如果项目预计在一个月内完成，报告期应缩短至一天；如果项目工期为5年，则报告期可能是一个月。

在整个报告期内，需要收集的每一项工作的实际开始时间、实际完成时间、实际持续时间、目前状况等内容，此外，还要收集任何有关项目范围、进度计划和预算变更等的信息，为项目管理者提供项目进度控制和调整的依据。

项目控制过程贯穿于整个项目。一般来说，报告期越短，早发现问题并采取纠正措施的机会越多。如果一个项目远远偏离了控制，就很难在不牺牲项目范围、预算、进度或质量的情况下实现项目目标。明智的做法是增加报告期的频率，直到项目按进度进行。例如，一个报告期为一个月的5年期项目偏离进度或超出预算，明智的做法是将报告期缩减至一周，以更好地监控项目和纠正措施的效果。

三、项目进度比较分析的方法

在整个项目进展过程中，一些活动会按时完成，一些活动会提前完成，一些活动会延期完成。活动的实际进展，不管是快还是慢都会对项目的未完成部分产生影响，如可能会影响后续工作的开始时间，甚至影响到整个项目的工期。因此，项目进度信息收集完成后，需要对实际进展状况进行具体分析比较，以弄清其对项目进度的影响结果，并以此作为项目进度更新的依据。

实际工作中可选用的项目进度比较分析的方法主要有甘特图比较法、实际进度前锋线比较法、S形曲线比较法、“香蕉”形曲线比较法、列表比较法等。

项目进度观测与分析是一件非常烦琐、复杂的工作，尤其是一些大型项目，其数据量之大，非个别人力所能为之。因此，在现代项目管理中，一般需要借助于项目管理信息系统，由计算机完成项目进度相关数据的处理，分析项目进度可能的变化，为项目管理者提供丰富的决策信息。

四、项目进度更新

项目进度更新的决策取决于实际进度与计划进度比较分析的结果。有效的项目进度更新是在保持项目工期不变、保证项目质量和所耗费用最少的前提下，针对项目进展中出现的问题，采取有效的应对措施，实现项目进度的控制与管理。因此，项目进度更新主要包括两方面工作，即分析进度偏差的影响和进行项目进度计划的调整。

1. 分析进度偏差的影响

针对已产生进度偏差的工作，进一步分析进度偏差的影响，分析过程见图4.20。

(1)分析产生进度偏差的工作是否为关键工作。若出现偏差的工作是关键工作，则无论其偏差大小，对后续工作及总工期都会产生影响，必须进行进度计划更新；若出现偏差的工作为非关键工作，则需根据偏差值与总时差和自由时差的大小关系，确定其对后续工作和总工期的影响程度。

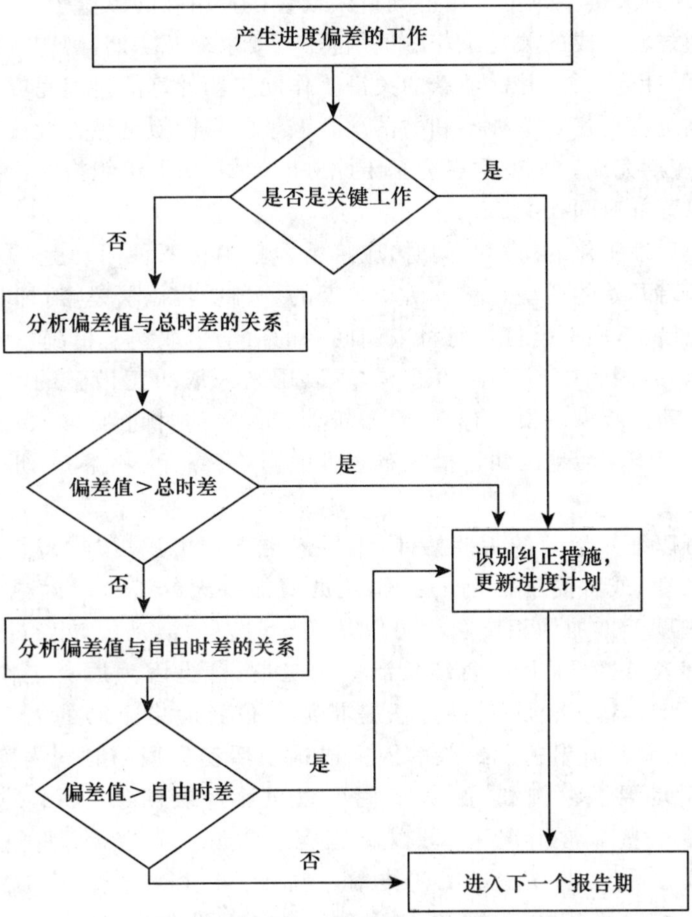

图 4.20　进度偏差影响的分析过程

(2)分析进度偏差是否大于总时差。如果工作的进度偏差大于总时差,则必将影响后续工作和总工期,应采取相应的调整措施;若工作的进度偏差小于或等于该工作的总时差,表明对总工期无影响,但其对后续工作的影响,需要将其偏差与其自由时差相比较才能做出判断。

(3)分析进度偏差是否大于自由时差。如果工作的进度偏差大于该工作的自由时差,则会对后续工作产生影响,应如何调整,应根据后续工作允许影响的程度而定;若工作的进度偏差小于或等于该工作的自由时差,则对后续工作无影响,进度计划可不做调整。

经过上述分析,项目管理人员可以确认应该调整产生进度偏差的工作和调整偏差值的大小,以便确定应采取什么样的调整更新措施,形成符合实际进度情况和计划目标的项目新进度计划。

2. 项目进度计划的调整

项目进度计划的调整途径主要有:

(1)关键工作的调整。有以下两种情况:①关键工作的实际进度提前于计划进度。这是一种较为有利的情况。此时若要求保持原计划工期不变,则可利用该机会降低资源强度及费用。

具体做法是，选择后续关键工作中资源消耗量大或直接费用高的工作予以适当延长时间，但所延长的时间不应超过已完成的关键工作的提前量；若要求缩短工期，则应将剩余工作进行重新计算与调整，按新的计划执行，并保证新的关键工作能按新计算的时间完成。②关键工作的实际进度落后于计划进度。这是一种不利的情况。调整的目标就是想方设法将耽误的时间补回来，以保证项目能按期完成。调整重点为基于原进度计划，采取组织措施或技术措施缩短后续工作的持续时间以弥补时间损失。

采取措施缩短后续工作的持续时间时，应将精力集中在两种活动上：①近期内的活动，即正在进行或随后即将开始的活动。减少活动工期的一种明智做法是，对即将到来期间内的活动采取积极的纠正措施，而不是打算对将来期间内的活动采取纠正措施。越早采取措施调整进度取得的效果越好，因为随着项目的进展，可以用来采取纠正措施的时间总是越来越少。②工期估计长的活动。减少一项具有 30 天工期活动 20％的时间，即 4 天的纠正措施，会比完全除去一项只有 1 天工期活动的纠正措施有更大的影响。总的来说，工期较长的活动意味着较大的缩减的可能性。

有多种方法可以缩短活动的工期估计：①投入更多的资源以加快活动进度。分派更多的人来完成一项活动，或者要求活动的工作人员增加每天的工作时间或每周的工作天数，均可以加快活动进度。增加的相应资源可以从有正时差的活动中转移过来。然而，有时候在一项活动中增加人员，实际上却会延长活动的工期，这是因为原有工作人员为帮助新人熟悉工作而分散了工作精力。另一种办法是指派一位经验更丰富的人去完成或帮助完成这项活动，以便在比最初派出的无经验的人完成这项活动更短的时间内完成任务。②缩小活动范围或降低活动要求。例如，配送车辆可以只涂一层油漆，而不是像最初计划的那样涂两层油漆。在一些非常情况下，可以决定完全去除一些活动，将这些活动和它们的工期从进度中除去。③改进方法或工艺技术。例如，可以通过条码扫描的方式录入出入口商品信息，甚至可以采用更高级的 RFID 技术实现批量数据读取，而不是键盘人工输入。

(2)改变某些工作的逻辑关系。若实际进度产生的偏差影响了总工期，也可以通过改变工作之间的逻辑关系来达到缩短工期的目的，前提是不影响原定计划工期和其他工作之间的顺序，而且调整的结果不能否定原进度计划。改变关键线路和超过计划工期的非关键线路上有关工作之间的逻辑关系，将依次进行的工作变为平行或互相搭接的关系，都可以达到缩短工期的目的。而且这种方法调整的效果往往是明显的。

(3)重新编制计划。当尝试了多种调整方法都不成功时，则应根据工期要求，对剩余工作重新编制网络计划，使其满足规定的工期要求。

(4)增减工作项目。由于编制计划时考虑不周，或因其他原因需要增加或取消某些工作时，也应重新调整网络计划，计算网络参数。增减工作项目只允许改变局部的工作逻辑关系，不应影响原计划项目总的逻辑关系，以便使原计划能够继续实施。

(5)资源调整。若资源供应发生异常，如资源供应量不足或中断，也会影响到计划工期的实现。此时资源调整的前提是保证工期不变或使工期更加合理。资源调整的方法尽量使资源得到优化使用。

绝大多数情况下，通过缩短活动的工期来消除负时差时，需在成本增加或范围缩小之间进行权衡(为了更全面地讨论这个问题，可以参照本章后的附录“时间-成本平衡法”)。如果项目落后于进度(有很大的负时差)，为了使项目按进度进行，往往需要大幅提高项目成本、缩小工作范围、降低质量标准，这可能危害到整个项目目标的各个因素：范围、预算、进度或质量。某些情况下，客户和承约商或项目团队可能不得不承认这些因素中的一个或多个不可能实现，这样，客户就不得不延长整个项目的要求完工时间，否则关于因加快进度而增加的成本由谁承担，是客户还是承约商，都会产生争议。

一些项目合同包括奖励条款，如果项目提前完成，客户应给予承约商奖励；相反，一些合同包括惩罚条款，如果项目未按进度完成，客户将减少给承约商的最终付款，而且一些惩罚可能还相当严厉。

【课后习题】

1. 试阐述工期与进度的联系与区别。
2. 与甘特图相比，项目网络计划图的主要优点是什么？
3. 什么是活动定义？如何进行活动定义？
4. 专有名称“紧前工作”和“紧后工作”是什么意思？
5. 什么是活动的工期估计，它如何确定？一项活动的工期是否可以为零，为什么可以或不可以？
6. 项目进度控制在项目管理中的意义与作用是什么？
7. 当发生工期拖延时，可采取哪些调整措施？
8. 根据表 4.11，分别绘制单代号网络计划图和双代号网络计划图。

表 4.11　某项目工作列表

工作代号	A	B	C	D	E	F	G	H	I	J
紧前工作	—	—	—	C	A	B	E	F、G	A	D、I

9. 计算图 4.21 中各项活动的 ES、EF、LS 和 LF、总时差及自由时差，并找出该项目的关键路径。试问该项目是否能够在 30 周内完成？

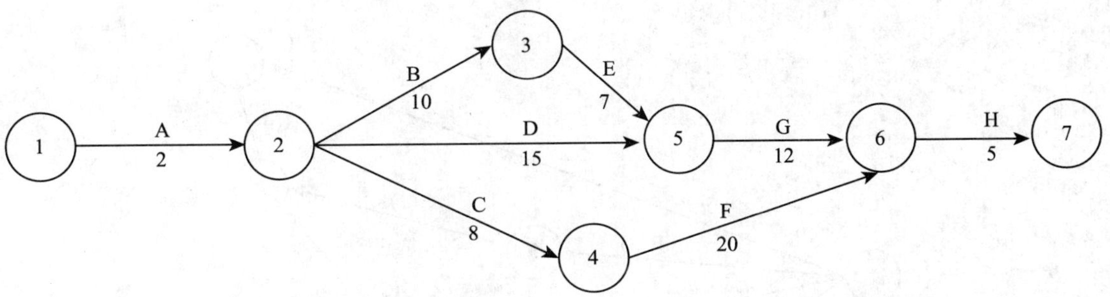

图 4.21　某项目网络图

10. 有一房屋建筑工程，其网络图如图 4.22 所示，若计划工期等于计算工期，

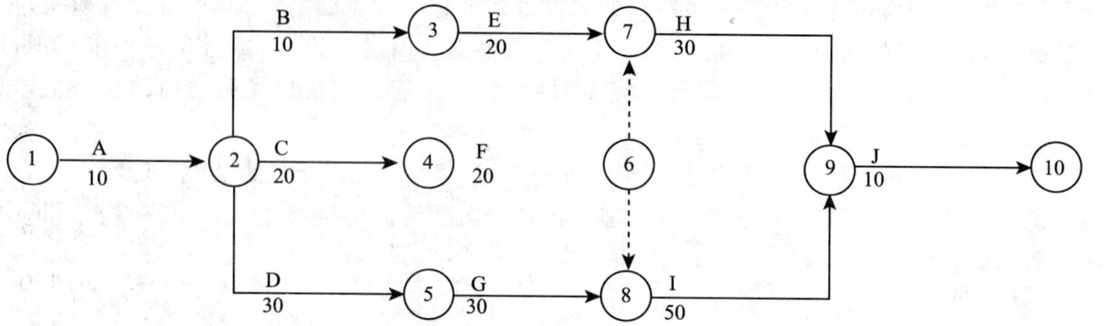

图 4.22　建筑工程网络图

(1)此网络图的关键线路是什么，工期是多少天？

(2)求 B,E,H 工作的总时差和自由时差。

(3) G 工作延长 20 天，H 工作延误 50 天，分析其对总工期的影响情况？此时的工期是多少？

11. 某项目网络图与相关数据如表 4.12 和图 4.23 所示。要求：(1)绘制初始的人力资源需求曲线。(2)用什么方法可以使人力资源的安排状况更合理？(3)如何对项目人力资源安排进行优化？

表 4.12　项目工作列表

工作	持续时间/天	所需人力资源/人
A	4	9
B	2	3
C	2	6
D	2	4
E	3	8
F	2	7
G	3	2
H	4	1

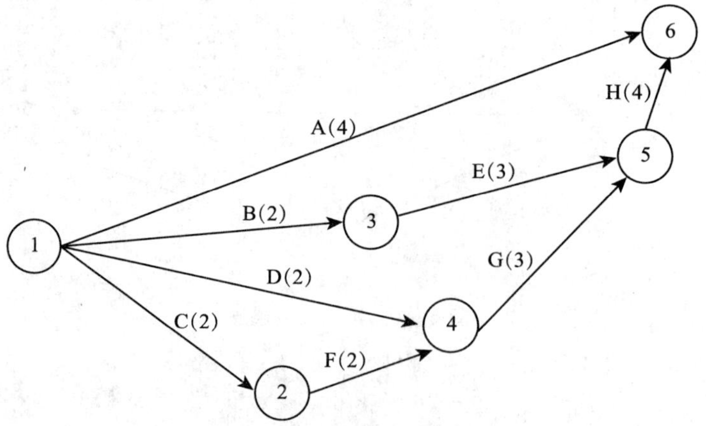

图 4.23　项目网络图

【案例思考】

希赛信息技术有限公司(CSAI)承担一项信息网络工程项目的实施,公司员工小丁担任该项目的项目经理,在接到任务后,小丁分析了项目的任务,开始进行活动手工排序。

其中完成任务A所需时间为5天,完成任务B所需时间为6天,完成任务C所需时间为5天,完成任务D所需时间为4天,任务C、D必须在任务A完成后才能开工,完成任务E所需时间为5天,在任务B、C完成后开工,任务F在任务E之后才能开始,所需完成时间为8天,当任务B、C、D完成后,才能开始任务G、H,所需时间分别为12天、6天。任务F、H完成后才能开始任务I、K,所需完成时间分别为2天、5天。任务J所需时间为4天,只有当任务G和I完成后才能进行。

项目经理据此画出了如图4.24所示的工程施工进度网络图。

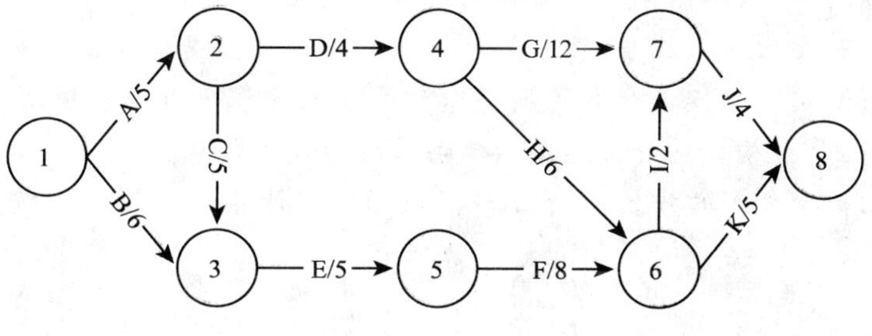

图 4.24　项目网络图

问题:

1.该项目经理在制订进度计划中有哪些错误?同时,请计算相关任务时间的六个基本参数?

2.项目经理于第12天检查时,任务D完成一半的工作任务,E完成2天的工作,以最早时间参数为准判断D、E的进度是否正常?

3.由于D、E、I使用同一台设备施工,以最早时间参数为准,计算设备在现场的闲置时间。

4.H工作由于工程师的变更指令,持续时间延长为14天,计算工期延迟天数。

【附录 4A】

概率分析

一、活动工期估计

本章第二节中介绍了活动工期估计的三点法。在既无经验可循又无定额可查时,可采用三点估计法对工作持续时间进行测算。三点法的基本思路是,对一项工作估算出三个可能值,然后对每个值赋予一个权重,最后通过计算得出活动的期望完成时间。确定活动完成的三种可能时间:乐观时间 t_o、最可能时间 t_m、悲观时间 t_p(表4A.1)。

三点估计法将不确定性因素考虑进来了。但对每项活动都给出三个工期估计是没必要的。在完成项目时,如果一个人有着丰富的经验和完成非常类似活动的时间数据,可以只对活动工期做一个估计。然而，当某项活动的工期估计存在高度不确定性因素时，最好用三点估计法进行活动工期估计。

二、β概率分布

在网络计划中，当对每项活动都用三个时间估计时，是假定三个估计均服从β概率分布(beta probability distribution)。在这个假定的基础上，由每项活动的三个时间估计可以为每项活动计算一个期望(平均或折中)工期 t_e。期望工期用下面的公式计算：

$$t_e = (t_o + 4t_m + t_p)/6 \tag{4A.1}$$

期望工期 t_e 把β概率分布曲线下的总面积分成相等的两部分。因此，活动实际执行时间大于或小于期望工期的概率均为 50%。

三、项目总工期的概率估计

当采用三点估计时，网络图中关键路径上所有活动的时间估计加起来可以得到一个总概率分布。由概率理论中的中心极限定理可知，这个总概率分布是一个正态分布(normal probability distribution)，这个总概率分布的期望工期等于构成总分布的各项活动期望工期之和，而其方差(variance)等于构成总分布的各项活动工期的方差之和。

一项活动的β概率分布的方差 σ^2 可以通过以下公式计算：

$$\sigma^2 = \left(\frac{t_p - t_o}{6}\right)^2 \tag{4A.2}$$

网络图中关键路径上的所有活动的总概率分布是一个正态分布，其均值等于各项活动期望工期之和，方差等于各项活动的方差之和。考虑图 4A.1 中简单的网络图，假定项目的开始时间为 0 并且必须在第 42 天之前完成。图 4A.1 中每项活动的概率分布如图 4A.2(a、b、c)所示。

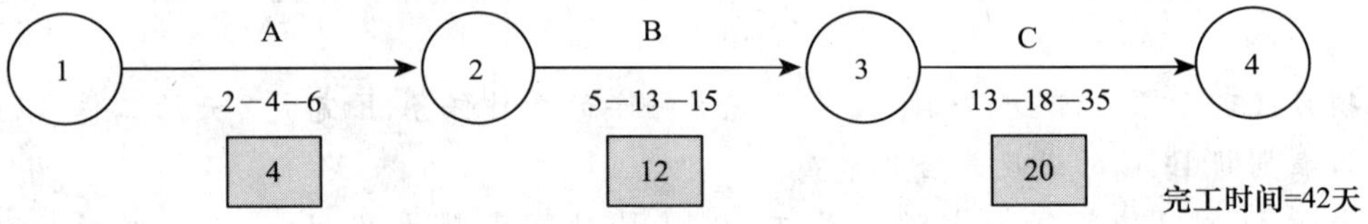

图 4A.1 项目举例

表 4A.1 项目工期均值及方差

活动	t_o	t_m	t_p	t_e	σ^2
A	2	4	6	4	0.444
B	5	14	15	12	2.778
C	13	18	35	20	13.444
总计	20	35	56	36	16.666

$$总\ t_e = (20 + 4\times 35 + 56)/6 = 36(天)$$

三项活动的总概率分布如图 4A.2(d)所示。路径 1—2—3—4 的总期望工期是 36 天，因此，项目的最早期望完成时间就是第 36 天。在第 36 天之前完成项目的概率和在第 36 天之后完成项目的概率是相等的，均为 50%。

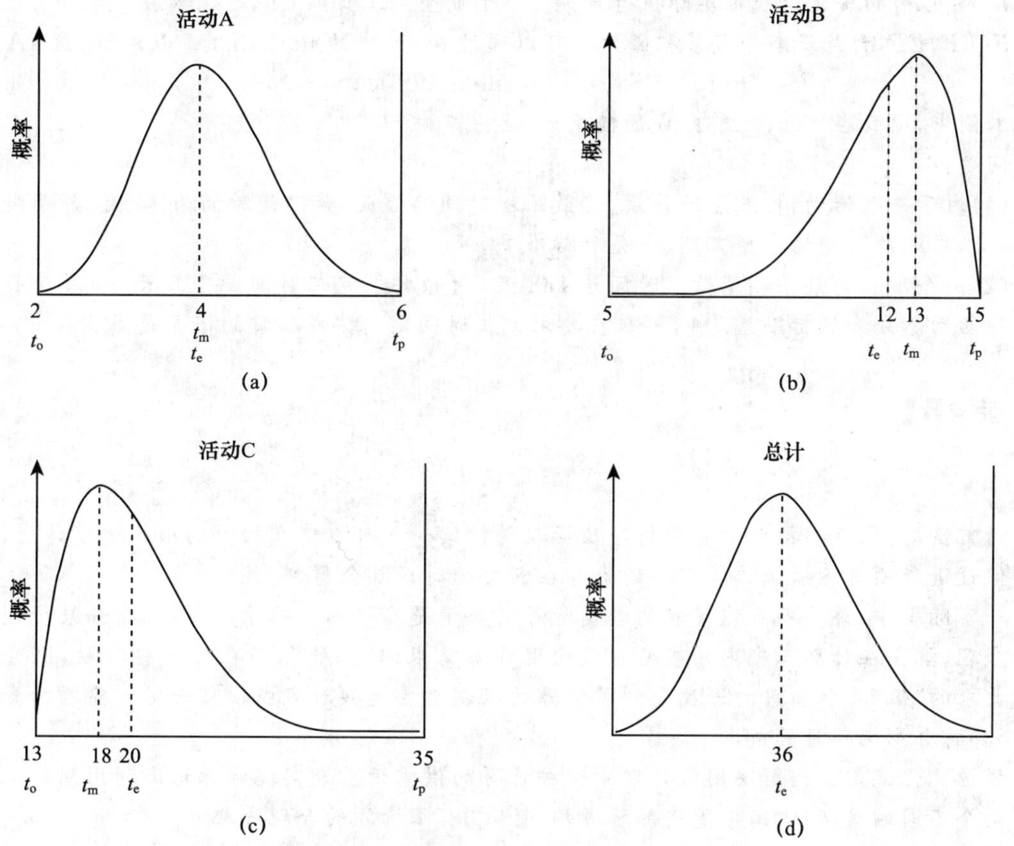

图 4A.2　概率分布

总分布的方差是三项活动方差之和，即 16.666。则总分布的标准差为 4.08，类似图 4A.2(d)。图 4A.3 表示出了总概率曲线与其标准差。

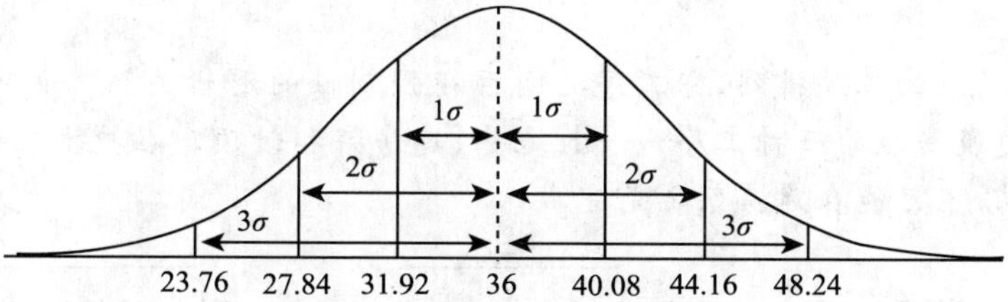

图 4A.3　项目举例的正态概率分布

由图 4A.3 可知，该项目在 36 天内完成的概率与在 36 天以上完成的概率均为 50%。项目在 31.92～40.08 天内完成的概率为 68%，在 27.84～44.16 天内完成的概率为 95%，项目在 23.76～48.24 天内完成的概率为 99%。

知道了项目完工时间的总概率分布，就可以估计项目在要求完工时间之前完成的概率了，可采用下面的公式：

$$P\{t \leqslant LF\} = F(LF, EF, \sigma) \tag{4A.3}$$

$P\{t \leqslant LF\}$的含义是项目实际执行日期 t 小于期望完工日期 LF 的概率。

$F(LF,EF,\sigma)$是正态分布累积函数。可以通过 excel 中的 normdist 函数求解,见 4A.4。

$$F(LF,EF,\sigma) = \text{normdist}(LF,EF,\sigma,1) \tag{4A.4}$$

本例中,项目在 42 天之前完成的概率为 92%。

问题:

(1)对于一项活动,按三点估计法,其最乐观时间为 2 天,最可能时间为 14 天,最悲观时间为 14 天,求这项活动的期望工期、方差和标准差。

(2)一个项目的最早期望结束时间是 138 天,它的要求完工时间是 130 天,如果最长路径上各项活动总分布的标准差是 6,那么在要求完工时间之前完成项目的概率是多少?

【附录 4B】

资源优化

通常情况下,我们按照活动的排序及活动的持续时间可以建立初步的项目进度计划,这时我们假设进行项目各项工作所需要的资源在需要的时候就会得到。

而实际当中,许多项目能获取的各类资源的数量是有限的。对于一个项目,如果计划安排得不合理,就会在计划工期内的某些时段出现资源需求的"高峰",而在另一些时段,则会出现资源要求的"低谷"。项目的进度受到了资源的限制。要是按时完成项目一定需要增加资源的话,那样将会影响项目的成本。

资源优化就是如何解决网络计划中这种资源的供需矛盾或实现资源均衡利用问题。它通常有两个不同的目标:①工期固定的资源均衡。②有限资源的合理分配。

资源优化的主要步骤如下:①资源约束分析;②绘制资源需求甘特图;③资源优化(资源平衡或资源约束进度安排)。

一、资源约束分析

资源的可获得性、资源的功能以及它们与项目进度之间的关系,即为资源约束问题。资源平衡法的首要工作就是进行资源约束分析。即要考虑成本、时间和员工的熟练程度等相关因素对项目的制约。

(1)具有技术约束的工序排列,即工序之间存在强制性的逻辑关系。如图 4B.1 表示了必须按顺序进行的建筑房屋的三种工序——打地基、建房架和封顶。在技术上,这些工序必须按先后次序进行,封顶不可能在建房架之前完成。

图 4B.1 具有技术约束的工序排列

(2)无资源约束的工序排列。如图 4B.2(a)表示了在技术上可以同时进行的三种工序——粉刷卧室、粉刷厨房和粉刷客厅。如果没有资源限制的话,这三种工序是可以同时进行的,这样,项目的进展会比较快。

(3)具有资源约束的工序排列。粉刷卧室、粉刷厨房和粉刷客厅三种工序情况下,假设只有一个人来做全部粉刷工作的话,这就在粉刷工序中引入了资源约束。也就是说,尽管在技术上所有三道工序可以同时进行，但也因为只有一个粉刷工人来做全部的粉刷工作而不得按先后顺序进行各项工序。为了体现这一资源约束，必须将图画成4B.2(b)所示的样子。这三项工作具体哪项工作排第一、哪项排第二、哪项排第三是在画网络图时所做的另一种决策。

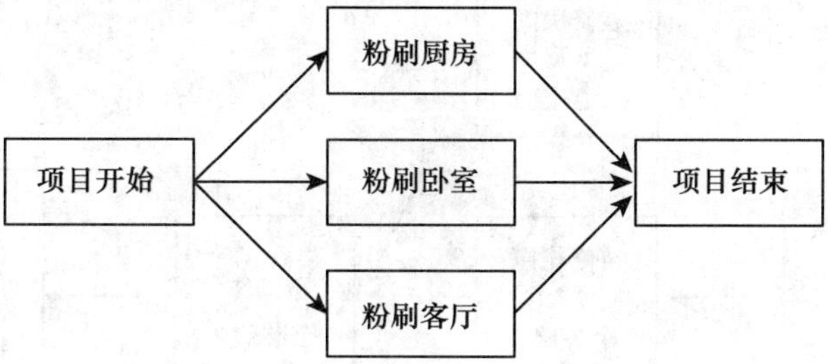

图 4B.2(a)　无资源约束的工序排列

图 4B.2(b)　具有资源约束的工序排列

二、绘制资源需求甘特图

资源需求甘特图是揭示某个特定项目所需的人工、材料等各种资源在项目生命周期的每个时间段的需求或占用情况的一种图形，此图上表示的每类资源都可以表示为时间(项目进度)的函数。

资源需求甘特图的表现形式有两种：①用一张图同时表示两种以上的资源随着时间推进的需求情况[图 4B.3(a)]。②针对每一种资源均绘制一幅独立的资源需求甘特图[图 4B.3(b)]。此种方法工作量大，不适于资源需求多的项目。

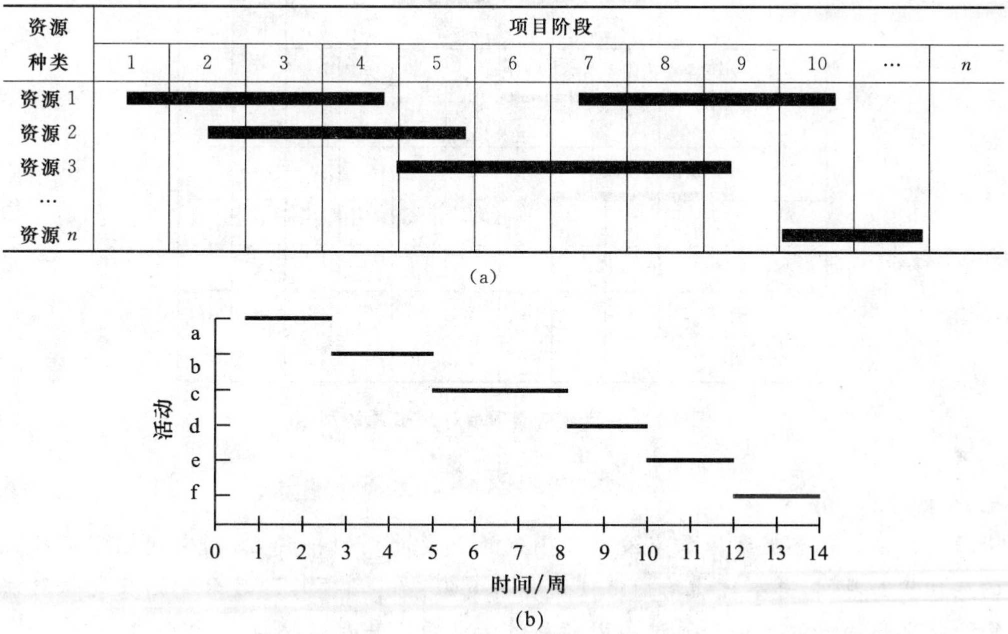

图 4B.3　资源需求甘特图

以装修一个豪华别墅项目为例，讨论如何在网络图的基础上绘制资源需求甘特图的方法。假设图 4B.4 是根据装修某豪华别墅项目的进度计划绘制的网络图，图 4B.5 是资源需求甘特图。

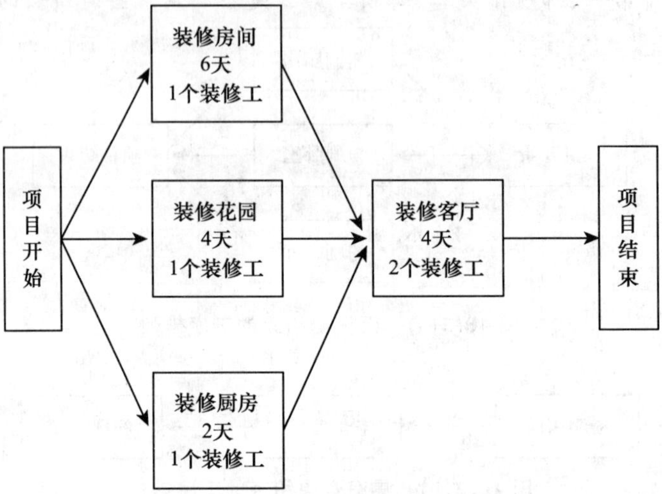

图 4B.4 装修别墅项目网络图

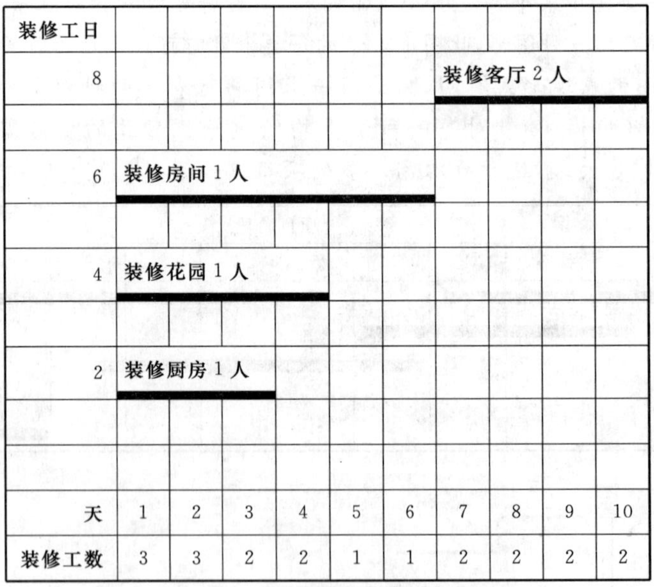

图 4B.5 装修别墅项目计划资源的利用

三、资源平衡

资源平衡法是制定使资源需求波动最小化的进度计划的一种方法，它通过确定项目所需资源的确切投入时间，并尽可能均衡地使用各种资源来满足项目进度计划。反复试验法是资源平衡分析常用的一种方法。通过推迟非关键活动的最早开始时间，经过反复多次的试验，从而实现在不延长项目工期的情况下使资源平衡配置的一种方法。

从图 4B.5 可以看出，该项目四个活动（从开始到结束）时间段内，累计需要 20 个装修工作日。同时也发现，装修工人这一人力资源配置很不平衡，如何优化配置这些装修工人就是资源平衡所要解决的根本问题之一。

从图4B.5可以看出，该项目的关键路径是由装修房间和装修客厅两项活动组成的，它长达10天。所以，在不延长项目工期(10天)的情况下，这两个活动不能推迟。"装修花园"可推迟6天，装修厨房可推迟8天。我们可以采取两种方案来平衡每天所需的装修工的数量。

方案1：推迟具有最大正时差的"装修厨房"工序(+8天时差)，可以让它在"装修花园"完工后的第5天开始，而不需要同时使用两个装修工分别装修花园和厨房，资源平衡表示要求使用同一个装修工先装修花园再装修厨房。

方案2：推迟"装修花园"工序，让它在"装修厨房"完工之后的第3天开工，这一方案要求同一个装修工先装修花园再装修厨房(虽与方案1相反，但效果相同)。

按方案1，(该例假设所有活动都是在其最早时间开始的)装修厨房的活动延迟4天，则该项目每天都需要2个装修工人，这样资源配置就平衡了(图4B.6)。

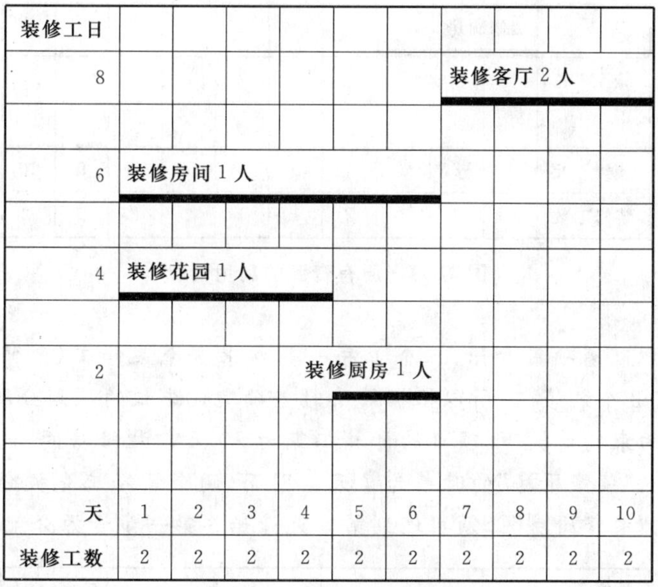

图4B.6　资源平衡利用图

在资源平衡的情况下，有如下优点：可减少大量的、不必要的资源传送管理工作；可使用零库存策略，从而减少库存成本和供货量出现的失误；不必因增加或减少劳动力数量而在人事和工资问题上伤脑筋。

在资源平衡分析时，如果项目网络图不是很复杂，并且仅有几种类型的资源时，可以手工完成。如项目规模大，则要借助项目管理软件完成。

四、资源约束进度安排

资源约束进度安排是在各种资源有限而又不准超过该资源约束情况下制定最短进度的一种方法。由于资源约束进度安排必须遵守资源约束条件，所以应用这种方法就可能会导致项目的完工时间延长，这也是一种在最小时差原则下反复地将资源分配给各个活动的方法。在几个工序同时需要使用一种有限资源的情况下，按最小时差原则将这些资源分配给最优先的工序。一旦资源空闲，就分配给次优先的工序，依此类推。若当其他工序也需要这种资源，而该资源已经全部分配给较高优先级的工序时，次优先级的工序就得推迟了。

上述装修别墅项目中，假定只有 2 个装修工(图 4B.7)；某工序一旦开始就必须连续做完。装修厨房需要 3 天，必须将项目工期从 10 天延长到 11 天。

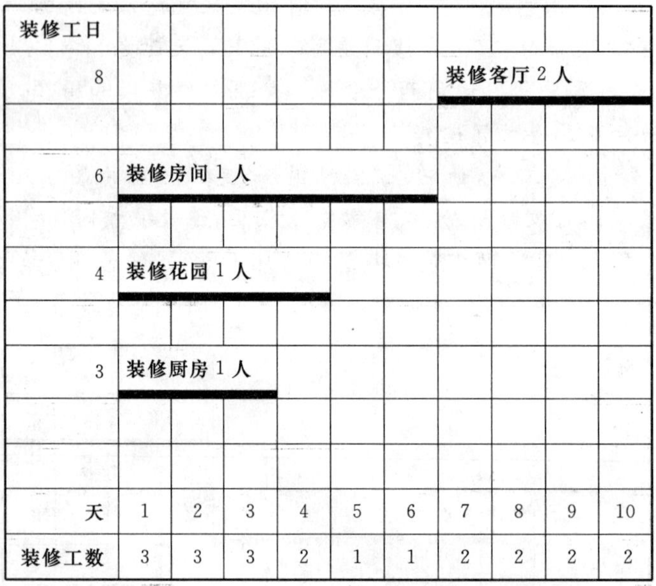

图 4B.7　原有资源的利用情况

如图 4B.7 所示，随着项目开始，三个工序一共要求 3 个装修工(装修房间、装修花园、装修厨房)。由于只有 2 个装修工，所以根据最小时差确定优先权的原则分配装修工到各个工序去。在不考虑资源约束的前提下，项目的计算工期为 10 天，“装修房间”的时差为 0 天，“装修花园”的时差为 6 天，“装修厨房”的时差为 7 天。因而，两个装修工先被分配到“装修房间”和“装修花园”。这样，“装修厨房”必须推迟到第 5 天开始。第一步资源分配如图 4B.8 所示。

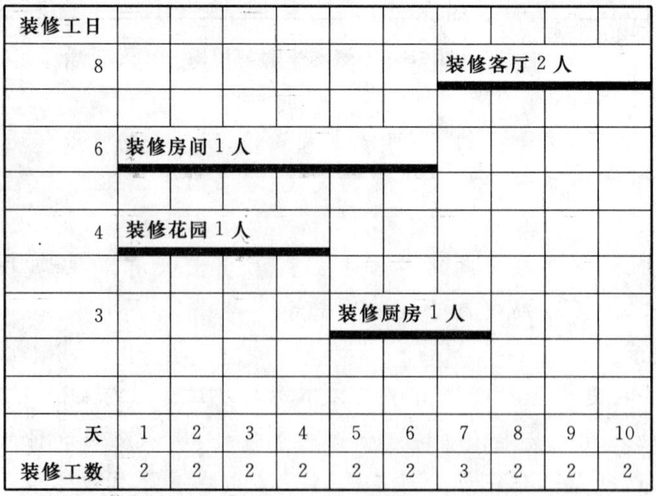

图 4B.8　第一次资源分配

第一次资源分配后，项目工期仍旧是10天，但在第7天时资源仍然超过限制，因此在第7天必须进行装修工的第二次分配。在第7天进行的工作为“装修客厅”和“装修厨房”，由于我们假定一项工作一旦开始就必须连续做完而中途不能停工再重新开始，这样必须优先完成“装修厨房”这项工作，由于装修客厅必须2个工人同时工作，所以装修客厅工作必须推迟1天开始，这样安排之后每天的装修工人数量均不超过2人，但整个项目的工期变为了11天(图4B.9)。至此，不再需要重复上述步骤。

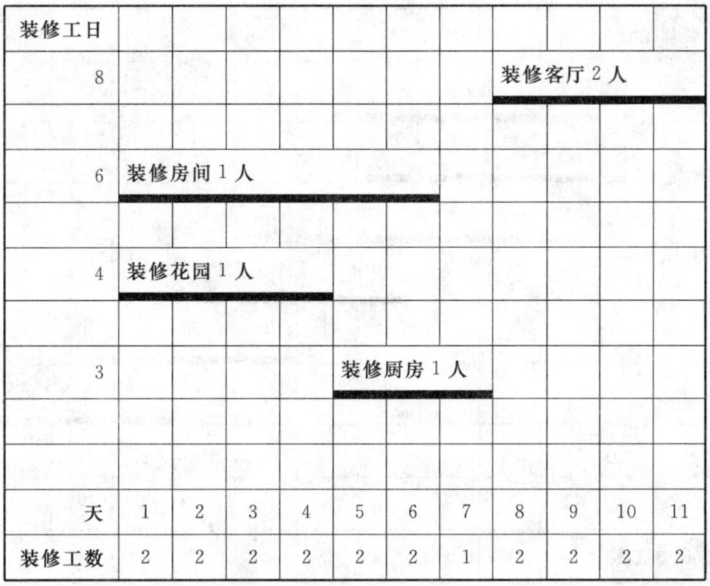

图4B.9 第二次资源分配

为了加快项目完成的进度，就必须采用多种进度控制方法，如增加更多的装修工、延长工作时间、减少工作范围或减少某些活动的要求，或者提高生产率。

资源约束条件下的资源分配，可以利用以下几种技术避免延期。

①用较低的资源使用量完成活动。只对那些工期可以延长，用较少资源就能完成的活动有效。

②分解活动。对于项目中，活动的原有逻辑关系变化不太大的情况下，可以将某些活动分解成一些子活动，根据资源的空闲情况先后完成。

③调整网络。例如用开始到开始的逻辑关系代替结束到开始的逻辑关系。

④使用可以更换的资源。

对于需要多种资源的大中型项目而言，由于每种资源获取的限制不尽相同，资源约束进度计划也是复杂的，此时也可以借助项目管理软件来完成。表4B.1显示了资源平衡法和资源约束进度安排法之间的区别。

表4B.1 资源平衡法和资源约束进度安排法的不变因素和可变因素

项　目	不变因素	可变因素
资源平衡方法	项目原定完工时间	资源
资源约束进度安排方法	资源	项目原定完工时间

综上所述，制定项目进度计划时必须考虑到进度与资源的平衡。如果项目所有活动的资源需求都是已知的，那么一旦项目计划好了，就可以从总体上计算分析项目的资源使用情况。如果资源的需求量超过了资源的供应量，就要调整进度计划以减少资源需求。如果通过平衡工作还无法解决，就只能延长工期。

问题：

1. 利用下图进行资源平衡。假设每项任务的进行不依赖于其他任务。

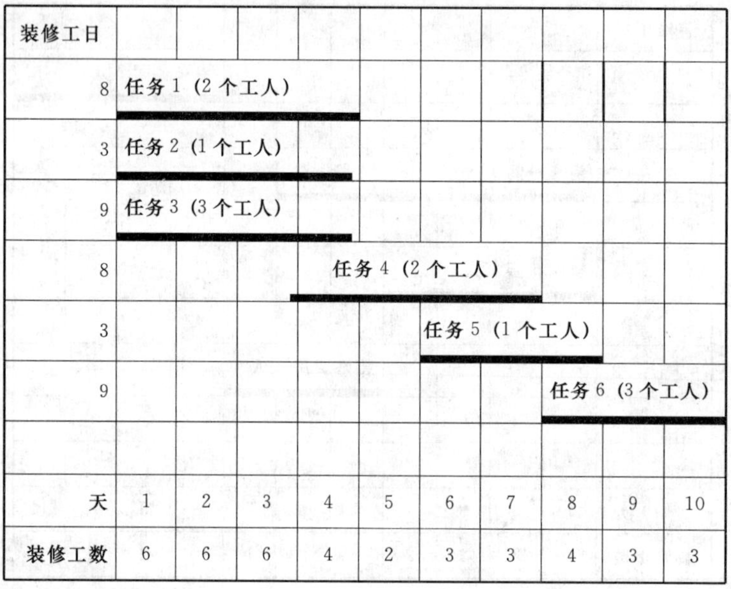

2. 利用第 1 题的图进行资源约束进度安排。假设你在任何给定时刻只能得到 3 个工人，项目新的完工日期是多少？

【附录 4C】

时间-成本平衡法

时间-成本平衡法是一种用相关成本的最少增加带来项目工期缩短的方法。该方法基于以下假设。

(1) 每项活动有两组工期和成本估计：正常的和应急的。正常时间是指在正常条件下完成某项活动所需要的估计时间。正常成本是指在正常时间内完成某项活动的预计成本。应急时间是指完成某项活动的最短估计时间。应急成本是指在应急时间内完成某项活动的预计成本。在图 4C.1 中，4 个活动均有一组正常时间和成本估计，一组应急时间和成本估计。活动 A 的正常估计时间为 7 周，正常预计成本为 50 000 美元；应急时间是 5 周，再次期间内完成活动的应急成本为 62 000 美元。

(2) 一项活动的工期可以被大大地缩短，从正常时间减至应急时间，这就要靠投入更多的资源来实现——指派更多的人、延长工作时间、使用更多的设备，等等。成本的增加是与加快活动进度相联系的。

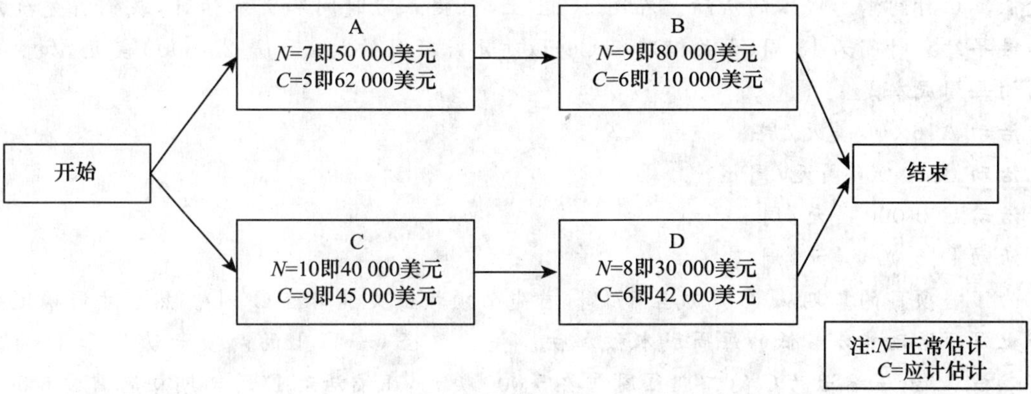

图 4C.1　附有正常和应急时间及成本的网络图

(3)无论对一项活动投入多少额外的资源,也不可能在比应急时间短的时间内完成这项活动。例如,无论投入多少资源,无论花费多少成本,也不能在少于5周的时间内完成活动A。

(4)当需要将活动的预计工期从正常时间缩短至应急时间时,必须有足够的资源做保证。

(5)在活动的正常点和应急点之间,时间和成本的关系是线性的。为了将活动的工期从正常时间缩短至应急时间,每项活动都有自己的单位时间成本。缩短工期的单位时间成本可用如下公式计算:

$$\text{缩短工期的单位时间成本} = \frac{\text{应急成本} - \text{正常成本}}{\text{正常时间} - \text{应急时间}} \tag{4C.1}$$

例如,在图4C.1中,将活动A的工期从正常时间缩短至应急时间,在缩短的这段时间内的每周的成本为:

$$\frac{62\ 000 - 50\ 000}{7 - 5} = \frac{12\ 000}{2} = 6\ 000\left(\frac{\text{美元}}{\text{周}}\right)$$

图4C.1的网络图从开始到完成有两条路径:路径A—B和路径C—D。如果我们仅考虑正常工期估计,路径A—B需要16周完成,而路径C—D需要18周完成。因此,根据以上这些时间估计可知,该项目的最早结束时间为18周——由C和D构成的关键路径的时间长度。根据正常时间内完成活动的成本可计算出项目的总成本为:

$$50\ 000 + 80\ 000 + 40\ 000 + 30\ 000 = 200\ 000(\text{美元})$$

如果全部活动均在它们各自的应急时间内完成,路径A—B将用11周时间,路径C—D将用15周时间。按应急时间估计计算,项目的最早结束时间是15周,比在正常时间内完成这些活动提前3周。

缩短全部活动的工期通常是不必要的,甚至是没有好处的。例如,在图4C.1中,我们只想对适当的活动在时间上进行必要的、一定量上的压缩,以加快项目进度,使其从18周缩短至15周。任何附加活动的压缩仅会增加项目的总成本,却不会减少项目的总工期,这是因为关键路径的工期决定着项目的总工期。换句话说,加快非关键路径上活动的进度不会缩短项目的完成时间,却会增加项目的总成本。

时间——成本平衡法的目标是通过压缩那些使总成本增加最少的活动的工期,确定项目最短完成时间。为了实现这个目标,应在每次平衡一个时间段的前提下,压缩关键路径上那些有最低单位时间增加成本的活动。在图 4C.1 上，根据正常时间和成本估计，我们首先确定项目的最早结束时间为 18 周(由关键路径 C—D 决定)，项目的总成本是 200 000 美元，加快每项活动的每周成本是：

活动 A：6 000 美元/周

活动 B：10 000 美元/周

活动 C：5 000 美元/周

活动 D：6 000 美元/周

为了将项目的工期从 18 周减至 17 周，首先必须找出关键路径 C—D。然后才能确定关键路径上哪项活动能以最低的每周成本被加快。关键路径 C—D 上的两项活动 C 和 D 的工期均可以被压缩，压缩活动 C 的工期每周需要 5 000 美元，压缩活动 D 的工期每周需要 6 000 美元。而活动 C 最多可以压缩 1 周，活动 D 最多可以压缩 2 周，因此我们选择将活动 C 缩短 1 周(从 10 周缩短至 9 周)，项目总工期可从 18 周缩短至 17 周，但项目总成本增加了 5 000 美元，达到 205 000 美元。

接下来，为了进一步压缩工期，我们必须再次找出关键路径。两条路径的工期分别是 A—B 为 16 周，C—D 为 17 周，因此关键路径仍然是 C—D，它必须再次被减少。因为活动 C 的工期已经没有可以压缩的空间，而活动 D 最多还可以被压缩 2 周，但由于 A—B 路径的工期为 16 周，所以尽管活动 D 的工期最多可被压缩 2 周，目前，我们也只能选择先将活动 D 的工期压缩 1 周(从 8 周缩短到 7 周)，项目总工期从 17 周缩短至 16 周，但项目总成本增加了 6 000 美元，从 205 000 美元增至 211 000 美元。

为了达成总工期为 15 周的目标，我们还要进一步将工期从 16 周降至 15 周。此时，C—D 和 A—B 路径一样长，都是 16 周，这意味着现在我们有两条关键路径。为了将项目总工期从 16 周压缩至 15 周，必须将每个路径都压缩 1 周。观察 C—D 路径，只有活动 D 仍可以被压缩 1 周，同时增加 6 000 美元成本。观察路径 A—B，活动 A 和 B 均可以被压缩超过 1 周，由于压缩活动 A 工期的成本低于压缩活动 D 工期的成本，因此，我们选择将活动 A 压缩 1 周。这样项目总承包增加了 6 000＋6 000＝12 000(美元)，从 211 000 美元增加至 223 000 美元。

这时，项目的总工期已经被压缩为 15 周了。此时，我们发现路径 C—D 上的两项活动均已达到它们的应急时间(极限)，无法再进一步压缩它们的工期了。而路径 A—B 上的活动虽然还有可以压缩的空间，但仅压缩路径 A—B 的工期对项目总工期没有影响，仅会增加项目的总成本而已。因此，我们缩短项目总工期的能力由于路径 C—D 的工期不能再进一步缩短而受到限制。

表 4C.1 列出了项目总工期的缩短和项目总成本的相应增加。表 4C.1 表明项目总工期减少 1 周，项目总成本将增加 5 000 美元；项目工期减少 2 周，项目总成本将增加 11 000 美元；项目工期减少 3 周，项目总成本将增加 23 000 美元。

表 4C.1　时间-成本平衡

项目工期/周	关键路径	总项目成本/美元
18	C—D	200 000
17	C—D	200 000＋5 000＝205 000
16	C—D	205 000＋6 000＝211 000
15	C—D，A—B	211 000＋6 000＋6 000＝223 000

如果四项活动均达到应急时间，项目总成本将达到259 000美元，而项目的完成时间仍不会少于15周。用时间-成本平衡法，我们可以通过压缩关键路径上有最低单位时间加快成本的活动，用23 000美元的增加成本将项目的工期从18周降至15周。由于项目总工期不会少于15周，压缩全部活动至应急时间将会浪费36 000美元。

问题：

1. 什么是时间-成本平衡法，何时使用它？

2. 假定一项活动的正常时间是20周，正常成本是72 000美元，应急时间是16周，应急成本是100 000美元。这项活动最多可以被减少至几周？加快这项活动的每周成本是多少？

3. 为什么压缩项目的全部活动以实现最短项目进度是不合适的？

第五章　第三方物流项目成本管理

【导入案例】

某公司物流项目的成本控制

某公司是世界上最大的商业零售企业，在物流项目运营过程中尽可能地降低成本是其经营的哲学。该公司有时采用空运，有时采用船运，还有一些货物采用卡车公路运输。采用公路运输时，如何降低卡车运输成本是公司物流项目管理面临的一个重要问题，为此他们主要采取了以下措施。

(1)使用一辆尽可能大的卡车，大约有16 m长的货柜，比集装箱运输卡车更长或更高，并在装载限度内尽可能将卡车装满。

(2)该公司的车辆都是自有的，司机也是它的员工。

由于卡车运输是比较危险的，有可能会出交通事故。因此，对于运输车队来说，保证安全是节约成本最重要的环节。该公司的口号是"安全第一，礼貌第一"，而不是"速度第一"。在运输过程中，任何一个卡车司机都非常遵守交通规则。公司会定期在公路上对运输车队进行调查，卡车上面都带有公司的号码，如果看到司机违章驾驶，调查人员就可以根据车上的号码报告对其进行惩处。公司认为，任何一个卡车不出事故，就是节约公司的费用，就是最大限度地降低物流成本。由于狠抓了安全驾驶，运输车队已经创造了300万km无事故的记录。

(3)公司采用全球定位系统对车辆进行定位，因此调度中心随时都可以知道这些车辆在什么地方，离商店有多远，还需要多长时间才能运到商店，这种估算可以精确到小时。

(4)公司的连锁商场的物流部门24 h进行工作，无论白天或晚上都能为卡车及时卸货。另外，运输车队利用夜间进行从出发地到目的地的运输，从而做到了当日下午进行集货，夜间进行异地运输，翌日上午即可送货上门，保证在15～18 h内完成整个运输过程。

(5)卡车把商品运到商场后，商场可以把它整个卸下来，而不用逐个检查产品，这样就可以节省很多时间和精力，加快了物流的循环过程，从而降低了成本。这里有一个非常重要的先决条件，就是物流系统能够确保商场所得到的产品是与发货单完全一致的产品。

(6)由于该公司的运输成本比供货厂商自己运输产品要低，所以厂商也使用其卡车来运输货物，从而做到了把产品从工厂直接运输到商场，大大节省了产品流通过程中的仓储成本和转运成本。

资料来源：http://wuliu.jx.cn/wall/more.asp.

参考文献：周晓晔.物流项目管理.北京大学出版社，2011.

问题：

(1)该公司采取了哪些措施来降低运输成本？

(2)该公司所采取的措施与其他公司相比有什么独特之处？

(3)该公司在降低成本的过程中考虑了哪些因素？

【本章概要】

- 第三方物流项目成本管理概述
- 第三方物流项目成本估算
- 第三方物流项目成本预算
- 第三方物流项目成本控制

第一节　第三方物流项目成本管理概述

在第三方物流项目管理中,项目的成本管理具有十分重要的地位。无论是招标方还是第三方物流服务提供商,在实现第三方物流项目功能的同时,无不将第三方物流项目的经济效益放在首要位置。如何加强估算、控制和管理第三方物流项目的成本是第三方物流实践的重要内容。

一、第三方物流项目成本管理的定义及意义

第三方物流项目成本是指在第三方物流项目进展过程中,必然要发生的各种物化劳动和活劳动消耗的货币表现。有时也被称为第三方物流项目费用,其基本要素有人工费、材料费、设备费、咨询费、其他费用等。第三方物流项目成本包括物流各项活动的成本。

项目成本管理指通过有效的控制手段,在达到预定项目功能和工期要求同时,优化成本开支,将项目的总成本控制在预算(计划)范围之内。第三方物流项目成本管理是指在第三方物流项目的具体实施过程中,为了保证完成第三方物流项目所花费的实际成本不超过预算成本而展开的第三方物流项目成本估算、第三方物流项目成本预算编制和第三方物流项目成本控制等方面的管理活动,其目的是实现资源的有效利用,进而实现第三方物流项目成本的最优化。

在第三方物流项目管理中,项目成本管理具有十分重要的地位。无论对客户(业主)还是承包商,项目盈利目标的实现都建立在项目实施过程中的成本有效控制上。一旦项目成本失控,项目亏损严重时,常导致项目失败。因此,在现代项目管理中加强成本管理非常重要。

二、第三方物流项目成本构成

按照不同的角度,第三方物流项目成本有不同的构成。

1. 按费用计入成本的方法分

按费用计入成本的方法,第三方物流项目成本可分为直接成本和间接成本。直接成本是指直接耗用并能计入项目的费用,包括人工费、材料费、机械费和其他费用。间接成本是指非直接耗用也无法直接计入项目的费用,但是为项目的实施准备、组织和管理所发生的必须费用。包括管理费、资金利息、保险费等。此分类方法,能正确反映项目成本的构成,考察各项费用使用是否合理,便于找出降低成本的途径。

2. 按成本控制要求分

按成本控制要求,第三方物流项目成本可分为事前成本和事后成本。事前成本是指实际成本发生之前所计算和确定的成本,如预算成本、计划成本等。事后成本是指项目在报告期内

实际发生的各项费用总和，即实际成本。将事后成本与计划成本比对，可揭示成本控制情况。

3. 按成本总额对业务总量的依存关系分

按成本总额对业务总量的依存关系，第三方物流项目成本可分为固定成本、变动成本和混合成本。固定成本是指不受业务量变动影响而保持相对稳定的一种成本。但其单位成本随业务量增加而下降。如：工资、福利、折旧费等。变动成本是指随业务量变动而变动的成本。如运输费用、搬运费、仓储管理费、包装费等。混合成本是指成本随业务量的变化而变化，但不成比例变动。如水电费、修理费、租赁费等。可采用一定方法分解为固定成本和变动成本。此分类法，可有效揭示成本与业务量之间的关系。

4. 按成本的确定程度分

按成本的确定程度，第三方物流项目成本可分为确定性的成本、风险性成本、完全不确定性成本。确定性的成本是指确定会发生，且知道金额。风险性成本是指知道可能会发生，同时知道发生的概率，以及不同概率下成本的分布情况。不确定性成本是指不知道是否会发生，也不知道其发生的概率分布情况。

5. 按项目阶段分

按项目阶段分，第三方物流项目成本可分为项目决策成本、项目设计成本、项目获得成本、项目实施成本。

项目决策成本。每个项目都必须经历决策过程。项目决策的好坏，对项目建设和建成后的经济效益与社会效益会产生重要影响。为了对项目进行科学的决策，在这一阶段要进行详细的调查研究，收集和掌握第一手信息资料，进行项目的可行性研究，最终做出决策。所以，项目决策成本是指项目启动过程中，信息收集、可行性研究、项目选择等成本。

项目设计成本。在可行性研究之后，通过分析、研究和试验等环节，项目进入设计阶段。物流项目的种类不同，设计的内容、范围和要求也不同。但无论是工程复杂的物流中心设计工作，还是内容相对较简单的企业产品配送方案设计工作，都需要耗用一定的人力和费用。所谓的项目设计成本就是指完成项目这些设计工作所发生的费用。

项目获得成本是指为获取项目的各种资源所花费的成本。如设备的询价、供应商选择、合同谈判与履约等发生的费用，但不包括获取资源的价格成本。

项目实施成本是指在项目的实施过程中，为完成“项目产出物”所耗用的各种资源所发生的费用，包括：人工成本、物料成本、设备费用、顾问费用、其他费用和不可预见费用等。即使对功能简单的物流服务型项目，为了实施项目对仓库、车辆使用性质的标识以及管理和作业人员的调整等的开销，都属于项目实施的成本。

物流项目实施成本是按阶段划分中的一项尤其重要的成本。项目的实施成本是项目总成本的主要组成部分。在正确的项目决策和项目设计情况下，项目实施成本一般占工程项目总成本的 90%左右，因此，项目成本控制在很大程度上表现为项目实施成本的管理与控制。

一般物流工程项目的实施成本包括：

(1)人工成本。包括工资、津贴、奖金等全部发生在构成人员劳动上的成本。

(2)物料成本。指为实施项目所购买的各种原料、材料的成本。

(3)设备成本。有时项目组织了为了实施项目会使用到某种专用仪器、工具或设备。任何购买或租用这种设备或仪器，产生了项目设备成本。

(4)顾问成本。在物流项目的策划与组织实施过程中，更需要懂得物流运作又善于项目组织与管理的复合型人才。当物流项目组织因缺少此类专门技术，或者缺少完成该项目任务的人力资源时，他们可以雇佣分包商或专业顾问完成这些任务。为此，项目须付出相应的咨询成本。

(5)其他成本。指在项目实施期间相关的其他费用，如人员差旅费、补贴、临时设备费、绿化补偿等。

(6)不可预见成本。项目组织必须准备一定数量的不可预见费(或称备用金)，以便在项目发生意外事件时使用。比如，在项目成本估算中遗漏的一些子项目的费用；由于通货膨胀等因素造成项目所需物料的上涨；由于出现质量问题需要返工的费用；发生意外事故的赔偿金；或者因为需要赶工、加班等因素而增加的成本等。

表5.1简单地表示了物流项目实施成本的组成要素。从大类上而言，工程类的建设项目，需要大量的人力、物力和先进设备支持，必要情况下，还要聘请专家参与管理。相对而言，非工程类的咨询项目，实施成本的结构较为简单，主体集中在人的创造性劳动成本，一般不会发生物料消耗和设备购置费。

表5.1　物流项目成本构成分析表

成本细目	人工	物料	设备	顾问	其他	举例
工程类项目	●	●	▲	▲	●	物流中心建设、货物配载交易中心建设
非工程类项目	●	□	□	●	▲	物流园区规划、物流企业发展战略咨询

注：●必有项；▲可能项；□没有项

三、影响项目成本的因素

要实现对项目成本的科学控制，必须对项目资源的耗用量、价格、工期、质量和范围等要素实行统一控制。如果只对项目消耗资源的耗用量和价格这两个要素进行控制，很难实现项目成本控制的目标。影响物流项目成本的因素有：

(1)资源耗用数量和价格。通过降低资源耗用数量和资源价格都可以直接地降低项目的成本。资源消耗与占用数量是内部要素，是内部条件决定的相对可控因素，应放在控制的第一位；而所消耗与占用资源价格是外部要素，是相对不可控因素，可放在第二位。

(2)项目工期。项目成本与工期直接相关，而且是随工期的变化而变化。一项工程的总费用除直接费用(包括实现一项工程所需的直接劳动力、原材料和设备使用费用等)外，还包括间接费用(与工程的完成没有直接关系的费用，包括与工程有关的管理费、资金的利息和一切不便计入直按费用的其他费用)。间接费用与工期有关，它随着项目完成工期的缩短而降低，直接费用是随着项目完成工期的缩短而增加。

(3)项目范围。任何一个项目的成本从根本上取决于项目的范围，即项目究竟需要做什么事情和做到什么程度。从广义上说，项目范围越大，项目的成本就会越高，项目范围越小，项目的成本就会越低。从深度上说，项目需要完成的任务越复杂，项目的成本就会越高，而项目的任务越简单，项目的成本就会越低。

(4)项目质量。项目质量是项目能够满足业主或客户需求的特性与指标。一个项目的实现过程就是项目质量的形成过程。无论是项目的质量检验还是项目的质量补救都要消耗资源，从而产生质量成本。质量成本由质量故障成本和质量保证成本组成。质量越低，引起质量不合格损失就越大，即故障成本越大；反之，质量越高，故障越少，引起的损失也越少，则故障成本也越少。质量保证成本，是指为保证提高项目质量而采取的保证措施所耗用的开支，如购置检测设备，改善检测工作，购置计算机设备，改善项目工期和成本控制等。这类开支越大，质量保证程度越高。

第二节　第三方物流项目成本估算

一、基本概念

第三方物流项目成本估算是指预估完成项目各项工作所需资源（人力、材料、设备等）的总费用的近似值。制定成本计划应从项目建议书开始，即在承约商或项目团队制定项目建议书期间就要估计项目成本。

成本估算应涵盖项目各个阶段的资源耗费。对于一个大型的物流工程项目，项目的基础投资、前期所发生的各项费用，以及项目实施中的贷款利息、管理费及其他费用等都是项目成本的组成部分。当项目在一定的约束条件下实施时，成本的估算应该与市场价格、工作质量和工作结果相联系。

二、项目成本估算的主要依据

(1)工作分解结构(work break down structure，WBS)。WBS 确定了完成项目目标所要进行的所有活动，是资源计划编制的主要依据。第三方物流项目工作分解结构是自上而下逐层分解的，而各类资源的需要量则是自下而上逐级累积的。

(2)资源需求计划。即资源计划安排结果，它确定完成项目所需资源（人力、设备、材料等）的种类，资源需求发生的时间以及每种资源的需要量。也即，回答项目的活动在特定的时间，需要投入什么样的资源以及每种资源的需要数量。

(3)资源价格。为了计算项目各项工作的费用，必须知道各种资源的单位价格，包括工时费、单位材料费、机器台时费等。无法获得实际价格时，可估价确定。

(4)工作持续时间。工作持续时间直接影响到项目工作经费估算，因为它将直接影响分配给工作的资源数量。

(5)历史信息。同类项目的历史资料，包括项目文件、共用的项目费用估计数据库等。

(6)会计表格。会计表格说明了各种费用信息项的代码结构，有利于项目费用的估计与正确的会计科目相对应。

三、项目成本估算的方法

项目成本估算是指为实现项目的目标，根据项目资源计划所确定的资源需求，以及市场价格，对项目所需资源的成本进行的估算。

1. 类比估算法

类比估算法通常是与原有的已执行过的类似项目进行类比，以估算当期项目的成本。当项目详细资料难以得到时，这是一种估算项目总费用的有效方法。类比估算法是专家判断的一种形式，故又称经验估算法。它通常比其他技术和方法花费少、准确性也低。当以前项目与当前项目在形式上、实质上都相同时，或者(如在项目机会研究阶段)对所进行的项目进行预估算时，类比估计法较为实用。

2. 参数模型法

参数模型法通常是将项目特征作为参数，通过建立一个预测项目费用的数学模型来估算项目成本的方法。模型可能是简单的，如仓库建筑成本的估算通常是建筑面积的一个简单函数；也可能是复杂的，如物流配送成本的估算模型，通常就需要通过许多独立的因素(运输成本、仓储成本、存货成本等)加以描述。

趋势估算法(又称外推法)是一种常用的参数模型。它依赖于历史信息，假定过去对成本产生影响的各种因素在现在和将来仍然起作用。用历史的数据对模型参数进行标定，由于模型仅用于项目范围之内，所以估算的可靠性较高。

3. 自上而下估算法

通过收集以往类似项目活动的历史数据，发挥中上层管理人员的经验和判断优势，由上层和中层管理人员对项目整体的费用和构成项目的子项目的成本进行估算，再将这些估算结果传递给低层的管理人员；在此基础上低层的管理人员对组成项目和子项目的任务和子任务的费用进行估算，然后继续向下一层传递他们的估算结果，直到最底的基层(图 5.1)。

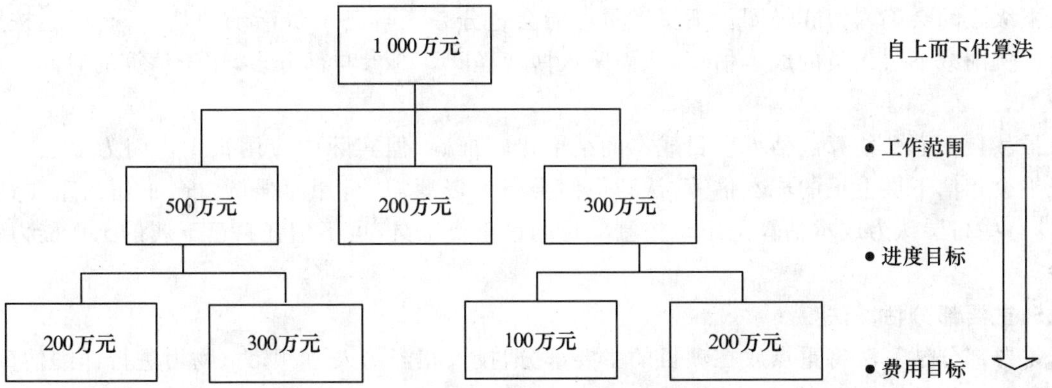

图 5.1　自上而下估算法示例

该法与目标分解过程类似，因此可参照 WBS 过程，自上而下逐层逐级进行成本分解和估算。这种方法的优点是：①有效利用中上层管理人员的丰富经验，解决项目初期资料少，对资源需求量及成本大小的预测难题。②在分步估算过程中，费用是在一系列任务间分配，可避免资金分配失误。这种方法的缺点是：下层人士很难对上层人士的不合理判断提出意见，而往往只是沉默地等待上层人士自行发现其中的问题而进行纠正(如下层认为成本额度不足以完成相应任务，而又缺少有效沟通)。

4. 自下而上估算法

也称工料清单估算法。先估算各个活动的独立费用，然后再将各个活动的估算自下而上地汇总，从而估算出项目的总费用(图 5.2)。根据 WBS 结构，先估算每项独立的工作的资源消耗数量，然后将其转换为所需要的费用(成本)。出现意见上的差异时，通过上层和下层管理人员之间的沟通和协商解决。如果必要，项目经理可以参与到讨论中来，以保证估算的精度。

得到的任务费用被综合起来形成项目整体费用的直接费用估计。项目经理在此之上加上适当的间接费用(例如一般管理费用、备用金,以及最终项目估算中要达到的利润目标),估算出项目总费用。

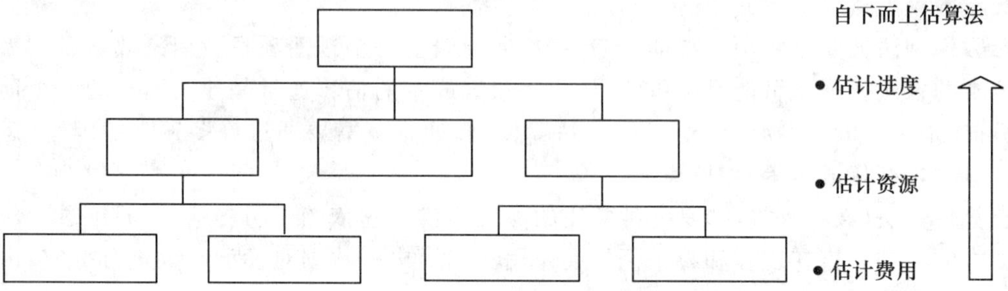

图 5.2 自下而上估算法示例

该方法的优点是:①相比高层管理人员,直接参与项目建设的底层管理人员往往对资源估算有更为准确的认识。②由于费用出自日后要参与项目工作的人员之手,可以减少对预算的争执和不满。

该方法的缺点是:①有时可能会遗漏一些子任务(要保证所有的任务均要被考虑到)。②上下级之间会陷入博弈怪圈。下层人员可能会过分夸大自己负责活动的估算,高层会按照一定比例削减下层人员的成本估算,从而陷入博弈怪圈。③参与部分多,用于估算的时间和成本增加。

虽然自下而上估算法估算项目成本的结果比较准确,但实际中应用很少。因为上层人员一般不会相信下层上报的成本估算,认为他们会夸大资源需求,片面强调自己工作的重要性。另外,有些高层认为成本估算是组织控制项目的最重要工具,也不信任自己下属的工作能力和经验。

5. 主要部分估算法

主要部分估算法将重点放在项目的主要部分,投入相当的人力、财力、物力进行详细估算,而其他次要部分按类比法或趋势估算法进行估算。对设备投资、基础设施及主要原材料投资数额大,占项目总成本比重大的项目,采用此方法可提供估算的准确程度。

在进行项目成本的估算过程中,可利用一些项目管理软件、电子表格软件或其他工程概预算软件等辅助计算工具。

第三节 第三方物流项目成本预算

一、第三方物流项目成本预算概述

项目成本预算是给每一个独立的工作任务分配全部费用,以获得度量项目执行的成本基线,即预算基准线 BCWS。

项目成本预算是在项目成本估算的基础上,更精确地估算项目总成本,并将其分摊到项目的各项具体活动和各个具体阶段上,为项目成本控制制定基准计划的项目成本管理活动。成本预算与成本估算既有联系又有区别。两者的区别是：成本估算的目的是估计项目的总成本和误差范围，而成本预算是在成本估算的基础上进行的，其中心任务是将估算成本分配到各工作项和各阶段上，估计项目各活动的资源需要量。成本估算的输出结果是成本预算的基础与依据，成本预算则是将已批准的估算进行分摊。成本估算与成本预算的联系是两者都以工作分解结构为依据，所运用的工具与方法相同，均是项目成本管理不可或缺的组成部分。

项目成本预算的主要内容包括直接人工费用预算、咨询服务费用预算、资源采购费用预算和意外开支准备金预算。意外开支准备金是指为项目在实施过程中发生意外情况而准备的保证金。提高意外开支准备金估计的准确性可以减轻项目中意外事件的影响程度。尤其是大中型项目必须准备充足的意外开支准备金。意外开支准备金经常充当成本预算的底线。若每个项目条款都能清楚确定意外开支准备金水平，那么将所有条款中意外开支准备金的数量加以汇总，就能确定其占整个项目成本预算的比重。

二、第三方物流项目成本预算的步骤

项目成本预算过程包括两个步骤。首先，将项目成本估算分摊到项目工作分解结构中的各个工作包；其次，将每个工作包的预算分摊到整个工作包的工期内，这才有可能知道在任何时点预算应当支出多少。

1. 分摊项目活动估算成本

首先，可将项目成本估算的结果按一定的比例分配到各大类成本要素(如人工、原材料、设备等)中；然后，再分别按每大类的成本要素细分至 WBS 的工作包中，并为每个工作包建立总预算成本(total budgeted cost，TBC)。为工作包建立总成本预算的方法有两种：一种是自上而下法，即在总项目成本(即人工、原材料、设备等)之内按照每个工作包的工作范围，以总项目成本的一定比例分摊到各个工作包中；另一种方法是自下而上法，它是依据每一工作包有关的具体活动而进行成本估计的方法。

在提交项目建议书时通常估计了项目 成本，但那时并没有做具体的计划。可是，在项目开始之后，就要详细说明具体活动并制定网络计划。一旦对具体的活动做了详细具体的说明，就能对每个活动进行时间、资源和成本的估计了。每个工作包的总预算成本就是组成各个工作包的所有活动的成本的加总。

例如，某项目的成本估算约为 11 万元，其中人工费占 40%，材料费占 40%，设备费占 20%。按此估算总额采用自上而下的估算方法进行项目成本预算时，首先提取 1 万元的应急储备金；然后分别将人工费 4 万元、材料费 4 万元、设备费 2 万元，按照活动 A、B、C、D 进行分配。活动 B 和 D 又可以进一步进行分解。预算的具体数额见图 5.3。

2. 制定累计成本预算基准

一旦为每个工作包建立了总预算成本，项目预算过程的第二步就是将工作包的总预算分摊到各工作包的各个活动及活动整个工期中去。当每个工作包的预算分摊到工期的各个区间，就能确定整个项目在某一期间内应该支出的成本预算额度。若用截至某期的每期预算成本总和表示这一合计数，这一合计数就被称为累计预算成本。累计预算成本是分析项目成本绩效的基准。

制定累计成本预算的核心工作是建立成本基准。成本基准按时间分段预算，通常以 S 形曲线的形式表示。成本基准是项目管理计划的一个组成部分。成本基准的建立步骤如下：

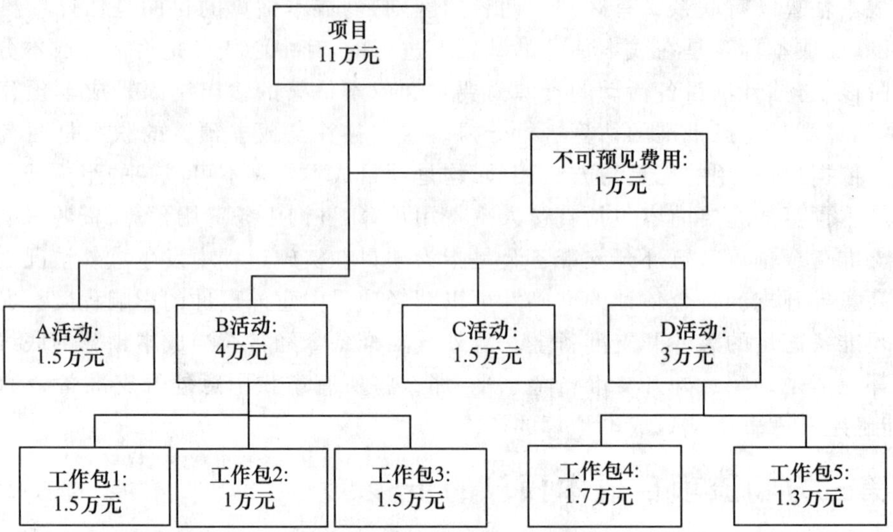

图 5.3　项目成本预算分摊示意图

(1)选定恰当的成本累计区间。

(2)将每项任务的成本或每个工作包的总预算成本分摊到成本累计区间。

(3)对截至某一时期的预算成本加总,得到某期为止的项目预算值,也称累计预算成本。由累计预算成本形成的一条S形曲线,即成本基准(图5.4)。

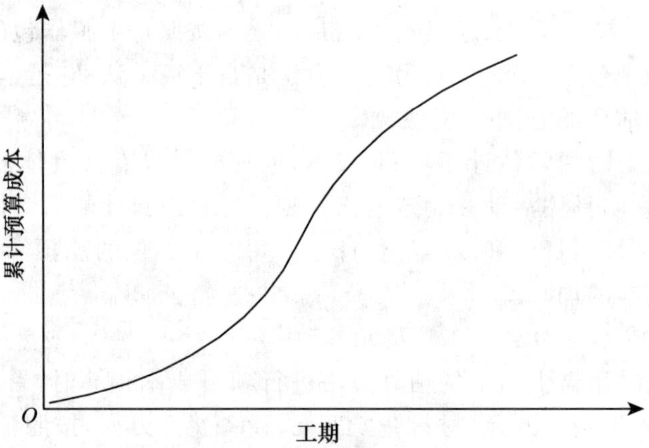

图 5.4　累计预算成本S形曲线

项目计划完成的前提条件是获取所需要的资源(投资)。预算则表现为一种资源分配计划,该计划表明了对项目管理人员的一种约束,要求在这种约束的范围内完成项目目标和任务。因此,成本预算可以作为一种比较的标准,一种度量资源实际使用量和计划量之间差异的基线标准。由于管理者的任务不仅是完成预定的目标,而且也必须使得目标的完成具有效率,即尽可能地在完成目标的前提下节省资源,这才能获得最大的经济效益。所以,管理者必须小心谨慎地控制资源的使用。由于进行预算时不可能完全预计到实际工作中所遇到的问题和所处的环境，可能出现预算计划执行的偏离，这就需要在项目进行中不断根据项目进度来检查所使用的资源量，如果出现了偏离，就需要对相应偏离的模式进行考察，以确定是否会突破预算的约束和相应的对策，这样管理者就可以更为清楚地掌握项目进展和资源使用情况，避免出现措手不及的情况，造成项目失败或者效益低下的后果。

成本预算在整个计划和实施过程中起到十分重要的作用。在项目的实施中，通过不断收集和报告有关进度和费用的数据，可对未来问题和相应费用做出预估，从而管理者可以对预算进行控制，必要时(如偏差过大时)对预算进行修正。

三、成本预算编制案例

【例 5-1】某公司进行物资采购，项目成本估算的结果是 200 万元，编制该物流项目的成本预算。

解 根据物流成本预算的编制步骤，具体操作如下。

(1)分摊预算总成本 某公司进行物资采购，整个预算总成本分解如图 5.5 所示。

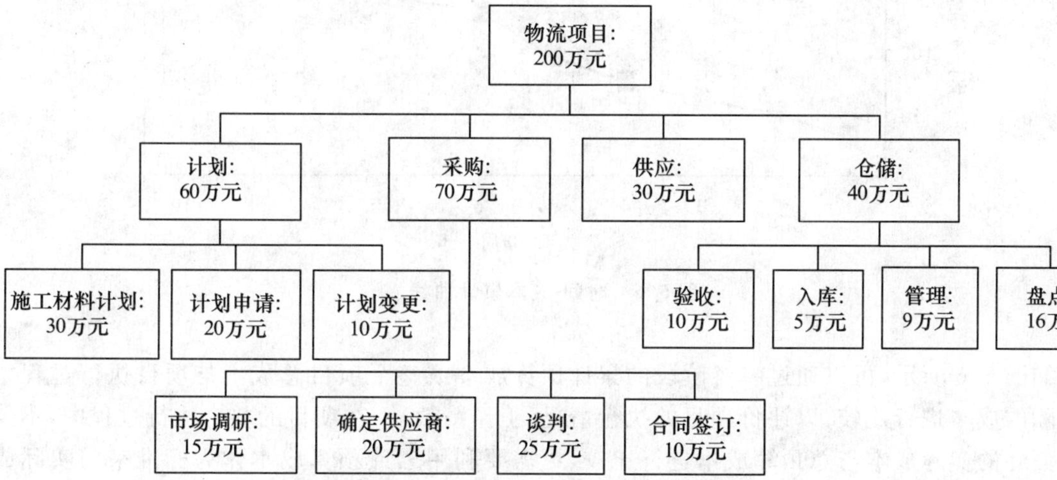

图 5.5 预算总成本分解

图 5.5 表示将 200 万元的项目总成本分摊到工作分解结构中的计划、采购、供应与仓储等各个阶段的情况，分摊到各阶段的数额意味着为完成所有与各阶段有关的活动的总预算成本

(2)制定累计预算成本 将各阶段的总预算成本分配到各阶段的整个工期中去，每期的成本估计是根据组成该阶段的各个活动进度确定的。每一阶段的总预算成本分摊到工期的各个区间就能确定在这一时间内用了多少预算。然后，累计到某一区间为止的所有预算成本的加总就是累计预算成本，它可以作为分析项目成本绩效的基础。在制定累计预算成本时，需根据估算的进度计划表编制该物资采购每期的预算成本表，见表 5.2。

对于该公司的物流项目，表 5.2 表示如何分摊每一阶段预算总成本到各工期，也表示出了项目的每期预算成本及其截至某期累计预算成本。

下面根据表 5.2 的数据给出时间一成本累计曲线(预算基准线 *BCWS*)，如图 5.6 所示。

表 5.2　物流采购项目每期预算成本　　万元

	合计	第 1 周	第 2 周	第 3 周	第 4 周	第 5 周	第 6 周	第 7 周	第 8 周	第 9 周	第 10 周
计划	60	30	20	10							
采购	70				15	20	35				
供应	30							10	20		
仓储	40									15	25
合计	200	30	20	10	15	20	35	10	20	15	25
累积		30	50	60	75	95	130	140	160	175	200

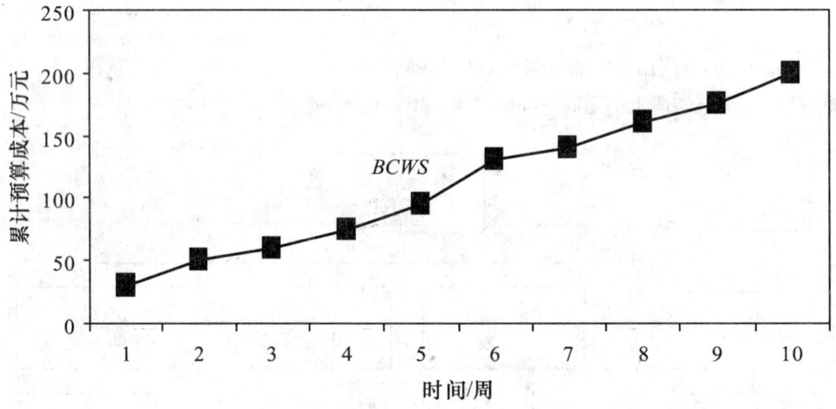

图 5.6　时间-成本累计曲线

如图 5.6 所示，可以通过将各阶段的累计预算成本或整个项目总成本与项目执行过程中的实际的成本进行比较，以评价项目的执行情况(工作绩效)。在项目的整个执行过程中，不仅仅将消耗的实际成本与总预算成本进行比较，更需要利用累计预算成本作为标准来与实际成本作比较，避免当实际总成本超过总预算成本 200 万元时，而这个物流项目没有完成的情况发生。如果实际成本超过累计预算成本时，可以在不算太晚的情况下及时采取纠正措施。因此，进行物流项目成本预算的编制可以充分提高资源的利用效率，保证项目的高效完成。

第四节　第三方物流项目成本控制

一、基本概念

第三方物流项目成本控制是根据项目各项工作所需的实际费用与预算(成本基准计划)进行比较，对成本费用进行评价，及时纠正偏差，并对未完项目进行预测，使成本控制在预算范围内。

项目成本控制的主要目的是对造成实际成本与成本基准计划发生偏差的因素施加影响，保证其向有利的方向发展，同时对于与成本基准计划已经发生的偏差和正在发生偏差的各项成本进行管理，以保证项目顺利进行。

要实现对于项目成本的全面控制和管理，最根本的任务是要控制项目各方面的变动，即项目变更，从而实现全面控制成本变动的目标。第三方物流项目成本控制内容分为三大类：

(1)事前控制。是对于可能引起项目成本变化因素的控制。

(2)事中控制。是项目实施过程中的成本控制。

(3)事后控制。是当项目成本发生变动时对于项目成本变化的控制。

二、项目成本控制程序

项目成本控制过程包括四个基本步骤，即：制定成本控制标准、控制成本形成过程、衡量与分析成本差异、成本反馈控制。

1. 制定成本控制标准

成本控制工作是从计划开始的。但是由于各种计划的详尽程度和复杂程度各异，而且项目管理者(经理)不可能去过问每一项具体的工作。为了有效地对各项费用进行控制，就需要建立一种标准(或称工作成果规范，工程项目中的定额标准)，作为检查、衡量、评价实际成本水平的依据。如物流配送服务项目，时间往往是成本最主要的因素。需要针对每一配送(客户)地点，合理确定完成一次配送任务的时间及费用，才能使整个配送项目总成本得到有效控制。标准的合理性是成本控制的关键。实际工作中常采用平均先进法制定成本标准，以保证标准既先进又可行。

2. 控制成本形成过程

成本控制需要落实到每一个环节，根据各个环节成本形成的不同特点进行监督、控制，将损失和浪费制止在项目过程之中。

3. 衡量与分析成本差异

在项目实施过程中，要经常对实际工作的进度和费用支出情况进行测算，并与项目目标和成本标准相比较，由此测算得出的项目的成本差异。测算成本差异的方法有三种：

(1)直接观察法。直接接触受控机构或对象，收集第一手资料做出判断。

(2)统计分析法。根据统计报表和其他统计资料分析受控对象的实际工作情况。

(3)例会报告法。通过定期或不定期的会议或下属报告(书面或口头)调查受控对象的情况。

不论采用何种方法，都要注意信息的把握。只有掌握及时、准确、可靠的信息，才能对实际工作情况做出正确的判断，进行有效的控制。为了将成本信息及时、准确地反馈到有关责任部门，项目应建立一个完善有效的管理信息系统。

4. 成本反馈控制

有效的项目成本控制的关键是及时分析项目成本的绩效，尽早发现成本管理的无效和出现偏差的原因，以便在项目成本失控之前能够及时采取纠正措施。项目成本一旦失控，想在成本预算的范围内完成项目就变得非常困难。所以当实际结果与控制标准之间出现差异时，应将此信息及时反馈到有关责任部门(或人)，使其能够深入分析产生差异的原因，对症下药迅速采取纠正措施，保证成本目标的完成。

纠偏的方法有很多，如可以通过重新制定计划或修改目标来纠正偏差；可以通过其他的组织职能(如重新委派人员或明确职责)来纠正偏差；还可以用改善领导或指导的方法(如更充分地阐明工作任务或实施更有效的领导)来纠正偏差。

纠正偏差时，应集中采取措施来降低两类活动的成本。第一类是近期就要进行的活动。如果拖到很久以后才采取纠正措施，到那时，负的偏差就会进一步扩大，而随着项目的进行，留待采取纠正措施的时间会越来越少。第二类就是具有较大的估计成本的活动。采取措施减少一个10万元工程的10%的成本比砍掉一个总价值1 000元的工作的影响要小得多。通常一项工作的估计成本越大，大幅减少成本的机会也越多。

必须注意的是，项目成本控制的过程必须和项目的其他控制过程(如项目范围的变更、进度计划变更和项目质量控制等)紧密结合，防止因单纯控制项目成本而出现项目范围、进度、项目质量等方面的问题。

三、成本控制的工具和方法

(一)挣值分析

挣值分析(earned value analysis，EVA)，也称偏差分析技术，是评价项目成本实际支出和预算进度情况的一种方法，该方法可以通过测量和计算计划工作预算成本、已完成工作的实际成本和已完成工作的预算成本，得到有关计划实施的进度和成本偏差，从而达到衡量项目成本执行情况的目的。

挣值分析的核心思想是通过引入一个关键性的中间变量——挣值(已完成工作的预算成本)，来帮助项目管理团队分析项目成本和进度的实际执行情况同计划的偏差程度。

1. 挣值分析的三个参数

挣值分析有三个基本参数，分别是计划完成工作的预算成本、已完成工作的预算成本、已完成工作的实际成本。三个参数的具体含义如下：

(1)计划完成工作的预算成本(*BCWS*)。*BCWS* 指项目实施过程中到某一时点计划要完成的工作量所需的预算工时(或费用)。*BCWS* 主要是反映进度计划应完成的工作量，而不是反映应消耗的工时或费用。*BCWS* 在项目成本预算时确定。

$$BCWS = \text{计划完成工作量} \times \text{预算定额} \tag{5.1}$$

(2)已完成工作的预算成本(*BCWP*)。也叫做挣值，是指项目实施过程中到某一时点已完成工作量按预算定额计算出来的工时(或费用)。挣值反映了满足质量标准的项目实际进度。

$$BCWP = \text{已完成工作量} \times \text{预算定额} \tag{5.2}$$

(3)已完成工作的实际成本(*ACWP*)。是指在项目实施过程中到某一时点已完成工作量所消耗的工时(或费用)。它是一个主要反映项目执行实际消耗的指标。

$$ACWP = \text{已完成工作量} \times \text{实际单位费用} \tag{5.3}$$

2. 挣值分析的四个指标

挣值分析在测量和计算出以上三个参数的基础上，通过进一步计算成本偏差、进度偏差、成本执行指数和进度执行指数这四个指标来实现其评价目的。这四个指标的具体计算及评判标准如下：

(1)成本偏差 *CV*(cost variance)。*CV* 是指在某个检查期间 *BCWP* 与 *ACWP* 之间的差异，即：$CV = BCWP - ACWP$。其判别标准为：

$CV < 0$，表示项目成本处于超支状态，实际费用超出预算费用。

$CV > 0$，表示项目成本处于节约状态，实际费用没有超出预算费用。

$CV = 0$，表示项目在按计划执行，实际消耗等于预算值。

(2)进度偏差 SV(schedule variance)。SV 是指在某个检查点上 $BCWP$ 与 $BCWS$ 之间的差异,即:$SV=BCWP-BCWS$。其判别标准为:

$SV<0$,表示项目进度处于延误状态,即实际进度落后于计划进度。

$SV>0$,表示项目进度处于超前状态,即实际进度快于计划进度。

$SV=0$,表示项目实际进度与计划进度一致。

(3)成本执行指数 CPI(cost performance index)。CPI 是指 $BCWP$ 与 $ACWP$ 的比值,即:$CPI= BCWP/ACWP$。其判别标准为:

当 $CPI<1$ 时,表示项目成本超支,即实际费用高于预算费用。

当 $CPI>1$ 时,表示项目成本节支,即实际费用低于预算费用。

当 $CPI=1$ 时,表示实际费用与预算费用吻合。

(4)进度执行指数 SPI(schedule performed index)。SPI 是指 $BCWP$ 与 $BCWS$ 的比值,即:$SPI= BCWP/BCWS$。其判别标准为:

当 $SPI<1$ 时,表示进度延误,即实际进度比计划进度拖后。

当 $SPI>1$ 时,表示进度超前,即实际进度比计划进度快。

当 $SPI=1$ 时,表示实际进度等于计划进度。

3. 挣值分析评价曲线

挣值分析技术不仅可用来衡量项目的成本执行情况,而且可以用来衡量项目的进度。在项目实施过程中,可根据项目进度在项目成本曲线 $BCWS$ 图中画出 $BCWP$ 曲线和 $ACWP$ 曲线,在每个检查日均可比较三个参数值,进而求出评价指标。

挣值分析法的评价曲线图见图 5.7,横坐标表示时间,纵坐标表示费用(以实物工程、工时或金额表示)。根据项目成本支出的特点,一般 $BCWS$ 曲线按 S 形路径不断增加,直至项目结束达到它的最大值。$ACWP$ 也是一种进度的时间参数,也随项目推进而不断增加,也是 S 形曲线。利用偏差分析评价曲线可进行费用进度评价,$CV<0$,$SV<0$,表示项目执行效果不佳,即费用超支,进度延误,应采取相应的补救措施。

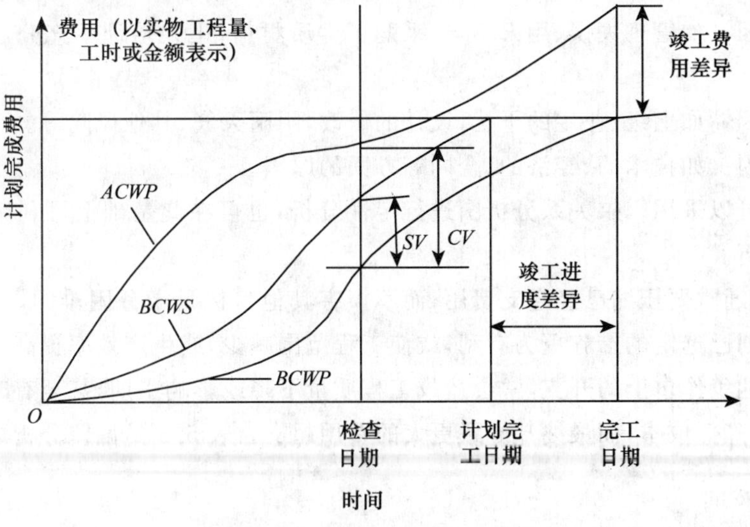

图 5.7　挣值分析法评价曲线图

【例 5-2】某一个项目计划工期为 12 个月，每月预算为 10 万元。到第 6 个月末实际费用支出为 68 万元。若经过计算，已完成工作的预算成本为 65 万元。试对该项目当前的状态做出评判。

解 由题意：

$BCWS=60$ 万元；$ACWP=68$ 万元；$BCWP=65$ 万元

则 $$CV=BCWP-ACWP=65\text{万元}-68\text{万元}=-3\text{万元}<0\text{万元}$$

或 $$CPI=\frac{BCWP}{ACWP}=\frac{65\text{万元}}{68\text{万元}}=0.96<1$$

表明到目前(第 6 个月)为止，项目成本支出超出了预算范围，需要引起项目管理者的重视；$SV=BCWP-BCWS=65\text{万元}-60\text{万元}=5\text{万元}>0\text{万元}$或$SPI=\frac{BCWP}{BCWS}=\frac{65\text{万元}}{60\text{万元}}=1.08>1$，表明项目虽然成本超支，但项目的进度却超前了，为按计划完成项目打下了良好的基础。

4. 原因分析及建议

(1)原因分析。在实际执行过程中，最理想的状态是 ACWP、BCWP，BCWS 三条曲线靠得很近、平稳上升，表示项目按预定计划目标前进。如果三条曲线离散程度不断增加，则预示可能发生关系到项目成败的严重问题。

经过对比分析，发现某一方面已经出现费用超支或预计最终将会出现费用超支，则应对其做进一步的原因分析。原因分析是费用责任分析和提出费用控制措施的基础，费用超支的原因是多方面的。例如：

①宏观原因。如出现重大的技术难题，计划不充分，物价上涨，总工期拖延，工作量大幅增加，政治因素等。

②微观原因。如工作效率低下，返工增多，管理协调不好等。

③内部原因。如管理失误、用人不当，采购了劣质材料，工人培训不充分，材料消耗增加，事故等。

④外部原因。如上级、业主的干扰，设计的修改，阴雨天气、其他风险等。

⑤其他原因。如技术的、经济的、合同等方面的原因。

原因分析可以采用因果关系分析图进行定性分析，也可在此基础上可利用因素差异分析法进行定量分析。

(2)建议。通常要压缩已经超支费用，而不损害其他目标是十分困难的，一般只有当给出的措施比原计划已选定的措施更为有利，或使工程范围减少，或生产效率提高，成本才能降低。如采用压缩其他工作包上的开支，常会造成工程质量下降或影响工期，甚至有时候贸然采取措施，主观上企图降低成本，而最终却导致更大的费用超支。表 5.3 是偏差分析法参数分析与对应措施表。

表 5.3　挣值法参数分析与对应措施表

序号	参数关系	分析	措施
1	$ACWP>BCWS>BCWP$ $SV<0$　$CV<0$	效率低 进度较慢 投入超前	用工作效率高的人员更换工作效率低的人员
2	$BCWP>BCWS>ACWP$ $SV>0$　$CV>0$	效率高 进度较快 投入延后	若偏离不大，维持现状
3	$BCWP>ACWP>BCWS$ $SV>0$　$CV>0$	效率高 进度较快 投入超前	抽出部分人员，放慢进度
4	$ACWP>BCWP>BCWS$ $SV>0$　$CV<0$	效率低 进度较快 投入超前	抽出部分人员，增加少量骨干人员
5	$BCWS>ACWP>BCWP$ $SV<0$　$CV<0$	效率较低 进度慢 投入延后	增加高校人员
6	$BCWS>BCWP>ACWP$ $SV<0$　$CV>0$	效率较高 进度慢 投入延后	迅速增加人员投入

(二)预测技术

预测技术是根据已知的项目执行过程中获得的工作绩效信息，对项目未来状况的进行估算和预测的一种方法。在项目成本管理中，我们主要是对项目未来完工时的总成本进行估计和预测。

完工估算(estimate at completion，*EAC*)是指完成某个项目或某个工作包的预计总成本，是截止到某一时刻已完成工作的总成本加上所有剩余工作的估算成本之和。*EAC* 以项目的实际执行情况为基础，是对整个项目或某个工作包总成本的一个预测。

因此，预测 *EAC* 的通用公式可以表达为：

$$EAC = ACWP + \text{到完成时的估算} \tag{5.4}$$

有很多种方法可以用来预测 *EAC*，下面介绍常用的三种方法：

(1)$EAC=ACWP+$剩余原预算。适用于现有偏差被认为是不正常的，项目管理小组认为类似偏差不会再发生的情况。即剩余项目工作的 *CPI* 值为“1”，$EAC=ACWP+$(项目原有总预算$-BCWP$)。对例 5-2 进行完工估算，$EAC-68+(12\times10-6\times10)=128$(万元)。

(2)$EAC=ACWP+$对剩余项目预算的修正。一般用成本执行指数对原预算进行修正，适用于项目现在的偏差可视为将来的偏差，这种推算方法通常为多数人所接受。此时，

$$EAC = ACWP + \frac{\text{项目原有总预算} - BCWP}{CPI}$$

对例 5-2 进行完工估算，

$$EAC = 68 + \frac{12 \times 10 - 6 \times 10}{0.96} = 136(\text{万元})$$

(3)$EAC=ACWP+$对剩余项目重新估计。适用于过去的执行情况表明先前成本假设有根本缺陷或由于条件改变而不再适用新形势的情况，或者是为了达到一定的项目指标有必要调整当前工作效率的时候。例 5-2 中，若项目经理重新估算的剩余工作的成本为 70 万元，则该项目的 $EAC=68+70=138$(万元)。然而，采用这种方法的缺点也是很明显的，它需要额外投入较多的人力资源来重新估算剩余工程的成本数额。

(三)项目绩效审核

项目绩效审核指比较一定时间阶段的成本绩效、计划活动或工作包超支和低于预算(计划价值)的情况、应完成里程碑、已完成里程碑等。

项目绩效审查是通过举行会议来评估计划活动、工作包或成本账目状态和绩效。它一般和下列一种或多种绩效汇报技术结合使用。

(1)偏差分析。偏差分析是指将项目实际绩效与计划或期望绩效进行比较。成本和进度偏差是最常见的分析领域，但项目范围、资源、质量和风险与计划的偏差也具有相同或更大的重要性。

(2)趋势分析。趋势分析检查一定时间阶段的项目绩效，以决定绩效是否改进或恶化。

(3)实现价值分析。实现价值技术是将计划绩效和实际绩效进行比较。

(四)差异管理

从前面的偏差分析计算可知项目现在的绩效情况，反映出项目目前的状态，但是它并不能反映出造成偏差的更深层次的原因，因此为了更有效地控制项目成本还需要对成本的具体差异进行分析。可以采用因素分析法来进行这个过程。

(五)香蕉曲线法

利用各工序的最早开始时间和最迟开始时间制作的成本累计曲线。香蕉曲线表明了项目成本变化的安全区间，实际发生成本的变化，若在两条曲线限定的范围内，都属于正常变化。如果实际成本超储这一范围，就要引起重视，查清情况，分析原因，采取纠正措施。

(六)项目管理软件

项目管理软件使得对项目的成本管理与控制更为容易。它可以存储与每类资源有关的各种成本，能计算每个工作包和整个项目的预算成本，并可随着项目不断进行来计算实际成本、成本执行指数、费用偏差等指标，也能预测期末成本。

四、项目成本控制的结果

1. 修正成本估算

这是对项目原有成本估算的修订和更新的文件。项目管理人员可以在不调整项目计划的前提下，根据成本控制反馈出的促进成本估算的更为有效的信息修改成本估算信息，重新对成本估算进行完善。更新后的成本估算可能要求(也可能不要求)对整体项目计划的其他地方进

行修改。

2. 更新成本预算

成本预算更新是对已批准的成本预算进行修改的文件。在某些情况下，项目前期工作出现了重大失误，如成本偏差很大，以至于需要对成本基线进行更改才能对绩效提供可以衡量的现实基础。项目团队要在不影响项目进展的情况下，按照正规的报告、审批和执行程序进行预算更新，并且需要做出详尽的书面报告，及时按程序通知有关部门。

3. 纠正措施

纠正措施是指在项目成本管理的过程中所开展的一系列的纠偏行为。它是为了使项目未来工作所花费的实际成本控制在项目计划成本之内所做的努力。在实施项目的过程中，不可避免地会遇到各种问题，如产品市场的变化、设备及原材料价格变化及管理中出现的问题，都会影响到项目成本控制计划的正常实施。对于这些问题，管理者需要采取相应的措施予以纠正，并在必要时重新制订成本计划，如采取特殊的行动来平衡成本偏差。

有各种降低工程成本的方法。一种方法是采用符合规范而成本较低的供应源，另一种方法是安排一位经验丰富的专家协助工作或担任顾问，促使其他成员更有效地工作。此外，还可以通过减少工作的作业范围或要求来降低成本，但这时要注意寻求成本与范围的均衡。通过改进工艺技术来提高生产率也是一种降低成本的方法。在很多情况下，减少费用偏差是要付出代价的，有时要缩减项目范围，有时要推迟项目进度。如果负的偏差很大，可能要大幅削减工作的范围或质量才能使项目回到预算以内。但整个项目的范围、预算、进度或质量会处于危险之中。在这种情况下，客户与承约商或项目团队必须承认上述要素中的一个或几个达不到要求了。这可能需要客户提供额外的资金来弥补预算的超支，否则将引起合同争议：谁造成的成本超支？谁将负担这笔费用——客户还是承约商？

有效成本控制的关键是，只要发现费用偏差和无效率，就积极地着手解决。成本问题越早提出，对范围和进度的冲击越小。一旦成本失控，要回到预算内，可能不是减少工作范围，就是推迟项目进度。即使项目的费用偏差为正值，也要小心谨慎。要集中全力使它保持下去。

4. 经验教训

书面记录吸取的经验教训，以作为本项目及执行组织的其他项目可以利用的历史数据库的织成部分。教训汲取文件包括产生偏差的原因，纠正措施选择的原因和依据，纠偏措施的效果及其他从费用、资源或生产控制方面吸取的教训。

规范的项目管理制度和高素质管理人才对成本控制起到了很大的作用，因此，及时总结项目经验、汲取教训是非常必要的，这样既可以使项目管理更加规范，也可以提高管理者的项目管理水平，从而降低成本控制的风险，保证项目的顺利实施。

【课后习题】

1. 简述第三方物流项目成本管理的过程。
2. 影响第三方物流项目成本的影响因素有哪些？
3. 列举第三方物流项目成本估算的方法，比较各方法的优缺点及适用范围。
4. 第三方物流项目成本预算分哪几个步骤？
5. 第三方物流项目成本估算与成本预算的区别有哪些？

6. 第三方物流项目成本控制包括哪些程序？

7. 第三方物流项目成本控制方法有哪些？

8. 某项目进展到11个月时，对前10个月的工作进行统计，项目的全部预算费用为8 000元。有关情况见表5.4。要求：

(1)求出10个月末每项工作的 *BCWP* 及整个项目的 *BCWP*。

(2)计算10个月末整个项目的 *ACWP*，*BCWS*。

(3)计算10个月末的 *CV*，*SV* 并进行分析。

(4)计算10个月末的 *CPI*，*SPI* 并进行分析。

(5)项目按目前状况发展，预估 *EAC*。

表 5.4　某项目工作统计情况

工作	计划完成工作预算费用/元	已完成工作量	实际发生费用	挣值
A	200	100	200	
B	400	100	380	
C	600	60	350	
D	500	80	390	
E	500	100	470	
F	400	100	390	
G	1 000	60	560	
H	300	50	150	
I	440	50	200	
合计				

9. (1)参考下表，第6周末的累计预算成本是多少？

单位：万元	合计	第1周	第2周	第3周	第4周	第5周	第6周	第7周	第8周	第9周	第10周
计划	30	10	15	5							
采购	70		10	10	10	20	10	10			
供应	40					5	5	25	5		
仓储	30								5	5	20
合计	170	10	25	15	10	25	15	35	10	5	20
累计											

(2)如下是项目实际成本表，第6周末的累计实际成本是多少？成本是超出还是有盈余？原因是什么？

单位:万元	第 1 周	第 2 周	第 3 周	第 4 周	第 5 周	第 6 周
计划	10	16	8			
采购		10	10	12	24	12
供应					5	5
仓储						
合计	10	26	18	12	29	17
累计						

(3)如下是截止到第 6 周工程完工的累计百分比的表格,第 6 周末项目累计挣值是多少?它正常吗?

单位:万元	第 1 周	第 2 周	第 3 周	第 4 周	第 5 周	第 6 周
计划	30	80	100			
采购		10	25	35	55	65
供应					10	20
仓储						

(4)计算第 6 周末的 CPI、CV、SPI、SV。

(5)试对该项目未来前景作一估计(不足条件,可自行假设)。

【案例思考】

鲁东临港物流中心建设项目成本控制

鲁东临港物流中心位于美丽的世界风筝都——山东省潍坊市。鲁东临港物流中心建设项目的建设规模为 80 km^2,主要发展仓储物流、加工配送等项目,分为海港物流区和临港工业区;海港物流区将划分为商务信息中心、集装箱堆场和保税仓库场地、干散货场地等功能布局区域;临港工业区划分为修造船基地、棕榈油加工、配件加工等功能区。依据潍坊市政府批复的鲁东临港物流中心建设项目规划,本项目建设期为 1 年(2011 年 3 月至 2012 年 3 月),初步完成海港物流区的建设;第 2、3 年(2012 年和 2013 年)为投产期,分别达产 60%和 80%完善海港物流区的建设并初步建成临港工业区;第 4 年(2014 年)达产 100%,全面完成鲁东临港物流中心建设项目的总体目标。

针对鲁东临港物流中心建设项目的具体建设情况,鲁东临港物流中心建设项目成本构成包含以下主要内容:

建设成本:主要包括基础设施建设、设备投资及贷款利息等;

管理成本:主要包括与园区绿化、卫生、安全保卫以及与人力资源有关的费用;

经营成本:主要包括货物流通的环节费用及其装卸、搬运、保养费用等;

流通成本:主要包括园区中心内物流、服务制造、流通企业的批发、零售、展示等商品流通费用;

运输成本：主要包括与物流相关的海运、空运、铁路及公路（含高速公路）的运输及转运费用。

针对鲁东临港物流中心建设项目的成本控制现状进行分析，存在的问题主要有以下几个方面：

1. 项目成本预测的滞后和错位

鲁东临港物流中心建设项目在投标报价阶段仍然是按照潍坊市政府规定的预算定额直接计算项目投标价格，而不经过项目成本预测，直接导致了投标报价中在项目完成所需资金额度这一重要问题上往往缺乏总体把握，从而使依据项目预算编制完成报价后的让利幅度只能是惯例、平均值或者估计值，必须在中标后重新详细测算项目成本，由此直接导致了项目成本测算的滞后和错位。

2. 市场价格分析和经营资料积累的缺失

鲁东临港物流中心建设项目现行的报价方式是概预算，主要依据是潍坊市政府提供的各种取费系数和市场价格，专业报价人员虽然省时省力，但是预算数据不准确，计算报价时所需的各种取费系数是否应该调整、市场价格是否合理均未作分析，最后的让利都是基于项目总报价，而让利比例则是领导决策，与专业人员无关。

3. 经济与技术分析严重脱节

鲁东临港物流中心建设项目目前实行的投标报价未将项目的组织设计作为估价依据，对不同的技术方案、施工方案进行技术经济评估工作没有引起足够重视，以项目园区中的公路建设项目投标为例，不管使用 3 台压路机还是 5 台压路机，都按照潍坊市政府规定的统一定额和取费系数计算，根本不考虑项目施工方案，至于使用何种设备，强制式拌和机、小型拌和机还是人工拌和，都不会影响到项目报价，使得成本核算、成本管理失去了技术支撑，经济与技术分析严重脱节，最终会影响到项目工期、项目质量和项目成本，背离项目目标。

4. 责权利结合的成本管理体制不够完善

现行的鲁东临港物流中心建设项目的成本管理体制未能将责、权、利三者良好地结合起来，甚至将成本管理责任简单归属于成本主管，一定程度上挫伤了项目团队的积极性，不利于成本管理与控制。

5. 成本控制的局限性

从目前存在的情况来看，鲁东临港物流中心建设项目成本控制的局限性主要表现在以下几方面：

(1)控制对象与决策对象不配比。投标方承接项目前，往往是根据鲁东临港物流中心建设项目的图纸、项目所在地潍坊市政府制定的预算定额和收费标准来核算造价，预测项目成本，确定项目报价；而项目成本控制中的成本考核对象却只有项目消耗的直接费用成本，与此直接相关的经营费用、管理费用等成本却作为期间费用计入了当期损益，使得项目核算的成本与预算费用无法比对，管理者很难准确了解成本控制的真实情况。

(2)控制范围狭窄。从成本控制范围来看，目前主要集中在直接材料费、直接人工费和制造费用等财务成本上，没有将与项目直接相关且能够按受益对象划分的期间费用、安全成本、质量成本和风险成本纳入项目成本控制范围，导致了项目管理费的随意列支，严重歪曲了项目的实际盈亏状况，给项目成本管理水平的宏观考核与管理控制带来了很大困难。

(3)控制手段落后。成本控制对象往往限于直接成本，相应的技术手段也仅限于标准成本

和传统的财务预算、成本预测、差异分析等方法，但是，只靠这几种方法来控制复杂市场环境中的项目成本是远远不够的。比如，承接项目前必须对项目可行性研究采用风险预测技术进行风险评估，力争将项目风险降低到最低限度；制定项目施工方案和技术方案时要预估、项目实施中可能遇到的各种影响因素，利用价值工程理论，对多种技术方案进行综合取舍，力求消除可能遇到的各种不利影响，达到降低项目成本的目的。

(4)责任部门范围狭窄。项目实施过程中可能遇到的问题是多种多样的，既有技术层面上的，也有安全生产方面的，还有现场人事安排和人力资源变动方面的，等等，每个问题的发生都有可能影响到项目成本，如果只是将成本控制的职责集中在财务部门、项目部或者项目经理，就不能充分发挥技术、安全、人事和经营等部门的作用，将严重影响到项目成本。因此，成本控制的责任部门的范围不能太狭窄，要吸纳技术、安全、人事和经营等不同部门加入进来，充分发挥各个部门的自身优势，以利于实现成本控制。

(5)时间跨度局限。目前的项目成本控制只涉及从鲁东临港物流中心建设项目开工到项目竣工这一时间段，项目成本中未包含项目承接之前投入的经营开拓费用、项目评估咨询费用、项目开办费用及项目竣工后一段时间内的维护和质保服务费用，因此，项目成本控制的时间跨度范围应当将“投标报价—材料采购—项目实施—竣工验收—质量保证—后期维护”的整个项目生命周期包含在内。

(6)成本控制体系不够灵活。传统的成本控制体系往往是某种控制方法和控制标准长期不变，无法适应市场环境不断变化对成本控制造成的影响，应当根据科学发展、可持续发展原则，不断对各种控制方法和控制标准进行可行性和符合性评审，适时更新，确保其合理有效性。

资料来源：郝春田. 鲁东临港物流中心建设项目成本控制研究[D]. 哈尔滨工程大学，2013.

问题：

1. 鲁东临港物流中心建设项目在成本控制方面存在哪些问题？

2. 针对鲁东临港物流中心建设项目的成本管理，你有哪些改进建议？

3. 试运用工作分解结构和挣值法的思想对鲁东临港物流中心建设项目成本进行了分析？

第六章 第三方物流项目质量管理

【导入案例】

中铁现代物流全面质量管理

中铁现代物流科技股份有限公司(以下简称中铁现代物流)作为一家现代化物流企业,自创立伊始就瞄准国内蓬勃发展的现代物流产业,把发展现代物流确定为发展的基本方向,业务涉及快速消费品、汽车、医药、危险品运输、化工、煤炭、生产资料等诸多领域。

在不断扩大自身实体网络、优化网络结构、发展物流信息网络、全力拓展市场和改善客户服务的同时,为实现"在中国处于领先地位的国际性现代物流公司"的目标,中铁现代物流积极推进完善企业内部管理机制建设工作,上下齐心,持之以恒,抓住关键,利用卓越绩效模式实施全面质量管理。

1. 更多关注客户价值

"客户与市场"体现中铁现代物流在确立价值观、长短期发展方向和战略目标以及整个经营管理理念的全过程中,都应当以客户和市场为中心,要用科学的方法把握客户的期望和市场需求,为客户创造更多价值,使客户满意和忠诚。

中铁现代物流于 2003 年 4 月 25 日通过了中国船级社质量认证公司的 ISO 9001 质量体系认证。中铁现代物流在《质量管理手册》中就明确提出了"合同兑现率>95%,客户满意率>90%,客户投诉处理及时率>100%"的质量目标。这 3 个目标都是紧紧围绕客户价值而提出的,因为"超越客户期望"就是中铁现代物流质量方针的重要组成部分。中铁现代物流在客户要求的基础上,不断改进和提高工作质量,力求超出顾客的希望和预期的想象。中铁现代物流编制了《顾客满意度测量控制程序》,各业务部门定期向客户发放《顾客满意度调查表》,确定顾客的需求和期望并进行充分识别,中铁现代物流在内部规定了相应的职责和权限,并给予充分的资源保障,利用运作管理控制系统,使客户的需求和期望得到最大满足;同时运用自我完善机制持续改进质量管理体系,进而连续 3 年实现了质量方针和质量目标。

2. 将"管理者"置于"过程中"

管理者是在一个公司内可以对个人和集体施加其影响力,为公司确立目标,并且有效地引导和管理公司所有成员以便实现所确立目标的人。管理者不仅是一种身份和职务的象征,而且意味着一个过程,即确立目标并引导和带领公司员工实现目标的过程。管理者将中铁现代物流定位为第三方物流服务提供商,同时兼具第四方物流服务提供商职能。他们将"勇于担当、雷厉风行、远见卓识、深刻成熟、坚忍刚毅、乐观豁达"的管理风格写入中铁现代物流 CIS,使之成为中铁现代物流的灵魂之一。

3. 制定战略时重视信息输入

中铁现代物流在科学地制定公司战略时,非常重视数据信息的收集,并对所收集到的数据信息进行归类整理分析,以确定质量管理体系的适宜性、有效性,并评价质量管理体系的持续改进，为管理者提供战略决策支持。

4. 保持绩效测量的一致性和敏感性

通过对数据信息的分析，中铁现代物流得以监控日常运作，减少过程波动，评价自身及其内部各部门、层次的绩效，不断修正战略行动计划，校准战略目标，对内外部环境的变化做出快速反应，确保其始终朝着宏伟愿景和发展方向前进。

资料来源：周晓晔. 物流项目管理. 北京：北京大学出版社，2012.

问题：

(1)什么是全面质量管理？

(2)中铁现代物流着重从哪些方面进行质量管理？

【本章概要】

- 第三方物流项目质量管理概述
- 第三方物流项目质量管理规划
- 第三方物流项目质量保证
- 第三方物流项目质量控制

第一节　第三方物流项目质量管理概述

一、质量管理的含义

1. 质量的含义

根据《项目管理知识体系指南(PMBOK)》，质量是一个固有的、体现满足规定要求或者满足潜在需求的能力的总体特性。

美国质量管理学家朱兰博士认为，质量就是产品的适用性，即产品在使用时能够满足用户需要的程度。这一定义说明了两方面内容：一方面是产品只要适用，满足目的，就是达到了质量要求；另一方面是产品质量的高低取决于其能够满足用户需求的程度，好质量并不等于高质量，此处强调的是满足用户需求。由此可以看出，产品的质量是由客户定义的，而不是由生产者定义的。

ISO给质量下的定义是，质量是反映实体(产品、过程和活动等)满足明确的和隐含的需要的能力特性的总和。

根据上述定义，可以进一步理解质量的含义：

(1)所谓“实体”是指承载质量属性的具体事物。质量实体包括产品、过程和活动三个方面。产品是为人们提供一定功能的有形实体；过程是指满足人们需求的某种服务；活动是指人们在生产产品和提供服务的过程中所进行的工作。

(2)质量是一个相对的概念，质量的高低并不取决于实体的能力特性的优劣，只要其能力特性能够满足用户的需要即可。这里的需要包括“明确的”和“隐含的”两类：“明确的需要”一般是指在标准、规范、图样、技术要求或其他相关的文件(如合同)中明确标示的需要；“隐含的需要”一般是指被人们公认的、不言而喻的、不必明确的需要，如空调必须具备制冷和低噪声的基本功能。这类需要通常是通过市场调查或用户调查来加以识别和确定的。在项目范围内，质量管理的重要方面是通过项目管理把隐含需要转变成明确需要。

(3)对于不同的实体来说,质量的实质内容是不尽相同的。对于产品来说,质量是指产品能够满足用户使用要求所具备的功能和特性,一般包括:产品的性能、寿命、安全性、经济性、外观等特性;对于服务过程而言,质量主要是指服务能够满足用户期望的程度,服务质量取决于客户对服务的期望与客户对于服务的实际体验这两者的匹配程度;对于活动来说,质量一般是由工作结果来衡量,工作结果既可以是产品,也可以是服务。因此,工作质量可以用产品或服务质量来衡量。

2. 质量管理的含义

项目质量管理的概念与质量管理的概念既有相同之处,也有不同之处。关于质量管理有许多不同的定义。日本质量管理学家古津进认为:"质量管理就是向消费者或顾客提供高质量产品与服务的一项活动。这种产品和服务必须保证满足需求、价格便宜和供应及时。"这一定义明确了质量管理的根本目的是向客户和消费者提供高质量的产品与服务,质量管理的目标和作用是使产品和服务符合"满足需求、价格便宜和供应及时"这三项要求。ISO认为:"质量管理是确定质量方针、目标和职责,并在质量体系中通过诸如质量规划、质量控制和质量改进,使质量得以实现的全部活动。"从这个定义可以看出,质量管理是一项具有广泛含义的企业管理活动。

二、项目质量管理含义

根据《项目管理知识体系(PMBOK)指南》,项目质量管理是指执行组织为使项目满足其预定的需求而确定质量方针、目标与职责的所有活动和过程。

1. 项目质量管理的内容

(1)项目质量管理贯穿从企业质量方针政策的制定到用户对项目产品质量的最终检验的全过程,它是专门针对保障和提高项目质量而进行的管理活动。

项目质量管理适用于所有类型的项目,但质量的测量方法和技术则需专门针对项目所产生的可交付成果类型而定。例如,对于物流信息管理软件开发与物流配送中心建设的可交付成果,项目质量管理需要采取不同的方法和措施。无论什么项目,未达到质量要求都会给项目干系人带来严重的负面后果。

(2)项目质量管理需要所有项目干系人的共同努力,它包括:

项目客户、项目所属的公司和项目经理等关于质量方针、目标和职责的制定;

项目管理人员根据上面所制定的质量目标、方针,制订项目的质量计划;

项目团队关于项目质量计划的具体实施方案。

(3)项目质量管理不仅包括项目产品的质量管理,而且还包括制造项目产品过程中工作质量的管理,因为项目最终产品的质量是通过产品的生产过程来保证的,只有保证高质量水平的生产过程,才能生产出高质量的产品。

项目质量管理的主要目的是确保项目的可交付成果满足客户的需求。项目团队必须与客户建立良好的关系,理解他们明确的需求与隐含的需求,因为客户是项目质量是否达到要求的最终裁判者。

2. 项目质量管理与质量管理的关系

一方面,项目质量管理需要兼顾项目管理与项目产品(可交付成果)两方面。它应用于所有项目，无论项目产品具有何种特性。另一方面，项目质量管理与质量管理最大的不同之处是由项目的一次性所决定的。质量管理是针对日常运作所进行的活动，日常运作是重复做某件事情，一旦过程设计好了，只需以保守的态度采用诸如统计过程控制等方法进行监控即可，其质量管理的重点在监控上。例如，物流系统规划项目是对企业物流系统进行规划与设计以使得企业的物流系统能满足企业及客户的物流需要，项目建成后将投入日常运营使用，在日常运营中，其质量管理的重点在于对作业进行监控，而日常作业的操作流程、岗位职责、质量管控要求等都是在项目建设阶段就定义好的，而项目是一次性的，因此，为保证项目能交付符合要求的成果（符合企业及客户需要的运营系统），因此，必须在项目的早期强调质量保证和质量控制。

3. 项目质量管理的理念

（1）以客户满意为中心。客户的满意程度是衡量项目优劣的基本尺度，项目质量管理工作必须面向客户，充分了解客户的需求，把满足客户需求放在项目质量管理工作的首位。

（2）预防胜于检验。质量应该被规划和设计，并且在项目的管理过程或可交付成果生产过程中被建造出来（而不是被检查出来）。项目的质量是通过项目团队的工作和项目经理的管理而形成的结果，而不是仅仅通过质量检验得出的。通过质量检验可以找出不合格产品，从而对错误采取纠正措施，但是纠正错误的成本要比避免错误的成本高许多。因此，在项目质量管理中，要把重点放在日常的生产和经营管理上，而不能单纯依靠质量检验。

（3）质量管理必须坚持“二全管理”。“二全管理”是指全员管理和全过程管理。项目的质量管理不仅需要项目经理的正确领导，而且还依赖全体成员的参与，每个团队成员的工作都会在一定程度上影响项目可交付成果的质量，所以项目经理要提高项目团队成员的质量意识；全过程管理是指必须对质量形成的全过程中的各项工作进行全面的管理，把影响质量的因素和可能造成不合格产品的因素消灭在质量形成的过程中。

（4）持续改进。为了提高竞争力，向客户提供价值更高或者效益更多的产品，项目组织必须不断地对质量进行改进，从而使质量达到更高水平。项目组织可以采用 PDCA 循环或全面质量管理或六西格玛质量管理等方法，来改善项目管理的质量及项目产品的质量。

项目质量管理包括三个主要工作过程：项目质量规划、项目质量保证和项目质量控制。项目质量管理通过制定质量方针、建立质量目标和标准，并在项目生命周期内持续反复使用质量规划、质量保证、质量控制和质量改进等措施来落实质量方针的执行，确保质量目标的实现，最大限度地使客户满意。

三、第三方物流项目质量管理概述

1. 第三方物流项目质量管理的概念

第三方物流项目质量是指物流项目产品及其实现过程满足客户明确的和隐含的需要的能力特性的总和。

第三方物流项目种类繁多，如一次运输、一次配送、一次仓储、新产品开发项目、物流信息服务项目、流程改进项目、网络再造项目、物流一体化项目、物流系统规划项目等。这些项目的可交付成果基本上都是服务。由前述可知，项目质量管理需要兼顾项目管理和项目产品两方面，它适用于所有项目，无论项目的可交付成果具有何种特性。所以，第三方物流项目的质量管理不仅包括项目产品（可交付成果）的质量管理，而且还包括制造项目产品过程中工作质量的管理。由于现代物流项目的管理是用系统的观点和方法来指导和处理相关问题的，因此，第三方物流项目的质量又是一个系统性的质量，应该由组成该系统的各相关要素的质量综合体现。具体地说，第三方物流项目质量既包含项目的对象质量，又包含项目实施的手段、项目运作方法的质量，还包括项目的工作质量，因而是一种全面质量观的系统质量。

2. 第三方物流项目质量的内容

第三方物流项目质量具体包括以下内容：

(1)与物流项目相关的商品的质量。第三方物流项目按其所提供服务的层面，可以分为运作层、管理层和规划层。运作层项目是最基础的项目类型。管理层项目和规划层项目除提供运作服务外，还需要提供其他更高层级的服务。对于物流运作类项目，物流企业本身不涉及客户内部的物流管理和控制，只是根据客户的要求，整合社会资源，完成特定的物流服务。运作层服务的外包是企业最重要的物流服务外包形式。物流运作项目其运作的对象是具有一定质量的实体，即有合乎要求的等级、尺寸、规格、性质、外观。这些质量标准是在生产过程中形成的，物流过程在于转移和保护这些质量，最后实现对用户的质量保证。因此，对用户的质量保证既依赖于生产，又依赖于流通，现代物流过程不单是消极地保护和转移物流对象，还可以采用流通加工等手段改善和提高商品的质量。因此，物流过程在一定意义上说也是商品质量的形成过程。

(2)物流服务质量。物流业有极强的服务性质，可以说整个物流项目的质量目标就是其能提供的服务质量。服务质量因不同的用户而要求各异，要掌握和了解用户要求及商品狭义质量的保持程序，流通加工对商品质量的提高程度；批量及数量的满足程度；配送额度、间隔期及交货期的保证程度；配送、运输方式的满足程度；成本水平及物流费用的满足程度；相关服务(如信息提供、索赔及纠纷处理)的满意程度。

与物流项目相关商品的质量可以作为是物流服务质量的输出之一，纳入物流服务质量范畴。

(3)物流项目工作质量。物流项目的工作质量指的是物流项目各环节、各工种、各岗位的具体工作质量。工作质量和物流服务质量是两个有关联，但又不完全相同的概念，物流项目服务质量水平取决于项目各项工作质量的总和。所以，物流项目的工作质量是物流项目服务质量的某种保证和基础，重点抓好物流项目工作质量，物流服务质量也就有了一定程度的保证。

(4)物流项目工程质量。物流项目质量不但取决于项目工作质量，而且取决于项目的工程质量。在物流项目的管理过程中，将对物流项目质量发生影响的各种因素(人、体制、设备、工艺方法、计量与测试、环境等)统称为“工程”。

很明显，提高物流项目工程质量是进行物流项目质量管理的基础工作，能提高物流项目工程质量，就能做好以预防为主的物流项目质量管理。

第三方物流项目质量管理是指通过确定第三方物流项目的质量方针、目标和职责，借助质量体系中心的质量规划、质量控制、质量保证和质量改进等措施来使第三方物流项目满足其预定需求的所有活动。由于第三方物流项目以服务项目为主，而对于服务过程而言，质量主要是指服务能够满足用户期望的程度，服务质量取决于客户对服务的期望与客户对于服务的实际体验这两者的匹配程度，因此，第三方物流项目质量管理的终极目标就是用经济合理的办法来实现客户满意。所谓“经济合理”是指质量管理过程也要遵循成本效益原则。

第二节　第三方物流项目质量管理规划

一、质量管理规划概述

质量管理规划是识别项目及其可交付成果的质量要求和标准，并书面描述证明项目将如何符合质量要求的过程。本过程的主要作用是，为整个项目中如何管理和确认质量提供指南和方向。

质量规划应与其他规划过程并行开展。例如，为满足既定的质量标准而对可交付成果提出变更建议，就可能导致成本或进度计划调整，并需要就该变更对相关计划的影响进行详细的风险分析。

在开始项目质量管理的工作过程之前，项目经理和其团队需要编制质量计划。在项目质量计划的编制中，重要的是确定每个独特项目活动的相关质量标准，把质量规划纳入项目的产品和管理过程。编制项目的质量计划，首先必须确定项目的范围、中间产品和最终产品，然后明确关于中间产品和最终产品的有关规定、标准，确定可能影响产品质量的技术要点，并找出能够确保高效满足相关规定、标准的过程及方法。同时，应确定质量计划编制所用的方法和工具，设定质量计划编制的格式，制定质量计划编制准则和适宜的质量控制的阈值等。项目质量管理计划是项目管理计划的子计划，其可以是正式或非正式的，既可以非常详细也可以高度概括，具体可依据项目的实际情况来定。

二、项目质量规划的依据

(1)范围基准。包括项目范围说明书、WBS和工作分解结构字典等。项目范围说明书包括项目产品范围描述、主要项目可交付成果及验收标准。产品范围通常包含所要交付的产品或服务的技术问题细节及会影响质量规划的一些事项。验收标准界定了验收可交付成果的过程和原则，验收标准的界定可能导致质量成本并进而导致项目成本的显著增加或降低。满足所有的验收标准意味着发起人和客户的需求得以满足。

(2)项目干系人登记表。可以明确利益相关者在质量方面的特定的利益和目标。

(3)成本基准。按时间段度量项目的整体费用。

(4)进度基准。

(5)风险登记表。包括可能影响质量要求的机会和威胁，主要有已识别的风险清单、潜在应对措施清单、风险根本原因和风险类别更新。

(6)项目制约因素。影响项目质量规划的制约因素包括政府部门规章、规则、指导原则中有关质量的规定以及项目的工作条件等。

(7)组织积累的相关资源。包括组织质量方针、程序和指导原则、历史数据和经验教训等。

组织的质量方针是由组织的最高管理者颁发的关于该组织总的质量宗旨和方向，它体现了物流项目承担实体就产品质量和服务质量向顾客及员工的承诺。制定质量方针的目的是为物流项目承担实体的全体员工在所从事的质量工作中的行动和决策提供一个明确的方向和可靠的依据。物流项目承担实体的质量方针通常涉及以下几个方面：以满足顾客的综合物流服务要求为宗旨；全心全意为物流项目承担实体外部顾客和内部顾客服务；提高全体员工的质量意识，对员工进行培训，使员工掌握质量管理技能和现代物流技术；遵守质量法规，积极实施质量管理体系标准，建立质量管理体系。可见，组织的质量方针是项目质量管理的起点，项目质量管理必须贯彻组织的质量方针。项目质量方针主要包括项目设计的质量方针、项目实施的质量方针和项目完工交付的质量方针三个部分。项目团队应充分了解项目的质量方针，并可以根据项目的实际情况，对项目的质量方针进行适当的调整。

三、项目质量规划的工具和方法

1. 费用效益分析

达到质量要求的主要效益包括减少返工、提高生产率、降低成本、提升干系人满意度及提升赢利能力。而为达到质量标准的最重要的费用是与项目质量管理活动有关的费用。对每个质量活动进行费用效益分析，就是要比较其可能费用与预期效益。编制项目质量计划时，必须考虑质量费用与效益的平衡。

2. 质量费用分析

项目质量费用是指实施项目质量管理活动所需支出的有关费用，如一切防止质量缺陷的支出、评估及确保产品达到质量标准要求的支出，以及出现质量问题后善后工作的各项支出等。

项目质量费用一般包括以下内容：

(1)预防费用。预防费用是为减少质量损失和检验费用而发生的各种费用，如质量管理活动费和行政费、质量改进措施费、质量教育培训费、新产品评审费、质量情报费等。

(2)鉴定费用。按照质量标准对产品质量进行测试、评定和检验所发生的各项费用。如部门行政费、检查费等。

(3)内部故障费用。内部故障费用是交货前因产品未能满足质量要求而造成的损失，如返工损失、停工损失、重新设计费用等。这是项目内部发现的。

(4)外部故障费用。外部故障费用是产品出售后由于质量问题而造成的各种损失，如责任赔偿、退货、违约损失、业务流失等。

项目总的质量费用为以上四项之和。通常情况下，预防费用与鉴定费用、内部故障费用、外部故障费用之间是此消彼长的关系，质量费用分析的目的在于寻求一种平衡，使得这四种费用相加的总和最小，也就是质量费用最小。

项目的质量管理需要实施两方面的工作：一是质量保证工作；二是质量检验和质量纠正工作。这两方面的工作涉及两类费用，即质量保证费用(由预防费用和鉴定费用组成)和质量纠正费用(由内部故障费用和外部故障费用组成)。这两类费用呈反相关：质量保证费用越高，质量纠正费用就越低；质量保证费用越低，质量纠正费用就越高(图 6.1)。

3. 质量标杆法

质量标杆法，也称基准比较，是以其他项目的质量计划和质量管理的结果为基准，从而制订出本项目质量计划的一种方法，其他项目可以是团队或其他组织已经完成或正在进行的项目。在参照标杆项目的质量方针、质量标准、质量管理计划、质量工作说明书等文件时，必须结合本项目的实际情况来编制项目质量计划，尤其要注意针对标杆项目曾经发生过的质量问题，制定一些防范措施和应急计划，以避免类似问题再次发生。

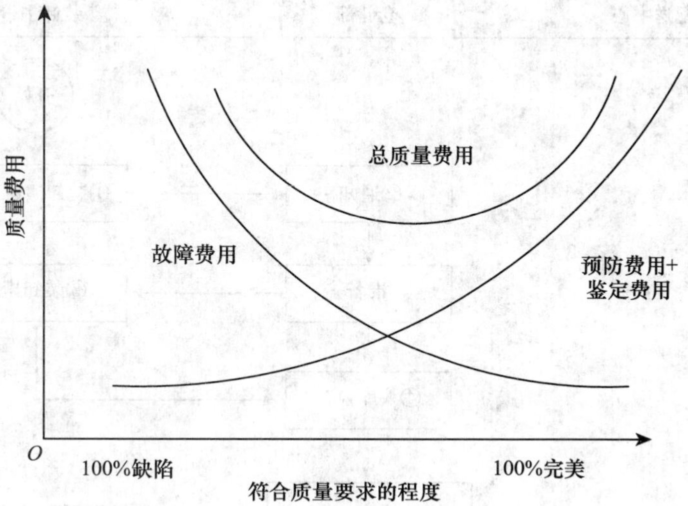

图 6.1　质量费用模式图

4. 流程图

流程图是流经一个系统的信息流、观点流或部件流的图形代表。在企业中，流程图主要用来说明某一过程。这一过程既可以是生产线上的工艺流程，也可以是完成一项任务必需的管理过程。这些过程的各个阶段均用图形块表示，不同图形块之间以箭头相连，代表它们在系统内的流动方向。下一步何去何从，要取决于上一步的结果，典型做法是用"是"或"否"的逻辑分支加以判断。流程图是揭示和掌握封闭系统运动状况的有效方式。作为诊断工具，流程图提供了项目的工作流程以及各活动之间的相互关系。借助于流程图，项目团队可以发现项目工作流程及各活动之间可能产生质量问题的工作环节，有助于明确项目质量管理的责任，以便项目经理估计未来将在何时、何地发生质量问题，从而及时制定应对策略，提出解决质量问题的方法和措施。

流程图有时也称作输入-输出图。该图直观地描述一个工作过程的具体步骤。流程图对准确了解事情是如何进行的，以及决定应如何改进过程极有帮助。这一方法也可以用于整个组织，以便直观地跟踪和图解组织的运作方式。

流程图使用一些标准符号代表某些类型的动作，如决策用菱形框表示，具体活动用方框表示。相比这些符号规定更重要的，是必须清楚地描述工作过程的顺序。流程图也可用于设计改进工作过程，具体做法是先画出事情应该怎么做，再将其与实际情况进行比较(图 6.2)。

5. 实验设计

实验设计是一种统计方法，用来识别哪些因素会对正在生产的产品或正在开发的流程的特定变量产生影响，从而找出影响项目质量的关键因素，为编制项目质量计划提供方便。实验中可采用鱼刺图法、帕累托图、直方图等统计方法识别各种影响质量的因素。

实验设计也有助于产品或过程优化，该技术的一个重要特征是，它为系统地改变所有重要因素(而不是每次只改变一个因素)提供了一种统计框架。通过对实验数据的分析，可以了解产品或流程的最优状态，找到显著影响产品或流程的、状态的各种因素，并揭示这些因素之间存在的相互影响和协同作用。如通过对车辆运输过程进行不断试验，来确定如何装载、如何行驶才能以合理成本取得最理想的运输质量。

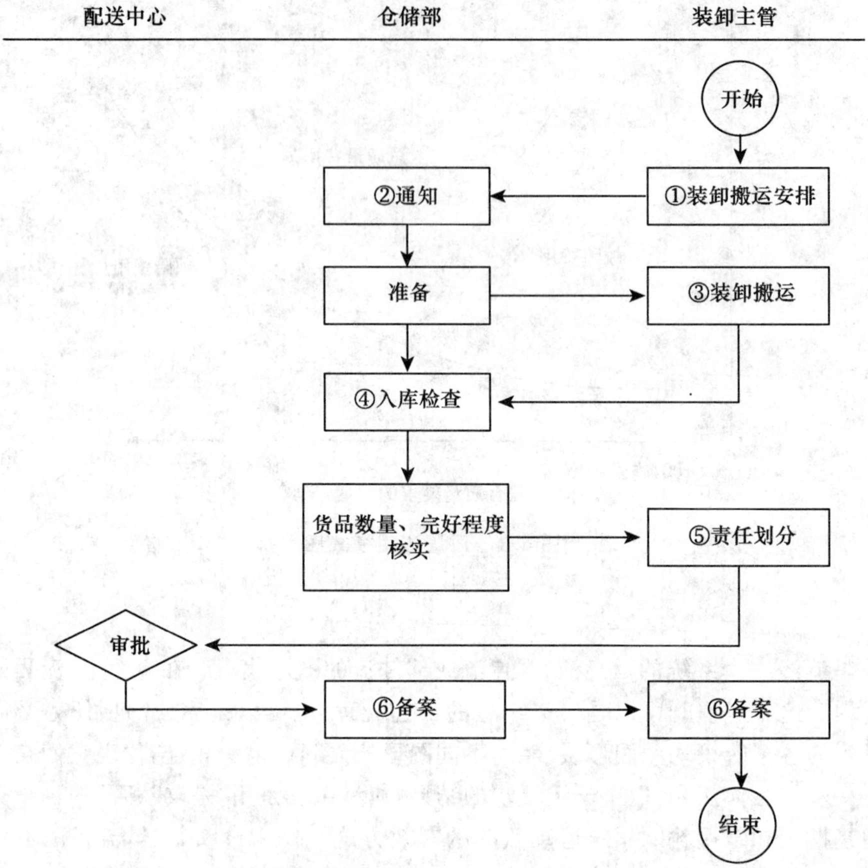

图 6.2　物流项目流程图示例(装卸搬运流程图)

资料来源:郑小毅,上海交通大学硕士学位论文《企业物流外包的项目管理》,2011.

6. 会议

项目团队可以召开规划会议来制定质量管理计划。参会人员可以包括项目经理、项目发起人、选定的项目团队成员、选定的干系人、负责项目质量管理活动的人员,以及需要参加的其他人员。

四、项目质量规划的结果

1. 质量管理计划

质量管理计划是项目管理计划的组成部分,描述将如何实施组织的质量政策,以及项目管理团队准备如何达到项目的质量要求。它是针对具体项目的要求,以及按重点控制环节所编制的对设计、采购、实施、检验等质量环节的质量控制方案。质量管理计划提供了整个项目进行质量控制、质量保证及质量改进的基础。

质量管理计划应明确指出所开展的质量活动,并直接或间接地(通过相应程序或其他文件)指出如何实施所要求的活动。其内容包括:

(1)需要达到的质量目标(质量基准),包括项目总质量目标和具体目标。

(2)质量管理流程,可以用流程图等形式展示过程的各项活动。

(3)在项目的各个不同阶段，职责、权限和资源的具体分配。

(4)项目实施中需采用的具体的书面程序和指导书。

(5)有关阶段适用的试验、检查、检验和评审大纲。

(6)达到质量目标的策略方法。

(7)随项目的进展而修改和完善质量计划的程序。

(8)为了达到项目质量目标必须采取的其他措施，如更新检验技术、研究新的工艺方法和设备、用户的监督、验证等。

2. 质量测量指标

质量测量指标专用于描述项目或产品属性，以及如何通过质量控制过程对其属性进行测量。项目质量管理需要兼顾项目管理与项目产品两方面。而对于项目管理活动来说，其质量一般是由其工作结果来衡量的，工作结果既可以是产品也可以是服务。因此，第三方物流项目管理的工作质量，即创造项目产品的工作过程的质量，可以用第三方物流项目的可交付成果的质量来衡量。即衡量第三方物流项目质量的主要指标是根据物流项目的最终目标(可交付成果)确定的，即是“目标质量”的具体构成内容。如表 6.1 是一个物流项目的质量指标体系。

表 6.1　物流质量指标体系

1. 物流项目目标质量指标	(1)服务水平指标 (2)交货水平指标 (3)商品完好率指标 (4)物流吨费用指标
2. 仓库质量指标	(1)仓库吞吐能力实现率 (2)商品收发正确率 (3)商品完好率 (4)库存商品缺损率 (5)仓库面积利用率 (6)仓容利用率 (7)设备完好率 (8)设备利用率 (9)仓储吨日成本
3. 运输环节质量指标	(1)正点运输率 (2)满载率 (3)实载率

除上述各项指标外，其他物流环节也有相应的质量指标，应根据不同的物流对象有针对性地设计质量测量指标。如表 6.2 是另一个物流项目的质量测量指标。

表 6.2　某区域物流平台建设项目的质量指标

序号	指标
1	运输周期
2	运输价格
3	库存准确率

质量指标确立后还应确定指标的评价标准(表6.3),否则指标的设立没有任何意义。质量标准将在质量保证部分介绍。

表6.3　某物流项目质量指标测量实例

____年第__季度承运商考核表

承运人:____________　　填表日期:____________

填表人部门:____________　　填表人姓名:____________

序号	项目	标准	总分	得分	说明
1	准时交付率(D)	$M<=30$,全部准时得10分,其余得0分; $D>=97\%$得10分, $95\%<=D<97\%$得8分, $D<=95\%$得0分	10		M=该承运商季度承运总票数 准时交付:完全按照约定时间交付
2	准时提货率(T)	$M<=30$,全部准时得2分,其余得0分; $T>=97\%$得2分, $95\%<=T<97\%$得1分, $D<=95\%$得0分	2		M=该承运商季度承运总票数 准时提货:完全按照约定时间提货
3	完美回单率(P)	$M<=30$,全部准时得3分,其余得0分; $P>=97\%$得3分, $95\%<=P<97\%$得1分, $P<=95\%$得0分	3		M=该承运商季度承运总票数 完美回单:完全按照约定时间回单
4	货损货差率(S)	$M<=30$,全部准时得3分,其余得0分; $S>=97\%$得2分, $95\%<=S<97\%$得1分, $S<=95\%$得0分	3		M=该承运商季度承运总票数 货损货差:出现货物数量差错与损坏情况
5	服务态度(A)	态度一直持续很好得2分;态度一般得1分;态度不好得0分	2		态度很好与不好要有事例
合计			20		

本次考核说明:

备注:以上的考核周期为3个月,下次不参考上次数据

资料来源:郑小毅,上海交通大学硕士学位论文《企业物流外包的项目管理》,2011.

3. 质量核对表

有关质量核对表的具体内容因行业不同而不同。它用来核实项目质量计划的执行和控制是否得到实施。该表以工作分解结构为基础，可以很简单，也可以很复杂。许多组织都有标准的核对表，以保证经常性任务格式保持一致（表 6.4）。

表 6.4　质量核对表

序号	检查项目	依据标准	时间	查核结果	不良内容	处理意见
1						
2						
⋮						

4. 过程改进计划

过程改进计划是项目管理计划的子计划。它将详细说明过程分析的具体步骤，以便确定浪费和非增值活动，进而提高客户价值，例如：

(1)过程边界。描述过程的目的、起始和终结，其依据和成果、所需信息（如需要），以及本过程的负责人和利害关系方。

(2)过程配置。过程流程图，以便接口和界面分析。

(3)过程测量指标。对过程状态进行监控，分析过程的效率。

(4)绩效改进目标。用于指导过程改进活动。

过程持续改进的目标是实现过程质量改进和项目质量改进，因此，在进行质量规划时需要非常重视过程改进计划的制订。

5. 更新的项目文档

可能需要更新的项目文档包括项目干系人登记表、风险登记表、WBS 及其他相关质量管理文件等。

第三节　第三方物流项目质量保证

项目质量保证是为了保证项目质量计划的顺利实施，对项目质量计划的执行情况进行经常性的评估、核查和改进的过程，使项目质量能够满足客户的要求。质量保证旨在建立对未来工作或正在进行的工作在将来完工时能满足顾客需求和期望的信心。质量保证通过用规划过程预防缺陷，或者在执行阶段对正在进行的工作检查出缺陷，来保证质量的正确性。

项目质量保证使用的是质量规划过程和质量控制过程所产生的数据。

项目质量保证包括项目内部质量保证和外部质量保证。项目质量保证主要包括以下内容：

(1)制定科学、合理、可行的质量标准。在评估项目质量计划的执行情况时，制定科学合理的质量标准是非常必要的。项目质量标准可以根据以前的项目经验、国家或地区的质量标准来制定。

在第三方物流项目管理中，可以通过建立质量指标体系、质量标准等对项目质量成果进行分阶段检验和评估，以便及时发现问题，查明原因，采取相应的纠正措施。

(2)建立项目质量保证体系。项目质量保证体系是指实施项目质量管理所需要的组织结构和质量管理程序。为了使项目顺利实施,保证各项质量要求达到预期的目标,项目要建立完善的质量保证体系。

(3)开展有计划的质量改进活动。质量改进是为了提交符合客户质量要求的项目可交付成果,在项目组织内部开展的旨在提高项目质量的各项活动。实际上,质量改进活动是一种持续的、不断完善的项目活动,它包括对项目产品、项目活动、项目作业、项目管理等各方面质量的不断完善。

一、项目质量保证的依据

(1)质量管理计划。质量管理计划说明在项目中将如何实施质量保证,它是质量保证最根本的依据。

(2)质量测量指标。质量测量指标是项目质量规划的成果之一,它提供了应该被测量的质量属性和允许的偏差,同时它也是实施项目质量保证的依据。

(3)过程改进计划。项目的质量保证活动应该支持并符合执行组织的过程改进计划。

(4)质量控制测量结果。这是质量控制活动的结果,用于分析并评估项目过程的质量是否符合执行组织的标准或特定要求。

(5)工作绩效数据。工作绩效数据包括技术性能值、项目可交付成果状态、需要的纠正措施和绩效报告。工作绩效数据是质量保证的重要依据,可用于质量审计、质量审查和过程分析等。

二、项目质量保证的工具和方法

项目质量规划及质量控制的工具与方法同样可以用来实施项目质量保证,在此不再赘述。除此之外,实施项目质量保证的工具和方法还有:

1. 质量审计

质量审计是按照审计程序对特定的质量管理活动进行的结构化的审查,用来确定项目活动是否遵循了组织和项目的政策、过程与程序。其目的在于:

(1)识别全部正在实施的良好/最佳实践。

(2)识别全部差距/不足。

(3)分享所在组织或行业中类似的项目的良好实践。

(4)积极、主动地提供协助,以改进过程的执行,从而帮助团队提高效率。

(5)强调每次审计都应对组织经验教训的积累做出贡献。通过质量审计,可以获得质量管理过程中的经验教训,从而提高项目的实施水平。

质量审计可以是定期的,也可以是随时的,可由公司内部的审计员或特定领域有专业知识的第三方执行。质量审计还可以确认已批准的变更请求(包括纠正措施、缺陷补救和预防措施)的实施情况。

2. 过程分析

过程分析是按照组织定义的过程改进计划中的步骤,从组织或技术角度识别所需的改进。它要对遇到的问题、制约因素以及非增值活动进行检查。过程分析的关键是根源分析,并为类似问题制定纠正措施。

三、项目质量保证的结果

(1)变更请求。可以提出变更请求,并提交给实施整体变更控制过程,以全面考虑改进建议。变更请求可以是采取纠正措施、预防措施或缺陷补救措施。

(2)更新的项目管理计划。包括质量管理计划、范围管理计划、进度管理计划、成本管理计划等。

(3)更新的项目文档。包括质量审计报告、培训计划、过程文档等。

(4)组织积累的相关资源更新。包括(但不限于)组织的质量标准和质量管理系统。

第四节　第三方物流项目质量控制

项目质量控制是为了使项目的产品质量符合要求,在项目的实施过程中,对项目质量的实际情况进行监督,判断其是否符合相关的质量标准,并分析产生质量问题的原因,从而制定出相应的措施,确保项目质量得以持续不断地改进。

项目质量控制的目的是采取一定的措施消除质量偏差,弥补项目质量保证遗留下来的缺憾,追求质量零缺陷。项目质量控制应贯穿于项目质量管理的全过程。项目质量控制主要包括以下内容:

(1)度量项目质量的实际情况。

(2)将项目质量的实际情况与质量标准进行比较。

(3)识别项目存在的质量问题和偏差。

(4)分析项目质量问题产生的原因。

(5)如有必要,采取纠偏措施消除项目存在的质量问题。

项目质量控制与项目质量保证既有联系又有区别。两者的目标都是使项目质量达到规定的要求,因此,在项目质量管理过程中,它们是相互交叉、相互重叠的。但是,项目质量控制是一种纠偏性和把关性的过程,它直接对项目质量进行监控,并对项目存在的问题进行纠正;而项目质量保证是一种预防性的、保障性的过程,它只是从项目质量管理组织、程序、方法等方面做一些辅助性的工作。

一、项目质量控制的依据

(1)质量管理计划。质量管理计划明确了项目质量的最终要求。通过项目质量工作说明可以把项目质量的最终要求转变为项目质量控制的具体标准和参数。

(2)质量测量指标。质量测量指标规定了进行质量活动的具体要求,为质量控制过程提供了重要依据。

(3)质量核对表。质量核对表是针对具体活动编写的,其目的是核实某些具体的质量工作环节是否已经实施及其实施情况。

(4)工作绩效数据。工作绩效数据可用于生成项目活动的测量指标,用以将实际过程与计划过程相比对。包括实际技术性能、实际进度绩效、实际成本绩效。

(5)批准的变更请求。批准的变更请求包括诸如工作方法、产品要求、质量要求和进度计划等的修订。需要对批准的变更请求进行分析,以确定其对质量管理计划、质量测量指标和质量核对表等的影响。审定的变更是实施质量控制的重要依据。

(6)可交付成果。项目质量控制的目的和依据。

(7)组织积累的相关资源。影响实施质量控制的组织积累的相关资源包括质量标准和质量方针、标准工作指导原则、历史经验教训等。

二、项目质量控制的工具和方法

项目质量控制的工具和方法主要有因果关系分析图、控制图、流程图、直方图、帕累托图、趋势图、散点图、统计抽样和现场检查等。流程图已经在项目质量规划的工具和方法进行介绍,此处不再赘述。

1. 因果分析图

因果分析图,也称鱼刺图,从不同的侧面找出影响项目质量问题的各种原因,并通过对这些原因进行分类而为制定项目质量问题对策和编制质量计划提供依据(图 6.3)。

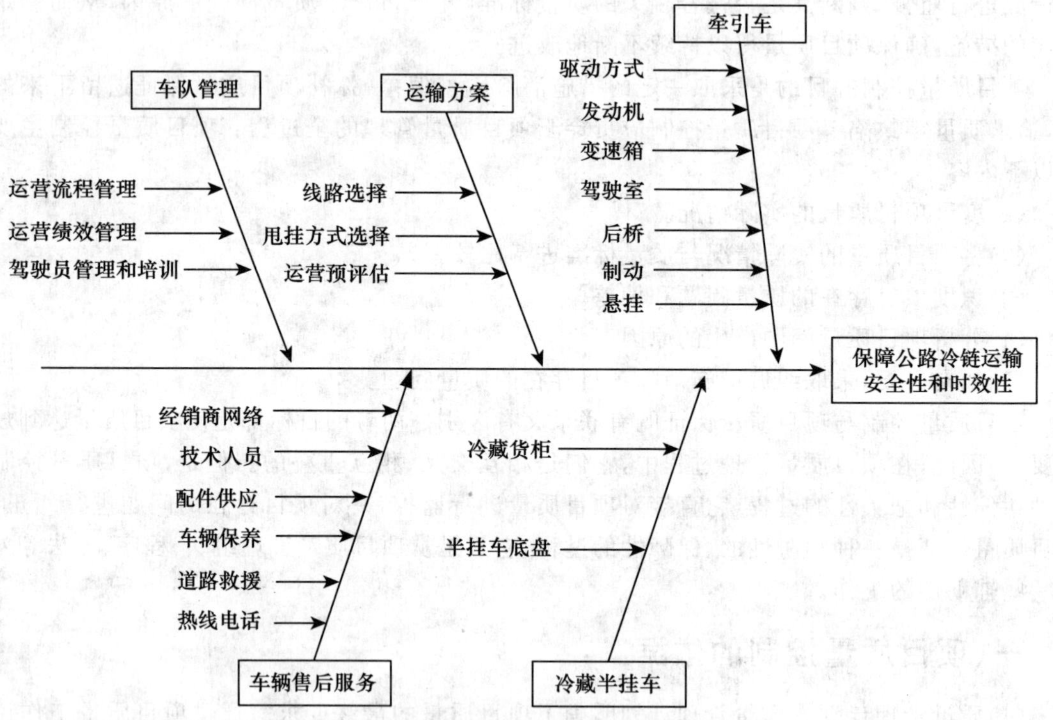

图 6.3　鱼刺图示例

资料来源:郑小毅,上海交通大学硕士学位论文《企业物流外包的项目管理》,2011.

2. 控制图

控制图就是对生产过程的关键质量特性值进行测定、记录、评估并监测过程是否处于控制状态的一种图形方法(图 6.4)。控制图可用于监测任何类型的结果变量。控制图不仅可用于项目质量控制,同时也是实施项目质量保证的一个重要工具。当项目进展的结果未达到质量标准时,就要查明原因,并运用其他相应的项目管理过程来消除产生项目质量缺陷的因素。若项目结果符合质量标准要求,但客户或项目发起人不满意,则应通过范围变更控制制度,修改范围说明书，重新编制项目计划（如成本和进度计划）等。

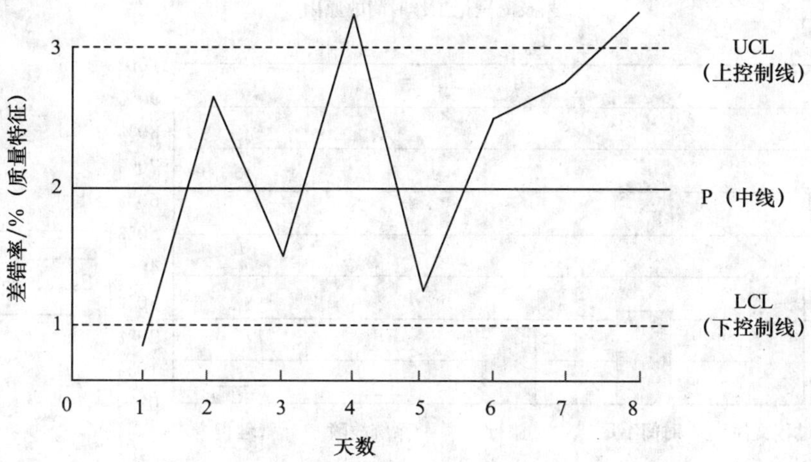

图 6.4 控制图示例——运费单准确度

3. 直方图

直方图又称柱状图、质量分布图（图 6.5），是一种统计报告图，由一系列高度不等的纵向条纹或线段表示数据分布的情况，可以预测并监控产品质量状况以及对质量波动进行分析。一般用横轴表示数据类型，纵轴表示问题出现的频率（即分布情况）。通过直方图可以比较直观地看出产品质量特征的分布状况，便于判断其总体质量分布情况。

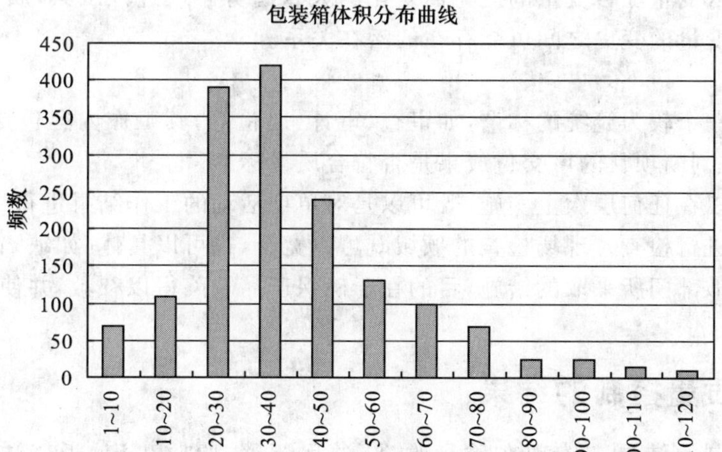

图 6.5 直方图示例

资料来源：郑小毅，上海交通大学硕士学位论文《企业物流外包的项目管理》，2011.

4. 帕累托图

帕累托图是一种按频率排序的特殊的直方图（图 6.6），显示已识别原因分别导致了多少缺陷。通过排序将影响质量的因素分为 ABC 三类，对关键的 A 类因素要实行严格的质量控制，对C类因素实行相对宽松的质量控制。

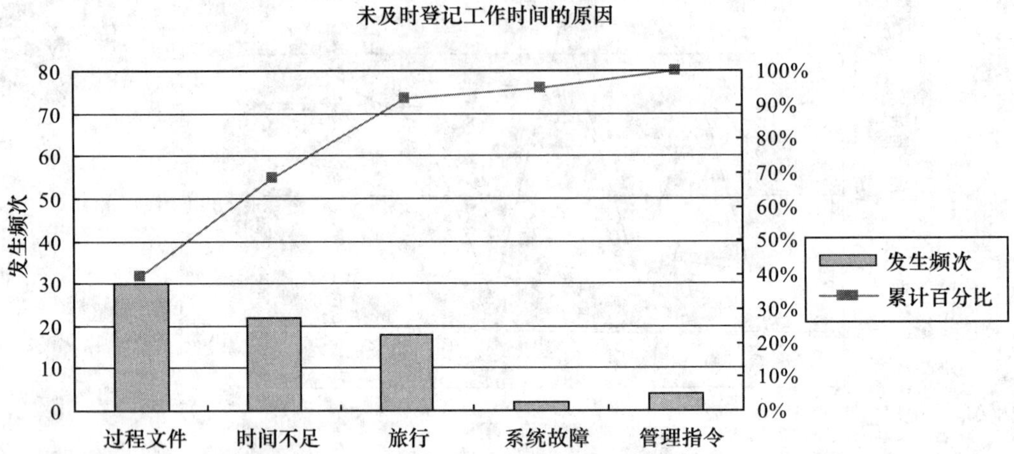

图6.6 帕累托图示例

资料来源：郑小毅，上海交通大学硕士学位论文《企业物流外包的项目管理》，2011.

5. 趋势图

趋势图是指根据过去的结果利用数学方法预测未来结果的一种方法。趋势分析常用于监控质量的实际情况，并预测质量的未来情况。它可以针对项目的实际执行情况，鉴定出哪些工作存在质量问题，以及还有多少质量问题没有纠正。

6. 散点图

散点图表示因变量随自变量的变化而变化的大致趋势。通过该工具，质量控制部门可以研究并确定两个变量的变更之间可能存在的潜在关系。

7. 现场检查

现场检查是一个较为笼统的称谓，如审查、审计、巡检等，其工作内容包括测量、查看和检测等活动，目的是判断项目的可交付成果是否符合质量标准。

现场检查可以在任何层次上实施，既可以是对单项活动的工作结果进行检查，也可以是对项目的最终产品进行检查。现场检查的领域既可以宽泛，也可以具体，如缺陷补救审查就是质量控制部门或类似部门所采取的措施，目的在于确保产品缺陷得以补救，并使之与要求或规范相符。

三、项目质量控制的结果

项目质量控制的结果应体现在质量改进、过程调整、验收决定、返工决定等方面，具体如下：

(1)质量控制状况。质量控制状况是质量控制活动的结果，是按照质量规划中的格式，对质量控制活动结果的书面记录。

(2)确认的变更。任何变更或补救措施都必须进行检查，并做出接受或拒绝的决定，然后把决定通知干系人。而被拒绝的变更措施可能还需要进一步修改。

(3)确认的可交付成果。质量控制的目标就是要确保可交付成果的正确性。实施质量控制过程的结果是可交付成果得以验证。

(4)变更请求。如果推荐的纠正措施、预防措施或缺陷补救措施导致需要对项目管理计划进行变更,则应按既定的整体变更控制过程启动变更请求。

(5)更新的项目管理计划、包括质量管理计划、过程改进计划。

(6)更新的项目文档。包括质量标准、协议、质量审计报告和变更日志(附有纠正行动计划)、培训计划和效果评估、过程文档(如使用质量管理和控制工具所生产的文档)。

(7)更新组织积累的相关资源。包括完成的核对表和经验教训。

【课后习题】

1. 第三方物流项目团队如何判断它们是否成功地完成了项目——交付一个质量合格的产品?

2. 第三方物流项目质量管理的理念有哪些?

3. 第三方物流项目质量规划主要包括哪些内容?

4. 第三方物流项目质量保证主要包括哪些内容?

5. 如何进行第三方物流项目质量控制?

【案例思考】

JC Penney 公司的质量管理创新

1. JC Penney 公配送中心的基本情况

JC Penney 公司位于俄亥俄哥伦布的配送中心,每年要处理 900 万种订货,或每天 25 000 笔订货。该配送中心为 264 家地区零售店装运货物,无论是零售商还是消费者的家,该配送中心都能做到 48 h 之内送货。哥伦布配送中心有 200 万 m^2 设施,雇用了 1 300 名全日制员工,旺季时有 500 名兼职雇员。JC Penney 公司接着在其位于密苏里州的堪萨斯城、内华达州的雷诺以及康涅狄格州的曼彻斯特的其他 3 个配送中心里成功地实施了质量创新活动,能够连续 24 h 为全国 90%的地区提供服务。

2. 质量管理创新

JC Penney 公司感到真正的竞争优势在于优质的服务;管理部门认为,这种服务的优势应归功于 20 世纪 80 年代中期该公司所采取的三项创新活动,即质量循环、精确至上以及激光技术。

(1)质量循环:小改革解决大问题

1982 年,JC Penney 公司首先启动了质量循环活动,以期维持和改善服务水平。管理部门担心,质量服务的想法会导致管理人员企图简单地花点钱来“解决问题”。然而,代之这些担心的是经慎重考虑后提出的一系列小改革,解决了工作场面中存在的一些主要问题,其中包括工人们建议创建的中央工具库,用以提高工作效率和工具的可获得性。

(2)精确至上:不断消除物流过程的浪费

精确至上的创新活动旨在通过排除收取、提取和装运活动中存在的缺陷,以提高服务的精确性。因此,提供精确的顾客信息和完成订货承诺被视为头等大事。显然,在该层次上讲求服务的精确性,意味着该公司随时可以说出来某个产品项目是否有现货,并且当有电话订货时,便可以告知对方何时送货上门。该公司需要提高的另一个精确性与在卖主处提取产品有关。

为了确保产品在质量和数量上的正确,JC Penney 公司针对每次装运中的某个项目,进行质量控制和实际点数检查。如果存在着差异,将对订货进行 100%的检。与此同时将对 2.5%的装运进行审计。订货承诺的完成需要把主要精力放在提高精确度上,为此该公司的配送中心经理罗杰库克曼说道:"我们曾一直在犯错误,想在商品预付给顾客之前就能够进行精确的检查,"但问题是,在质量循环中是否已找到了解决办法,或者能够对该过程进行自动化。对此,库克曼感觉到:"只有依赖计算机,人们才有能力进行精确检查。"于是,该公司开始利用计算机系统进行协调,把订购商品转移到"转送提取"区域,以减少订货提取者的步行时间。

(3)激光扫描技术:用科技技术改进质量管理

第三项质量管理创新活动是应用激光扫描技术,以 99.9%的精确性来跟踪 230 000 个存货单位的存货。JC Penney 公司最初的米尔沃基的配送中心是用手工来处理各种产品项目的储存和跟踪的,接着便开始用计算机键盘操作替代手工操作,这一举动使产品项目的精确性接近了 80%。而扫描技术则被看作是既提高记录精度,又提高记录速度的手段。但是,刚开始启动扫描技术时的结果并不理想,因为一系列的扫描过程需要精确的读取每一个包装盒子上的信息。然而,在某些情况下,往往需要扫描 4 次才获得一次读取信息。看来 JC Penney 公司需要一种系统,能够按每秒 3 次的速度,从任何角度读取各种包装尺寸的产品信息。于是,公司内部的系统支持小组优化了硬件和软件来满足这一目的。其结果是,该配送中心的 4 个扫描站耗资 12 000 美元,消减了每个扫描站所需的 16 个键盘操作人员。

3.质量管理创新需要协调员工与技术的关系

看来,"加重工作"的质量循环与"减轻工作"的技术应用之间,会产生一种有趣的尴尬境地。JC Penney 公司需要在引进扫描技术的同时,还要保持其既得利益和改进成果。然而,该公司在时间上的选取却是完美得,因为公司在大举扩展的同时将需要增加雇员,于是,该公司便提早告诉其雇员,技术的进步将不会导致裁员。

资料来源:刘丹.物流企业管理.北京:科学出版社,2010.

问题:

1.JC Penney 公司的物流质量管理对我们有什么启示?

2.怎样推动企业质量管理创新?

第七章　第三方物流项目风险管理

【导入案例】

某航运股份有限公司在航运风险管理和控制上，有针对性地做好各种风险的预测、评估、分析、化解和转化工作，把经营目标和规避风险的措施联系在一起，通过有效的风险管理（控制），识别出真正的航运风险，并有针对性制定相应的遏制和防止措施，尽最大努力规避了风险。

1. 灵活经营避风险

根据航运市场情况不同，采取灵活经营方式，如租船经营，并在相同航路上的不同航线进行货源合理化组合，提高每一艘船舶的载重量、舱容利用率，实现了效率、效益最大化。

2. 营销策略作保障

公司一直坚持“走出去，请进来”，通过走访客户了解客户需要，努力满足客户需要；通过邀请客户到公司、上船舶等办法，让客户亲眼目睹公司的优质服务和自己的货物得到稳妥的装运和妥善的保管，从而增强了客户使用公司船舶的信心。此外，通过与货主签订长期包运合同等方式保证运价的稳定，并积极参与运输项目的竞价投标；通过专业的技术和高质量的服务建立长期揽货渠道，在市场波动中保持业务的稳定增长；在动态发展的贸易环境下，努力挖掘客户资源，既规避了经营风险，又保证了公司主要货源，从而保障了货源的稳定性。

3. 全力化解汇率风险

针对国际、国内汇率形势以及公司内在的收支结构、外汇资产、负债结构等面临的汇率风险，进行认真的研究，采取各项有效措施，提出防范汇率风险的对策，努力化解各风险因素。

资料来源：王学锋. 国际物流项目管理. 上海. 同济大学出版社，2006.

问题：

1. 该航运公司遇到了哪些风险？对风险进行识别。
2. 对该航运公司遇到的风险进行风险评估。
3. 该航运公司采取了哪些措施进行风险防范？

【本章概要】

- 第三方物流项目风险管理概述
- 第三方物流项目风险识别
- 第三方物流项目风险评估
- 第三方物流项目风险应对
- 第三方物流项目风险控制

第一节　第三方物流项目风险管理概述

任何项目都存在着不能达到预期效果的风险，因此，项目的风险管理非常重要。第三方物流项目在投资与服务提供过程中，需要耗费大量的资金、物资和人力等资源，且一旦建成就难以更改。同时，在项目建成后，物流企业也会面临各种各样的风险。因此，相对于一般经济活动而言，第三方物流项目的风险尤为值得关注。

一、第三方物流项目风险

1. 风险

风险是指不希望事件发生的可能性和所有可能的后果。

风险涉及两个方面的因素：事件发生的可能性和事件发生的后果。因此，风险可以抽象地表述为一个关于可能性和后果的函数：

$$风险 = f(可能性,后果) \tag{7.1}$$

风险与可能性和后果呈正相关关系，即可能性和后果的严重性越大，风险就越大。

2. 项目风险

项目风险是指由于项目所处环境和条件的不确定性，以及受项目干系人主观上不能准确预见或控制等因素的影响，使项目的最终结果与项目干系人的期望产生背离，并给项目干系人带来损失的可能性。项目最终结果与项目干系人期望之间的差异越大则风险越大。对于规模大、工期长、技术新颖、项目干系人多的物流项目，其风险相对较大。在项目管理实践中，由于风险造成的损失是相当严重的。

项目风险是所有影响项目目标实现的不确定性因素的集合。一般有以下几项：

(1)有不希望的事件发生；

(2)事件的发生具有不确定性；

(3)事件会对项目产生一定影响；

(4)风险(事件)发生具有一定成因。

项目风险产生的原因主要是项目的不确定性造成的。而不确定性是项目团队无法充分认识项目未来的发展和变化造成的，这种不确定性不能通过主观努力来消除，而只能通过努力来降低。

3. 第三方物流项目风险的特征

第三方物流项目的风险除具备风险的一般特征外，还有其自身的独特性，这些特性是第三方物流项目所具有的一些共同的特征。

(1)过程性。如同一般项目，物流项目在整个生命周期中，都存在风险。如国际物流项目中，由于涉及不同国家港口、海关及各种不同的管理政策，在整个物流项目运行过程中的各个环节都可能存在一定的不确定性，这些不确定性就是项目风险的来源。如由于国外港口不接受某种材质的包装材料，导致货物退运，就会造成货物无法按期送达，使得项目工期延长或项目成本上升或项目失败。物流项目的风险并非仅限于实施阶段，如在物流系统规划项目的目标设计阶段发生构思的严重错误，则会给项目方案设计及项目后期的实施埋下巨大的隐患，一旦发现，项目方案要进行修正需要花费大量的时间和成本。

下面以第三方物流运作型项目为例，从项目的初始投资、服务营运和持续发展三个阶段对物流项目风险特征进行分析。①初始投资阶段。物流项目初始投资阶段的风险来源于大量资金投入到基础设施建设和设备采购。物流服务是一种综合性服务，物流企业需要提供包括仓储、运输等综合服务，这种高标准的服务对物流企业的硬件资源提出了很高的要求。在为某一特定企业进行物流服务时，物流企业需要事前根据货物的特点和要求，建造个性化的仓库，购置专用运输设备或对仓库和运输工具加以改造或改装。同时，由于物流服务要求的高效性、及时性等特点要求物流企业系统有较高的稳定性和准确性，配备与客户企业相适应的信息系统。因此，投资量大是物流项目初期面临的主要风险。资金投入后，如果发生意外事件导致风险的出现，企业进行资产变现的能力就会比较差。如某物流公司与一家大型轮胎生产商签订轮胎销售物流服务合同，该企业根据客户要求，对公司现有的仓库进行翻新、改造以及内部设备的配备，同时配备专门车队负责从工厂到仓库的短途，对车辆进行整改以适应货物托运装卸的要求，由于该客户产量较大，所以仓库和车队的规模都必须与该工厂的生产能力相适应。该物流项目的投资高达上千万元，物流企业除了保证为客户提供高质量的物流服务外，还必须具有这种大量资金投放和偿债能力，并且愿意承担这种风险。②服务营运阶段。营运阶段从物流项目投产，可以提供服务开始算起，到整个物流服务合同终止的整个阶段。这个阶段是物流项目投资成败的关键阶段。营运阶段的风险分为可控制的风险和不可控制的风险两种。可控制的风险是由于企业管理欠缺等原因造成的物流服务中出现的问题；而不可控制的风险是指由于意外事故或者不可抗力等原因造成的无法预料的风险。物流企业在为客户提供物流服务过程中涉及很多环节，任何一个环节出现差错都会直接影响整个物流系统的顺利运行，该阶段的风险主要表现在以下几个方面：a. 客户引起的风险。在物流项目营运过程中，物流服务费用的获取是物流企业唯一的收入来源。因此物流项目开展过程中，客户信誉和经营状况直接影响到项目的经济风险。如果客户中途取消合同，为该客户进行专业化物流服务的前期投入不能及时收回，将给物流企业带来巨大经济损失。b. 硬件设备引起的风险。在物流服务过程中，完善的硬件设备是物流企业提供高效率、低成本的物流服务的前提。在企业运营过程中，除了会出现一些经常发生的设备故障而带来的风险外，还会出现一些事先难以预料的事情。c. 管理人员引起的风险。在整个物流系统的运作过程中，如果管理人员在工作中存在疏忽和失职，会导致服务效率的降低，甚至会出现造成生命、财产等重大损失的事故。这种风险在物流项目实施过程中产生的影响应给予足够重视。③持续发展阶段。项目进入该阶段后的风险主要来自于财务风险。该阶段不需要大量资金的投入，只要保证原有业务的继续运行，就能够保证比较稳定的收益，从财务角度来看，该阶段是项目盈利的重要阶段。该阶段由于项目的开展已进入稳定阶段，经营风险和管理风险已经较初期显著降低，但是由于客户的增加，财务风险显著增加。每个客户的个性化服务都会伴随新的资金投入，此时客户自身的风险已经直接关系到物流项目的风险，另外，如果客户终止合同，则会给企业带来很大的经济损失。

（2）多样性。在物流项目中，会有多种类型的风险同时存在，如：由于项目团队个人或组织的过失、疏忽、侥幸、恶意等不当行为，会带来财产毁损或人员伤亡的行为风险；由于项目管理者对项目进度、成本控制不力，造成了项目超预算、延工期等的经济损失的风险；由于项目业主或承约商领导层发生变动，项目合同执行会受到政治和组织风险的影响。

（3）通用性。一般项目风险管理的方法，如概率分析法、仿真法、专家咨询法也同样适用于物流项目，但需要根据具体项目的风险特点联系而合理选择。对于服务型物流项目，在对物流配送中心的数量、位置和配送方案进行设计时，就可以运用仿真的方法。对不同配送方案可根据实施效果进行模拟分析，确定各方案在实现项目客户满意的项目目标时的差异以及实现的难度，从而对选定的方案制定出有效的保障措施。

(4)全局性。风险的影响往往是全局的。在物流项目实施中，一些意外事件，如国外港口工人罢工，会导致港口作业停顿，从而影响物流进程，这会造成项目的局部停滞，从而对项目继续计划的执行产生不利影响，结果不仅会造成项目工期的延长，而且会造成费用的增加，甚至危及项目的质量。

4. 第三方物流项目风险的类型

第三方物流项目风险可以分为以下几种类型：

(1)纯粹风险与投机风险。不能带来机会、无获得利益可能的风险，叫纯粹风险。纯粹风险只有两种可能的后果：造成损失或不造成损失。纯粹风险造成的损失是绝对的损失。活动主体和全社会都要蒙受损失。例如，某物流中心建设项目在施工过程中，因意外事件造成了部分工作的毁损或人员伤亡，这类损失不断影响了项目的进度、项目成本，还会由此而对社会产生不利影响，如相关的企业生产因物流配套工程不到位而延误；人员的伤亡增加家庭和社会的负担和不稳定性。纯粹风险一般是由外部的不确定性因素引起的，如战乱、财产损失、连带责任等都属于纯粹风险。纯粹风险总是和威胁、损失和不幸相联系，没有人从中获得好处。

极可能带来机会，获得利益，又隐含威胁、造成损失的风险，叫投机风险。投机风险有三种可能的结果：造成损失、不造成损失和获得利益。投机风险如果使活动主体蒙受了损失，但全社会不一定也跟着受损失。相反，其他人有可能因此而获得利益。如市场状况的变化，天气情况的变化。虽然损失和获利的可能性是一样的，但是可能的损失总是要比可能的获利大得多。如在物流中心建设项目施工中，好天气和坏天气出现的可能性是一样的，但是坏天气可能会使项目停工，而好天气却不能使项目完成双倍的工作。又例如，某物流企业开发物流管理信息系统，由于技术含量高、初期投入大，存在着一定的风险，若系统建设成功，则会给企业带来很大的效益，若系统建设失败，则只有企业本身蒙受损失。这两类风险的比较如表 7.1 所示。

表 7.1　纯粹风险和投机风险

类别	后果			损失主体	
	造成损失	不造成损失	获得利益	投资主体	全社会
纯粹风险	√	√		√	√
投机风险	√	√	√	√	

(2)可接受风险与不可接受风险。可接受风险指虽然出现一些意外情况或事件，但其影响程度还是可以接受的，或者说还不至于对项目的进度与质量等产生不可忍受的结果。例如，某第三方物流项目团队中的一名普通成员离去，项目经理可以在很短的时间内找到替代者或其他弥补方法。因此，该风险是可以接受的。

不可接受风险指其风险的发生会直接造成项目的较大的损失或对项目进度产生严重的影响。例如，在关键路径上的项目工作，未按计划进度完成或物流项目团队中的核心技术负责人因某种原因辞职离去等，都会造成项目的延误，表现为不可接受的风险。

(3)积极的风险与消极的风险。风险是一种随机现象，风险的不确定性总体表现为两个方面：一方面风险可能会带来损失，如地震等自然灾害造成的损失；另一方面风险也可能会让人们受益。能让人们受益的风险属于积极的风险，能够促进项目。例如，在项目进度控制中，某一时段集中人力和资源加快完成关键路径工作，虽然延误了非关键路径工作，但关键工作的进度得以保证，使得整个项目工期计划得以实现，此类的风险具有积极意义。可能带来损失的风险则属于消极的风险。消极的风险会对项目产生阻碍作用，纯粹风险都是消极风险，项目风险管理的主要对象是消极风险。

(4)内部风险与外部风险。内部风险是源于项目内部的固有的风险，即项目领导人可以通过采取直接措施，如制定应急计划控制并减少的风险。内部风险表现为项目目标所设定的项目限制条件，如时间、资金、人力资源等的一部分。项目的交付日也许并不紧迫，这时计划者可能比较乐观，但这时也许蕴藏着隐患。因为随着工作推进，往往会扩大项目所用资源的种类和数量。当预算超过了原来估计值时，交付时间的宽松与资金的有限二者的矛盾，有时会使项目实施的技术方案陷入一种危险的境地。

外部风险是指在项目领导人控制能力之外的那些风险。如项目资源的市场价格波动、国家政策的变化、与客户关系的破裂等。这些风险受项目上层领导、客户或业主以及项目各干系人所签订的协议、合同和他们在项目实施中的配合程度的影响，由于自然力的作用，造成财产毁损或人员伤亡的风险也属于外部风险。对于外部风险，团队不能对此类风险进行直接控制，故外部风险的预防以及妥善处理的难度很大。项目团队只能尽力去识别它们，以便采取应对措施。

二、第三方物流项目风险管理

项目风险管理就是通过风险识别、风险评估去认识项目的风险，并以此为基础合理的使用各种管理方法、技术和手段对项目风险实行有效的控制，妥善处理风险事件所造成的不利后果，以最少的成本保证项目总体目标实现的过程。

第三方物流项目风险管理就是指第三方物流企业对可能遇到的项目风险进行识别、评估、应对、监控的过程，是以科学的管理方法尽可能识别出风险事件，并使他们的影响减至最小的实践活动。第三方物流项目风险管理符合项目风险管理的过程，一般包括风险识别、风险评估、风险应对和风险控制几个阶段(图 7.1)。

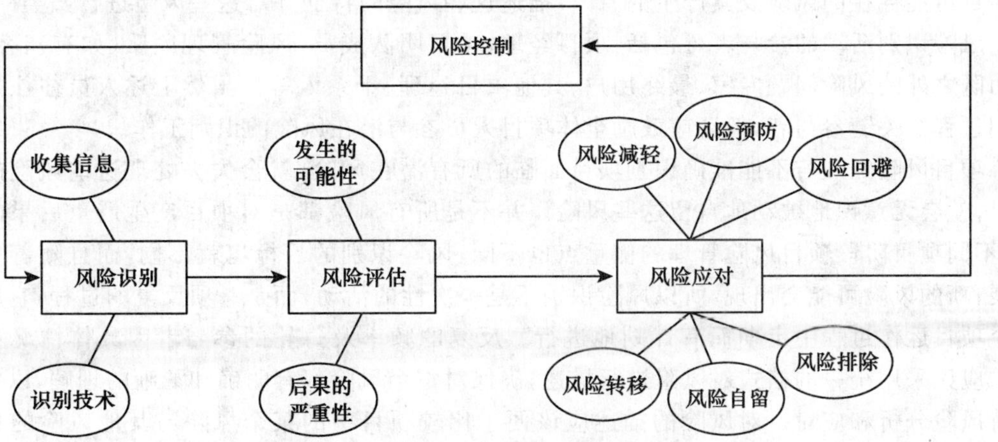

图 7.1 项目风险管理周期图

风险管理包含对未来可能发生事件的控制，并且是预见式管理，而不是反应式管理。如在预见到项目可能出现延期时，要尽早制定应对计划，而不是到了项目真正被迫延期时，再被动地对出现的问题做出调整反应，所有的与预先计划不相符的调整、纠正措施越早进行越好，这样对项目造成的损失或不良影响将会最少。

图 7.2 是风险发生概率和发生时间、发生成本之间的关系图。从图 7.1 中可以看出，风险事件发生的可能性在项目的概念、设计和启动阶段最大。因此，应该在项目生命周期的早期阶段尽可能使项目风险的影响最小或避开风险。项目中风险事件发生得越晚，风险造成的处理成本也越大。因此，要尽早地做好风险规划和应对预案准备，及早地发现风险事件的苗子，是实现项目风险有效管理的重要内容。

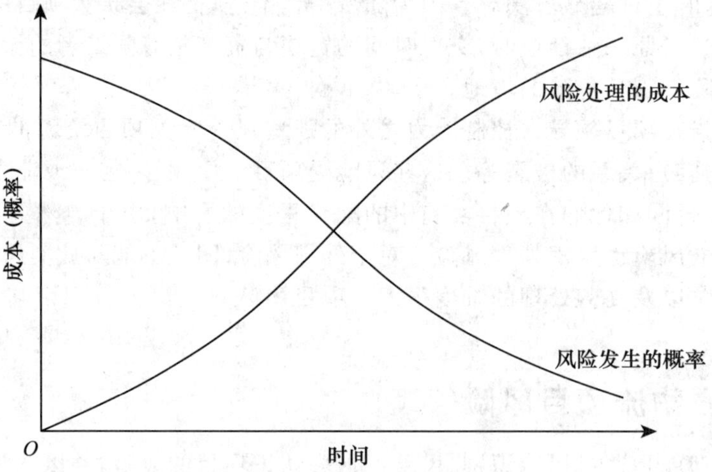

图 7.2　风险事件图

第二节　第三方物流项目风险识别

项目风险识别是项目风险管理的基础和重要组成部分。第三方物流项目风险识别是指识别项目可能存在的风险及其产生的原因，描述这些风险的特征并对这些风险进行归类的过程。

风险识别活动的参与者可包括：项目经理、项目团队成员、风险管理团队（如有）、客户、项目团队之外的风险问题专家、最终用户、其他项目经理、干系人等。虽然上述人员往往是风险识别过程的关键参与者，但还应鼓励全体项目人员参与潜在风险的识别工作。

项目风险经理若不能准确识别项目面临的所有潜在风险，就会失去处理这些风险的最佳时机，就会无意识地被动地自留这些风险。并不是所有风险都是对项目产生严重后果的高风险，不同项目阶段项目风险管理的侧重点也不同，风险识别的目标也就不同，而且随着项目的进展，新的风险可能会出现，所以风险识别不是一次性的活动，而是一项反复的过程，它应该在整个项目运作过程中定期而有计划地进行。反复的频率及每轮的参与者因具体情况不同而异。应该采用统一的格式对风险进行描述，确保对每个风险都有明确和清晰的理解，以便有效支持风险分析和应对。对风险的描述应该便于比较项目中的某个风险与其他风险的相对后果。项目团队应参与识别风险过程，以便创造并维持团队成员对风险及其应对措施的主人翁感和责任感。项目团队之外的干系人可以提供其他客观信息。

一、第三方物流项目风险源

风险源是任何带有不确定性并会影响项目结果的因素。第三方物流项目可能的风险源及种类如表 7.2 所示。

表 7.2 物流项目部分风险源

风险源	风险种类
由于项目领导层之间缺乏有效的协调,决策选择不当	决策风险
对项目目标(如项目合同、招标问题)理解失误	计划风险
局部工作(任务)的工期被耽搁或所需的材料或设备没按时交付	工期风险
项目某一阶段的实施成本超出了预算计划	费用风险
现阶段的交付物未达到合同规定的材料、工艺和质量标准	质量风险
项目因设计或设备及外界环境条件的变更,达不到预定生产能力	成果风险
因项目管理的疏忽,造成了人身伤亡和财产损失	社会风险
未按合同规定的期限完成项目和实现项目目标	法律风险

二、第三方物流项目风险识别的步骤

第三方物流项目风险识别步骤包括以下几点。

(1)确定风险识别的目标和任务。

(2)明确进行风险识别的参与者和相关者。

(3)收集和整个风险相关资料和文件。

(4)估计项目风险表现趋势。

(5)根据风险症状将潜在的风险和风险因素识别出来。

第三方物流项目风险识别的程序如图 7.3 所示。第三方物流项目风险识别需要确定 3 个相互关联的要素:①物流项目风险来源;②物流风险事件,指给项目带来积极或消极影响的事件;③项目风险后果,一般采用风险事件对项目执行结果的影响来表示,如对项目进度和成本产生的影响分别称为工期风险和成本风险。

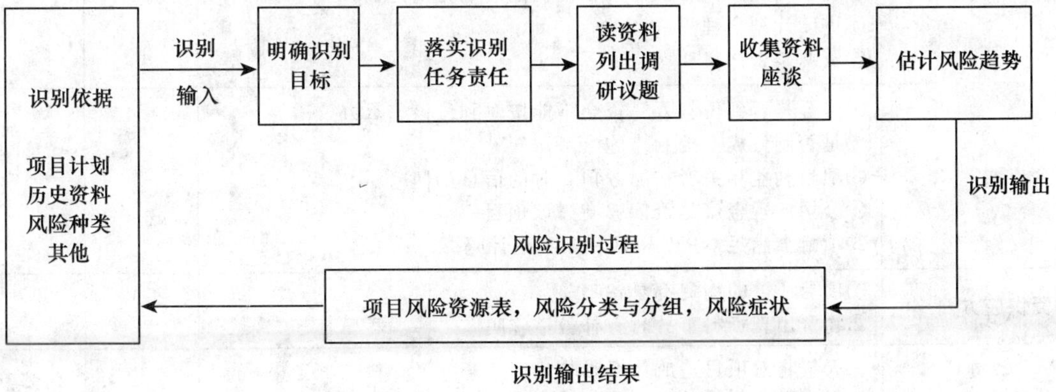

图 7.3 物流项目风险识别的步骤

三、第三方物流项目风险识别技术

1. 问询法

项目风险管理责任者应向涉及本物流项目的各部门、各专业技术人员、各位经理或管理人员甚至有丰富的施工经验的工人广泛征询他们对本项目风险的看法。问询时，可采用“头脑风暴法”的座谈会方式或“德尔菲法”，收集大家的意见并加以分析，剔除不合理成分，保留其精华，以确定可能的风险因素。

2. 核查表法

检查表是管理中用来记录和整理数据的常用工具。用它进行风险识别时，基于以往类似项目风险经验或从其他途径收集到的风险经验，将项目可能发生的许多潜在风险列于一个表上，供风险识别人员进行检查核对，用来判别某项目是否存在表中所列或类似的风险。

检查表中所列的内容都是历史上类似项目曾发生过的风险，是项目风险管理经验的结晶，对项目管理人员具有开阔思路、启发联想、抛砖引玉的作用，一个成熟的项目公司或项目组织要掌握丰富的风险识别检查表工具。表 7.3 是一个项目风险检查表例。

表 7.3　项目风险检查表例

风险的方面	检查的内容	是	否
人力方面	①人员都到位了吗 ②他们有经验、能胜任专业技术要求吗 ③项目组成员能够投入足够的时间和精力吗 ④人员的分工明确吗 ⑤关键人员变动或离开怎么办		
技术方面	①新技术是否已进行充分的先期演示 ②它可靠吗 ③技术状态的变更控制有效吗 ④硬件、软件功能划分合理吗 ⑤在产品生产出来之前，该技术是否会过时		
管理方面	①项目获得管理层和其他各方的支持吗 ②项目的需求分析是否得到客户的确认 ③项目利益相关者清楚吗？他们的影响力清楚吗 ④进度计划合理吗 ⑤资源是否冲突		
资金方面	①资金是否到位？万一资金不能按时到位该怎么办 ②是否制订成本控制措施 ③项目利益相关者在财务预算时的信息如何 ④公司的现金流是否能够支撑该项目 ⑤项目会满足 NPV、ROI 和回报估计吗		
物资供应方面	①项目所需的物资都具备吗 ②物资出现资料事故时有补救措施吗		
其他方面	①天气将对项目造成什么影响 ②合同合法、有效吗 ③项目组织在合同中的责任、义务清楚吗		

如物流项目的运作离不开资金。通过分析项目资产负债表、资金平衡报表和项目财务记录，物流项目风险管理责任者就能识别项目当前的所有财产、责任和人身损失等风险，若将这些报表和财务预测与经费预算联系起来，就能发现未来的风险。

风险检查表的最大优点是通过查找此表可以简便、快捷地识别风险，其缺点是永远不可能编制一个详尽的风险检查表，而且管理者可能受检查表的局限影响，不能识别出该表未列出的风险，因此其应用范围有一定的局限性。这种方法一般在项目初期使用，以便尽早减少风险因素的存在。

3. 工作分解结构法

运用 WBS 方法，在弄清楚项目的组成、各个组成部分的性质、它们之间的关系、项目不同环境之间的关系基础上进行风险识别也是一种有效的风险识别工具。在风险识别中利用 WBS 现成工具并不会给物流项目管理增加额外的工作量。

4. 敏感性分析法

应用敏感性分析法可以回答在项目寿命期内，当物流项目参数（例如项目材料的购置单价、物流配送成本等）变化时，项目的性能（例如现金流的净现值、内部收益率等）会出现怎样的变化，对项目性能影响程度如何，从而识别出那些风险隐藏在那些项目参数和环境假设条件下。

5. 事故树分析法

事故树分析法是系统风险分析的常用方法。可查明项目的风险因素，求出风险事故发生的概率，而且还能对各种风险控制方案做定性或定量分析。

6. 现场视察法

在风险识别阶段，风险管理责任者对现场勘查非常重要。特别是工程项目，应通过直接观察工程现场的各种设施及各种操作，以便更多、更细致地识别项目实施的潜在危险。

7. 相关部门配合法

风险管理者与其他相关部门（如合同管理部门、采购部门、财务部门等）密切配合沟通，一起识别可能的风险。

8. 索赔统计记录法

项目风险管理责任者在进行风险识别时，应大量查阅已完工的类似工程（本企业或其他企业已完成项目的索赔记录）。这种方法可以识别出其他方法不能发现的某些风险，比如某工厂承包商信誉、投资商的支付能力等。对于业主来说，他或许可以通过这种方法了解到某位特定的承包商一贯奉行"中标靠低价，盈利靠索赔"的经营方针，从而有所警觉。

尽管识别风险的方法多种多样，然而每一种方法都有其适用的范围，各有各的优缺点。在实际操作中究竟应采用何种方法，须视情况而定，通常同时综合运用几种方法，才能收到良好的效果。

风险识别的结果将形成一份书面报告，其核心为"风险清单"，它包括不确定事件清单、各事件风险触发器，即风险来源或征兆以及对其他过程或领域需要进一步采取的行动。某物流项目的风险识别见表 7.4。

表 7.4 某物流项目的风险识别

环境	风险	是/不是/不确定	措施
气象	可能的不利天气	不是	
市场	营销目标选择错误	是	市场定位要符合企业物流资源条件
	战略合作伙伴选择不当	是	注重合作伙伴的信誉调查
	投标报价偏低	是	合理而准确地匡算项目成本
客户	客户业务量不稳定	是	在项目合同中要附加一定的条款，取得由此产生的成本上升的补偿
企业	缺少项目管理的经验	不确定	
	项目团队现代物流运作的知识或技能不足	是	聘请物流专家或通过培训加快核心队伍的建设
⋮	⋮	⋮	⋮

第三节 第三方物流项目风险评估

项目风险评估是对项目风险所进行的综合评价。它是对项目进行识别和估计的基础上，通过建立风险评估模型，从中找到该项目的关键风险，确定项目风险发生的可能性和后果，以及风险事件的等级，为制订风险防范或应对措施提供科学依据。第三方物流项目根据复杂程度，可选用定性或定量的风险评估方法。

一、项目风险定性评估方法

风险定性评估，是按风险对项目目标可能的影响来对风险事件进行排序，以明确特定风险的重要程度，从而指导风险应对计划的制订，并帮助人们修正项目计划中经常出现的偏差。

风险定性评估需要分别列出那些需要强有力地加以控制与管理的风险，描述某风险事件发生的可能性和风险事件如果发生对项目目标将产生的影响程度。

1. 物流项目风险定性评估的方法

主观预测法是定性评估最常用的技术。它根据专家或项目小组成员的经验来对风险发生的可能性进行估计打分，这种方法的准确程度取决于预测人员参与类似项目的经验。每个风险因素可以以高、中、低来进行定级。项目经理与了解潜在风险的团队成员进行协商，为每个风险进行定级。这时，以前类似项目的历史资料将非常有用。基于风险出现的可能性和潜在影响，对各风险因素进行排序。例如，那些发生可能性较强和影响较大的风险，在开发应对计划时应予以重点考虑。定性评估风险的一个工具是风险评估矩阵，如表 7.5 所示。

对风险因素进行打分定级时，除按高、中、低三档进行定级外，还可以根据需要分为多级。但采用这种方法时，对可能性的等级描述应尽可能以具体文字加以说明，便于参与预测的人员对判别可能性有一个统一的尺度。如表 7.6 是一个关于物流信息平台建设项目对风险可能性的描述。

表 7.5 风险评估矩阵

风险	结果	出现可能性（L、M、H）	影响（L、M、H）	关键行为	责任人	应对计划
活动当天下雨	·低参加率 ·导致财务损失	M	H	活动前两天的天气预报	张三	·预定室内活动场所 ·雇佣临时志愿者日夜不停地建设室内活动场所 ·开发详细计划
道路施工	·参加者减少 ·减少收入	H	H	公路部门发布的施工进度计划	李四	·指明替代路线 ·制作标志 ·沿路张贴标志 ·在新闻媒体中发布消息

表 7.6 物流信息平台部分风险的可能性描述

可能性	需求不明确导致失败	技术不成熟导致失败	软件复杂性导致失败	软件不成熟导致失败
很低(0.1)	相当明确	应用现有的非常成熟的技术	简单设计	已有成熟软件
较低(0.3)	基本明确	较少的重新设计	较低的复杂性	现有软件的较少改进
中等(0.5)	主要需求明确	重大的可行变化	适中	现有软件的较大改变，但是可行的
较高(0.7)	明确小部分	存在复杂的设计、技术	比较复杂	新的，但与现有软件类似
很高(0.9)	完全不明确	用到正在研究的新技术	极度复杂	新的，没有可参考的软件

2. 物流项目风险定性评估的成果

(1)项目总体风险等级。通过比较风险值、风险等级，对该项目的整体风险程度做出评价。风险后果可以用高、中、低或 0～1 之间的数值等定性尺度来描述。项目经理可根据项目不同的风险等级，对其分配相应的人力和其他资源，制定项目收益成本分析决策，对项目的启动、实施或撤销提供决策支持。

(2)主要风险清单。主要风险清单可以按照风险等级(高、中、低类别)的方式对风险和风险状况做出详细的表述。还可以按照项目风险的紧迫程度、项目的费用风险、进度风险、功能风险和质量风险等类别单独做出风险排序和评估。

项目风险评估结果也可以绘制成项目风险状态图，如图 7.4 所示。更加直观地反映出项目各个风险事件在项目整体风险中的地位与作用。

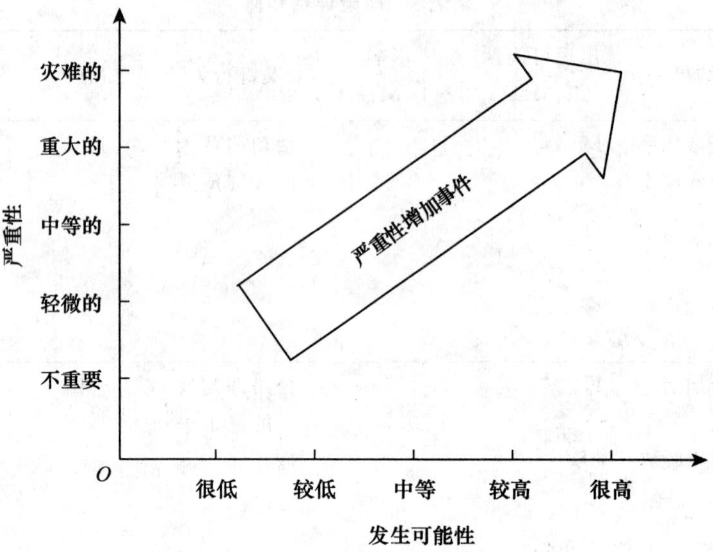

图 7.4　项目风险状态图

二、项目风险定量评估方法

项目风险定量分析，就是量化分析每一风险的概率及其对项目目标造成的后果，从而得到分析项目总体风险的程度。风险定量分析的主要内容包括：

(1)测定取得某一特定项目目标的概率；

(2)量化项目的风险概率，决定可能需要的成本大小、进度计划和应急准备金；

(3)通过量化各个风险对项目风险的相应贡献，甄别出最需要关注的风险；

(4)找出理想的和可以实现的成本、进度计划及工作范围目标。

1. 物流项目风险定量评估方法

(1)概率分布法。概率分布表明了每一可能事件及其发生的概率。由于诸事件的互斥性，这些概率的和为 1。一般需要利用历史数据(资料)或理论概率分布来建立实际概率分布。由于项目风险的客观概率是很难得到的，即使有这样一些历史数据，也会因为样本过小而无法建立概率分布。实践中，当历史资料不充分或不可信时，可以根据理论上的某些概率分布来补充或修正，从而建立风险的分布图。

常用的风险概率分布有正态分布和泊松分布。正态分布可以描述许多风险的概率分布，如项目工期变化、成本支出等。国外有资料证明，泊松分布能特别有效地估计一个项目遭受若干特定次数损失的概率。泊松分布的优点是应用简便，只需估计项目实施中风险事件发生的平均次数即可。

由于上述概率分布很大程度上取决于主观判断，因此，需要借助于专家和实践经验丰富的经理，依照项目的具体情况对概率分布做出合理判断(打分)来确定。

(2)外推法。外推法是一种时间序列法。其基本原理是利用取得的按时间顺序排列的历史信息数据来推断出未来事件发生的概率和后果，是一种定量预测方法。具体方法有移动平均法、指数平滑法等。外推法虽然简单易行，但往往缺乏足够的历史资料，在项目风险评估时应用较难。

(3)灵敏度分析法。灵敏度分析法是量化及评估各风险对项目目标潜在影响的方法，有助于判断哪种风险最有可能对项目产生影响。方法原理参加第二章“项目不确定性分析”一节。

(4)决策树分析法。决策树法是一种有效的风险定量评价方法。它根据项目风险的基本特点，描述项目风险发生的概率、影响程度以及项目风险的发展趋势。决策树法首先找出风险的状态、风险发生的概率、风险的影响程度等因素，然后根据这些因素绘制出一个从左至右依次展开的树状图。

(5)模拟法。模拟法是一种通过模拟实际运行情况，对复杂系统进行研究的一种手段。模拟法一般通过多次改变参数得到项目风险模拟的结果，分析模拟结果的统计分布特征，并以此作为项目风险的估算。这一过程非常复杂，一般都要借助于计算机来完成。

模拟法在项目风险管理中特别适合预估算项目成本风险和项目进度风险，而项目成本风险和进度风险是项目风险管理的核心，因此模拟法在项目风险定量分析中的运用越来越多。项目模拟一般采用蒙特卡洛模拟法进行。

除了上述的项目风险定量分析方法以外，还有层次分析法、要素加权平均法、模糊综合评价法等方法。

2. 物流项目风险定量评估的成果

(1)量化的风险序列清单。列出项目风险较大的事件，按照它们的影响来估算排序，为风险化解措施的制定提供基本依据。

(2)项目的概率分析结果。预测可能的项目进度计划和成本，得出可能的完工工期或项目工期和成本及其相关的置信水平。

(3)估测完成时间和成本目标的概率。运用各种风险定量化分析工具，估测完成项目目标的概率。

(4)确定所需要的应急资源。确定所需要应急资源(人力、时间或资金等)的数量及紧迫程度。

第四节　第三方物流项目风险应对

项目风险应对就是对项目风险提出处置意见和办法。在风险识别和评估的基础上，需要将项目发生的各种风险可能性、危害程度和公认的安全指标相比较，从而决定应该采取什么样的措施予以应对和控制。

第三方物流项目可采用的风险应对策略有：回避风险、降低风险、转移风险、预防风险、自留风险和应急计划。

一、回避风险

回避风险是指当项目风险潜在威胁发生可能性太大，不利后果也太严重，又无其他可用的策略时，主动放弃项目或改变最初的项目目标和行动方案，从而规避风险的一种策略。例如，在对供应链服务项目中，降低对客户承诺的物流服务标准、改换战略合作伙伴、增加项目备用资金和安全保障程序等。

回避风险是一种最彻底的风险应对技术，也是一种消极应对方法。尽管许多风险因素能够避免，但不是所有的风险因素都能消除，特别是一些工程类的物流项目，项目一开始，就会发生较大的资金投入，采用回避策略，即意味着项目损失在即。因此，在采取回避策略前，必须对风险有充分的认识，对风险事件发生的可能性和后果的严重性有足够的把握。采取回避策略，最好在项目活动尚未实施前。放弃或改变正在进行的项目，一般都要付出高昂的代价。

在回避风险时要注意以下几个问题：①当风险发生的概率比较高，后果比较严重并且对风险的认识比较充分时，采取回避风险的方法会获得良好的效果。②不是所有的风险都能采取回避的方法，如自然灾害、自然死亡等，是不能回避的。③回避一种风险可能会产生一种新的风险。如采用优质原材料代替劣质材料会避免质量风险，但同时有可能产生成本风险。④当采用其他风险应对方法的效果不理想时，就只能采用回避的方法。

二、降低风险

降低风险的目标是要降低风险发生的可能性（如使用成熟技术降低产品不能如期完成的概率）或者减少风险造成的损失（如设立意外开支准备金），或者两者兼而有之。

项目风险有可预知的和不可预知的两种。对于可预知并且可控制的项目风险（如人力、燃料等直接成本受物价指数和通货膨胀的影响），应通过加强控制来降低风险。而对于不可控的风险（如因产业结构变化或自然灾害影响，企业产品减产与滞销使物流项目市场份额下降），可以通过有预见的工作（如开拓新市场或设计新产品）尽量减少项目的不确定性。一般而言，项目不可预见风险的增加与项目的复杂性关系密切。

从成本、进度计划和技术要求三方面相关的风险考虑，物流项目降低风险的策略建议见表7.7。

表 7.7　物流项目减轻风险的策略

技术因素相关风险	进度计划相关的风险	成本因素相关的风险
·组建具有现代物流理念、掌握项目管理技能的物流项目团队 ·根据物流项目网络计划，确定关键的模型数据参数，通过模拟为决策提供依据 ·使用成熟的计算机辅助工具和软件，实现物流项目的整体管理 ·雇佣外部专家对物流项目计划、物流项目风险进行审查和评估 ·建立有效的激励机制，提供适当的奖励	·提前进行物流项目团队的组建工作，并为其挑选恰当的人员 ·建立一个主项目进度计划并努力坚持执行这个计划 ·尽可能早地安排风险高的任务，为风险处理留有时间余地 ·区分关键和次关键性的任务，安排最好的员工去完成时间紧急的关键任务 ·遵守劳动法，对加班工作提供加班费补贴，激发员工积极性	·运用有效的手段，识别和监控物流项目的关键成本 ·采用低成本设计与备选方案相结合的方法。做好风险处理的案情准备 ·利用建模和评估方法，控制项目实施的进度与效果，评估绩效 最大限度地使用已被证明有效的技术和设备，减少未知因素

三、转移风险

转移风险也称为分担风险，其目的不是降低风险发生的概率和不利后果的大小，而是借用合同或协议，在风险事故一旦发生时，将损失的一部分转移给项目以外的第三方身上。采用这种策略所付出的代价大小取决于风险大小。当项目的资源有限，不能实行降低风险和预防风险策略，或风险发生频率不高，但潜在的损失或损害很大时可采用此策略。

采取这种策略要遵循两个原则：第一，必须让承担风险者得到相应的报答；第二，对于具体风险，谁最有能力管理就让谁分担。转移风险的主要方式有：出售、发包、保险、担保等。

1. 出售

通过买卖契约将风险转移给其他单位。这种方法在出售项目所有权的同时，也就把与之有关的风险转移给了其他单位。例如，某市公路运输集团公司在策划一个公铁联运项目时，将项目的一部分股份转让给铁路公司，让其拥有一部分的所有权，同时，也分担了由于铁路货运环节不畅可能带来的项目风险。

2. 发包

发包就是通过从项目执行组织外部，获取货物、工程或服务而把风险转移出去。对于一些大型复杂的物流项目(如综合的城市物流园区建设)，由于投资巨大、技术复杂，项目工期较长，业主需要将项目分解成若干个子项目，发包给不同的承包商。即使为同一个工程子项目(如仓库项目)，承包商也可以按不同的计价开工，将合同任务分解成数个子合同，再分包给下一级的承包商，从而实现风险的分摊。

3. 保险与担保

为项目投保寻求担保是纯粹风险转移的重要途径。所谓的担保是指为他人的债务、契约或失误间接承担责任的一种承诺。此种风险转移方式常用于风险大的大型物流工程项目。项目的承包商通常请银行、保险公司或其他非银行金融机构在投标、履行合同、归还预付款等方面向业主做担保承诺。

四、预防风险

预防风险就是积极主动地控制风险发生的条件，以此避免风险的发生。预防策略通常有：工程法、教育法和程序法三种。

1. 工程法

它以工程技术为手段，消除物质性风险威胁，属于一种有形手段，其特点是将每一种措施都与具体的工程技术设施相联系。例如，减少物流配送项目的运输成本，首先，对参与项目的车辆进行更新，以减少车辆故障可能对项目目标实现的不利影响，防止或减少货物因延误送达带来的处罚风险。

2. 教育法

通过风险管理教育，使项目有关人员充分了解项目所面临的种种风险，深刻地认识到个人的任何疏忽和错误行为，都可能给项目造成巨大损失。物流项目风险的教育内容应该包含有关现代物流的运作要求、运作标准、投资与运作成本、项目规范的操作、规章和风险知识与预防技巧等。

3. 程序法

工程法和教育法处理的是物质和人的因素。但是项目活动的客观规律性若被破坏也会给项目造成损失。程序法是指以制度化的方式从事项目活动，减少不必要的损失。比如，开发一个物流信息管理系统，必然遵循系统调查、系统分析、系统设计、程序编写、程序调试、系统总成等几个程序。只有对企业物流业务管理流程和信息交换内容与要求了解清楚后，才可能设计出结构合理和数据处理迅速的数据结构，为系统编程提供依据。若不按此程序办事，如系统调查不彻底、系统设计未最终定稿，就忙于开始编程，那就会为后期工作埋下隐患，极易造成返工浪费和经济损失。

五、自留风险

自留风险是指把风险事件的不利后果自愿接受下来。自愿接受可以是主动的，也可以是被动的。主动接受风险是指在风险管理规划阶段已对一些风险做了准备，当风险事件发生时，启动相应的风险应急计划；被动接受风险是指在风险事件造成的损失数额不大，不影响项目大局时，将损失列为项目的一种费用。虽然有可能影响项目的收益，但这却是一种最省事的风险规避方法。当采取其他风险规避方法的费用超过风险事件造成的损失数额时，可以采取自留风险的方法。

六、后备措施

有些风险事件要求事先制定措施或应急计划。一旦预知风险事件成为现实时，立即启动后备预案。风险事件发生时，如果没有后备应急计划，会错过风险挽回行动决策的良机，而事后匆忙采用的行动决策往往缺乏周全的考虑而具有潜在的危险性，并可能增加成本。一般来说，并不是每一个风险都需要制定应急计划，应该在风险评价后，对那些具有较大风险或可以分类的风险才制定应急计划。物流项目的后备措施可分为三个方面：

1. 费用后备

准备一部分资金作为预算应急费，用于补偿差错、疏漏及其他不确定性所造成的项目开支增加。

2. 进度后备

对于项目进度不确定，从项目的整体要求又不允许工期延长时，则必须设法制订出一个较为紧凑的进度计划，充分利用项目网络计划中的机动时差。

3. 技术后备

在计划阶段就预先准备好一定的时间和资金，专门应对项目可能遇到的技术风险。相对于前两种后备，技术后备措施只有在可能性小的事件发生或需要采取补救措施时才可能实施。

第五节　第三方物流项目风险控制

第三方物流项目风险控制是指根据项目的风险管理计划，对整个项目进程中的风险事件实施的项目风险控制活动。其主要作用是，在整个项目生命周期中提高应对风险的效率，不断优化风险应对。

控制第三方物流项目的风险过程需要给予项目执行中生成的绩效数据，采用诸如偏差和趋势分析的各种技术。控制风险过程还有一些其他的目的，比如确定项目假设条件是否仍然成立；确定某个已评估过的风险是否已发送变化或消失；确定风险管理政策和程序是否已得到遵守；确定根据当前的风险评估，是否需要调整成本或进度应急储备。

一、第三方物流项目风险控制的过程

风险监控是项目实施过程中的一项重要工作。一般情况下，随着时间的推移，有关项目风险的信息会逐渐增多，风险事件的不确定性会逐渐降低，但风险监视工作也随信息量的增大而日渐复杂。风险监控过程如图 7.5 所示。

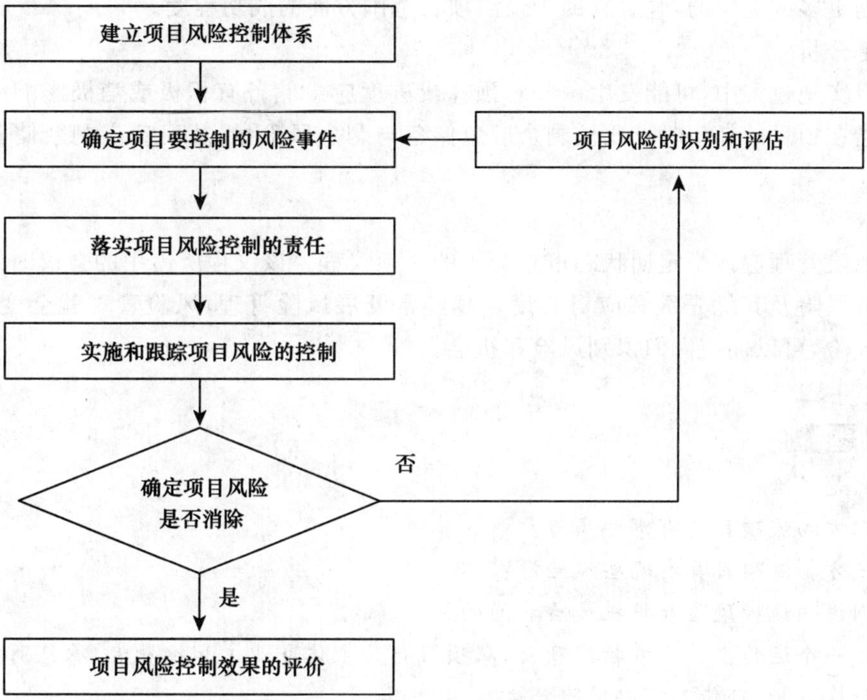

图 7.5　项目风险监控流程

二、第三方物流项目风险控制的工具和方法

1. 风险应对计划

如果新的风险事件出现，或者项目风险事件后果比预期的要大，计划好的应对措施可能不足以解决项目的风险时，需要重新制定风险应对计划。

2. 核对表

运用核对表显示项目风险的进展情况和项目的预计情况。

3. 风险再评估

在控制风险中，风险事件发生的概率和风险事件后果对项目的影响程度会随着项目的进展而发生变化，因此，项目团队经常需要识别新风险，要对现有风险进行再评估，以及删去已过时的风险。项目风险再评估应该定期进行。反复进行再评估的次数和详细程度，应该根据相对于项目目标的项目进展情况而定。

4. 偏差和趋势技术

通过分析项目计划工作和实际已完成工作之间的偏差，然后预测这种偏差的发展趋势。分析的结果可以揭示项目自完成时可能偏离成本和进度目标的程度。与基准计划的偏差可能表明威胁或机会的潜在影响。如果偏差变大，就需要制定进一步的风险控制程序。

5. 技术绩效测量

技术绩效测量是把项目执行期间所取得的技术成果与技术成果的计划进行比较。它要求定义关于技术绩效的客观的、量化的测量指标，以便据此比较实际结果与计划要求。这些技术绩效测量指标可包括重量、处理时间、缺陷数量和存储容量等。偏差值(如在某里程碑时点实现了比计划更多或更少的功能)有助于预测项目范围方面的成功程度。

6. 储备分析

在项目实施过程中，可能发生一些对预算或进度应急储备有积极或消极影响的风险。储备分析是指在项目的任何时点比较剩余应急储备与剩余风险量，从而确定剩余储备是否仍然合理。

7. 会议

项目风险管理应该是定期状态审查会中的一项议程。该议程所占用的会议时间长短取决于已识别的风险及其优先级和应对难度。越经常开展风险管理，风险管理就会变得越容易。经常讨论风险，可以促使人们识别风险和机会。

【课后习题】

1. 什么是风险?
2. 第三方物流项目具有哪些风险?
3. 第三方物流项目具有哪些风险源?
4. 举例说明纯粹风险和投机风险之间的关系。
5. 对于一个运作型第三方物流项目，从项目行为主体即业主和投资者、承包商、供应商、项目团队等角度分析，可能有哪些风险产生?
6. 第三方物流项目风险管理的基本原则是什么?
7. 第三方物流项目风险评估有哪些定性方法和定量方法?
8. 第三方物流项目风险控制方法有哪些?
9. UPS是一家大型的国际快递公司，它除了自身拥有几百架货物运输飞机之外，还租用了几百架货物运输飞机，每天运输量达1 000多件。UPS在世界各地建立了10多个航空运输的中转中心，在200多个国家和地区建立了几万个快递中心。UPS公司的员工达到几十万。年营业额可达到几百亿美元，在世界快递公司中享有较高的声誉。你认为物流企业开展国际快递是否有风险，风险表现在哪些方面? 应如何应对?

【案例思考】

A公司第三方物流服务项目风险管理

A公司是从事货物海、陆代理，仓储物流等业务的综合性专业公司。S企业是一家以钢铁为主业，涉及多种经营、跨地区、跨行业，集工业、科研为一体，具有较强市场竞争力的大型钢铁企业集团。

A公司为成为S企业川渝地区物流总代理服务商，在进行投标前期即成立了第三方物流服务项目组，明确项目范围和管理组织形式，制定了项目描述、项目工作分解、项目进度计划、项目组织结构图，项目责任分配等内容，为第三方物流服务项目顺利实施提供保证。

对A公司为S企业进行物流服务的过程中所产生的风险进行有效控制，首先制定适用于这次物流服务的风险管理计划，其次对可能产生的风险进行预测、评估、监控，并积极地根据A公司实际情况加以防范和应对，从而达到双赢的目的。

（一）项目风险管理计划

第三方物流服务项目组在项目启动后召开规划会议，由项目决策层、项目经理、风险管理信息员以及项目主要相关利益者共同参加，制定风险管理计划。

1. 制定项目章程

第三方物流服务项目启动时，拟定项目章程，明确项目目标、项目范围、项目工作分解、项目组责任分配矩阵、项目计划表（甘特图）、项目验收标准等内容。并将整个章程分发到项目所有关键人员，便于大家沟通和了解项目目标，减少失误或错误情况的发生。

2. 风险管理知识培训

结合A公司实际情况，项目组成员多是由自身职员组成，绝大部分人员缺乏项目管理方面知识，特别是项目风险管理的知识，同时，对于少量熟悉项目管理方面知识的人员又存在年龄结构轻，实战经验较少的情况。针对这样的情况，我们可采取内部自我培训和外请专家的方式对项目组成员进行项目管理和风险管理知识培训，进一步增强员工的风险管理意识和提高风险管理能力。

3. 风险管理活动

在项目进行过程中主要的风险活动包括：

风险识别：对A公司向S企业开展第三方物流服务项目进行风险识别，编制风险清单；

风险评估：对项目风险进行定量评估，依据风险优先级排序；

风险计划：确定风险应对策略，制定合理的风险阈值，为风险发生提前示警；

风险跟踪：对项目风险进行跟踪，监视和缓解风险的发生，编辑、总结风险状态信息；

风险应对：对风险采取应对措施，采取纠偏措施。

4. 成立项目风险管理小组

由项目经理、业务组、管理组组成管理小组。

由分管副总担任项目经理兼风险管理组长，收集来自各方面的风险信息，确定风险优先级，并对风险控制做出决策，批准风险行动所需项目资源的支出，分配项目风险行动范围。

由项目经理选派一名业务、技术、经验丰富的人员，担任风险管理信息员，负责日常的风险管理工作。

业务组：相关业务部门即仓储部、储运部、货代部、信息部、市场部主管组成，主要负责本部门业务需求、业务配合等方面的风险，业务组组长为兼职业务类风险信息员。

管理组：由项目经理和项目组骨干组成，主要负责各部门协作、管理制度、计划进度等方面的管理工作，管理组组长兼职管理类风险信息员。

5. 项目全过程风险管理

对项目进行过程中进行风险监控和管理，当项目进行到阶段性节点的时候，需对风险管理过程进行总结和评价，并对项目的风险管理计划进行适当的改进或调整，以适应客户的物流需求。项目结束后，进行系统的风险管理评价，总结经验，为口后的风险管理提供可参考的经验。

6. 风险类型级别

为使风险类别简单化、责任明确化，按第三方物流服务风险类型分类，可将风险分为业务风险、管理风险、企业自身风险三类，采用10级属性评价方法来评价风险的可能性、严重性、可控性。

7. 风险管理责任者

根据风险事件类型，明确项目组各小组长为所负责业务类别的风险管理责任人，保证项目风险计划的有效实施。

8. 汇报方式

风险管理信息员提交相关行动计划给项目经理审核，经批准后形成项目风险清单，并及时发放项目组内相关人员，每月形成风险管理报告，以电子文档和书面的方式送至A公司领导层和相关部门负责人。

9. 文档标准

风险管理信息员负责记录风险管理过程全部信息，包括以下要素：风险管理计划、风险清单、风险会议纪要等，建立相应的电子和纸质资料薄，为项目的管理总结经验教训。

（二）项目风险识别

本项目的风险产生因素较多，并且很多不确定性不是仅仅依靠A公司就能改变的，只能通过努力来降低或者减少的。比如，A公司作为提供服务这种无形产品的企业，主导权并不全在自己手里，客户完全由供应方S企业确定给A公司带来了风险，其他的社会环境、自然因素等的变化也给A公司带来了风险。并且，风险识别是一个反复的过程，在项目进行中，新的风险随时都会增加。

结合实际，可以采用组织项目组所有人员、外聘项目管理专业人员，结合以往工作实际和项目管理理论知识，采用信息搜集法，包括专家会议法、头脑风暴法、德尔菲法，通过梳理整个流程中的风险因素，对过程中的风险进行分析和罗列（表7.8）。

表7.8　A公司第三方物流项目风险识别清单

序号	项目风险识别清单		
	风险识别		风险描述
	风险类别	风险事件	
1	业务风险	物流信息化风险	工作团队对物流信息化认识程度和重视程度不够、队伍技能不足
2		物流服务失误风险	业务人员责任心不够，沟通配合不够、奖惩不清影响整个项目的进展和效果
3		物流服务临时变更风险	业务变更没有按相关规定预案进行有效控制
4	管理风险	项目经理风险	项目经理管理能力不高、项目管理专业知识缺乏
5		业务部门队伍风险	业务部门中人员文化素质、业务技能、企业忠诚度不能满足项目正常开展，协同合作力度不高
6		人力资源管理风险	项目团队共同目标不明确，项目团队凝聚力不强，没有共同的工作规范和框架，项目人员流动频繁，奖惩不清，影响服务效果和满意度。
7		沟通风险	项目成员间缺乏沟通，各种关系无法协调，影响项目团队完成物流无法效果
8		综合管理风险	各项管理水平不高，没有引入绩效管理机制，市场预期不准等各项风险因素

续表 7.8

序号	项目风险识别清单		
	风险识别		风险描述
	风险类别	风险事件	
9	企业自身风险	财务风险	内部财务管理水平不高，没有强化预算制度
10		目标客户选择风险	目标客户财务结算方式未作强制规定，导致垫付、预付款增多，对自身开展项目或其他并行项目造成损失
11		物流服务内容选择风险	对新选择物流服务内容考察不够，导致物流过程中出现问题
12		硬件风险	日常物流作业中的硬件维护不够，特殊商品的专业技术设备、资质不够，不能满足物流服务需要

以上风险清单是根据业务风险、管理风险、企业自身风险进行分类的，与前文所提的第三方物流服务项目风险识别内容大致类似，其中项目经理风险、项目队伍风险是人员素质风险的细分，目标客户选择风险、物流服务内容选择风险是经营风险的细分，是结合A公司实际情况所确定的。

（三）项目风险评估

A公司第三方物流服务项目组根据项目风险识别清单，召集项目负责人、各业务部门负责人，聘请专业的物流专家成立项目风险打分小组，以项目风险评估打分标准为依据进行打分和风险定量评估，根据风险评估后的具体分值大小，对风险事件进行排序，最终形成风险评估列表（表7.9）。

表 7.9 第三方物流项目风险评分序列表

序号	风险识别		风险评估			风险级别
	风险类别	风险评估	可能性	严重性	可控性	
1	业务风险	物流服务失误风险	9	9	8	648
2	业务风险	物流服务临时变更风险	8	6	10	480
3	管理风险	沟通风险	5	10	5	250
4	管理风险	业务部门队伍风险	6	6	6	216
5	管理风险	项目经理风险	4	10	5	200
6	业务风险	物流信息化风险	5	6	6	180
7	企业自身风险	硬件风险	3	10	6	180
8	企业自身风险	物流服务内容选择风险	4	10	4	160
9	企业自身风险	目标客户选择风险	5	6	5	150
10	管理风险	人力资源管理风险	6	5	4	120
11	企业自身风险	财务风险	4	6	5	120
12	管理风险	综合管理风险	4	5	5	100

对以上项目风险事件进行逐项评分后排序，由表7.9可以看出在A公司在对S企业开展第三方物流服务项目中业务风险为主要风险，其次是管理风险，最后是企业自身风险，因此，在项目进行中需要对业务风险投入最多的资源和精力加以预防和监督。

问题：

1. A公司第三方物流服务项目风险管理采用了哪些方法进行识别和评估？

2. 对A公司第三方物流服务项目风险应对和控制，你有什么建议？

第三篇　第三方物流项目实施

本篇重点讨论项目实施阶段的两个重要方面：人员及组织以及项目采购管理。

要圆满完成项目目标，关键在于人员，而不是程序和技术。程序和技术只是协助人员工作的工具。为了完成项目目标，在项目启动阶段就必须根据项目需求，寻找合适的人员，了解他们管理、技术方面的优劣势，及争取职能部门的支持，组建配置合理、团队协作的项目组成员。第八章着重对项目组织结构选择、项目经理技能、项目团队建设、项目沟通管理进行阐述。

任何项目的实施都需要投入一定的资源。一般来说，这些资源包括人力、原材料以及设备等。资源的投入贯穿于项目的整个生命周期，是项目得以顺利完成的重要保障。项目组织为了获取项目所需要的资源，就必须进行项目采购活动。采购是保证项目实施的物质基础的一项十分关键的工作，它甚至影响到项目建设的成败。因此，对采购过程的管理是项目管理领域里的一个非常重要的内容。第九章着重介绍项目采购管理相关内容。

第八章　第三方物流项目组织

【导入案例】

汇源饮料食品集团组织结构变革

2002年10月底，一场历时4个月，上至集团总部，下至85家销售子公司的管理变革，在北京汇源饮料食品集团顺利完成。在这次大规模管理重组中，汇源集团首先将“直线制生产营销”组织模式改为“事业部制”，并将分布在全国的85家全资直营销售子公司，出售给由原销售公司经理及其邀请的合伙股东，使之转变为由原销售公司经理及其参股股东共同拥有100%产权的汇源产品“专营公司”。作为产权交易的附件，汇源与产权独立之后的“专营公司”签订为期5年的汇源产品的专营资格。换言之，专营公司将承包原销售子公司营销网络为期5年的经营权。

管理体系重组之前，汇源的组织结构是一个大生产总部加上一个大营销总部。对在果汁这个年轻行业中迅速成长的汇源来说，一个大的生产总部把东西生产出来，再交给一个大的营销总部去推广，在产品比较单一，规模比较小时，这种直线制管理模式有很好的灵活性。然而，随着汇源业务规模与产品线不断扩大，管理上的压力越来越大，汇源集团副总裁何传利举例说。“汇源共有200多个产品，产品线太长了，一个大营销总部根本没有能力做好汇源的全部产品。”2002年5月，汇源决定重组组织结构，将此前一个大生产总部和营销总部模式转变为事业部。实行事业部制之后，汇源将85家直营销售子公司转制为产权独立的“专营公司”。

问题：

1. 汇源饮料公司组织机构变革的原因是什么？
2. 组织团队结构对组织成功有什么样的影响？

【本章概要】

- 第三方物流项目组织
- 物流项目经理
- 物流项目团队
- 物流项目沟通管理

第一节　第三方物流项目组织

一、项目组织形式

项目组织是指为了完成某个特定的任务而由不同部门、不同专业的人员所组成的一个特别工作组织。项目组织是为一次性独特任务设立的，是一种临时性的组织，在项目结束以后，它的生命就会终结。项目组织与一般的组织一样，具有相应的领导（即项目经理）、组织的规章制度（即项目章程）、配备的人员（即项目团队）及组织文化等。主要的项目组织形式有三种：职能型、矩阵型和项目型。

1. 职能型

职能型组织形式是一种把不同的管理机构，按职能从上到下分层次进行组织管理的形式（图 8.1）。一旦项目开始运行，项目各个组成部分就由各职能单位承担，各单位负责完成其分管的项目内容。其优点是有利于提升企业技术水平、资源利用灵活且成本低以及团队在项目结束后的职业生涯有保障。缺点是协调难度高、项目组成员责任淡化。

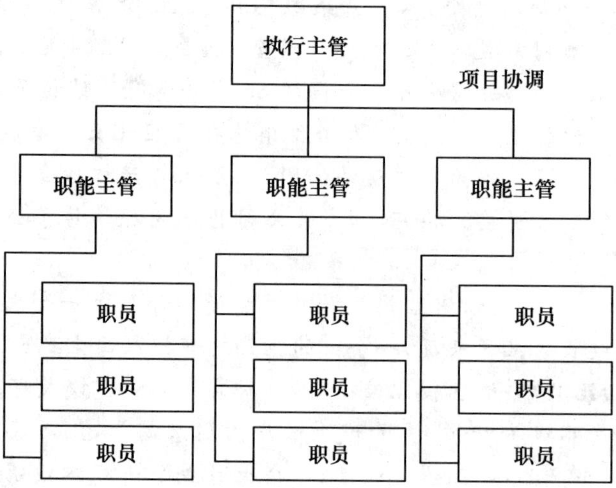

图 8.1　职能型组织形式

2. 项目型

项目型组织结构的部门是按照项目来设置的，每个部门相当于一个微型的职能型组织，每个部门都有自己的项目经理及其下属的职能部门（图 8.2）。其优点是责任明确、指挥统一、有利于项目控制和综合型人才的成长；缺点是机构重叠，资源使用不均，易产生闲置和不稳定性，而且项目领导存在风险性。

3. 矩阵型

矩阵型组织结构是一种将按职能划分的纵向管理系统与按项目划分的横向管理系统相结合、纵横交错的组织结构。其优点是优化了组织结构、提高了管理的有效性；其缺点是对项目经理能力要求较高、团队成员接受多头领导、项目经理仅关心项目成败而忽视公司整体目标。根据项目的项目经理和职能经理权限大小，还可以将矩阵型组织结构分为弱矩阵型、强矩阵型和平衡矩阵型。

弱矩阵型（图 8.3）：项目经理权力＜职能经理权力。由项目经理负责协调，项目成员在各职能部门为项目服务。但项目经理无多大权利确定资源在各个职能部门分配的优先级，项目经理有职无权。

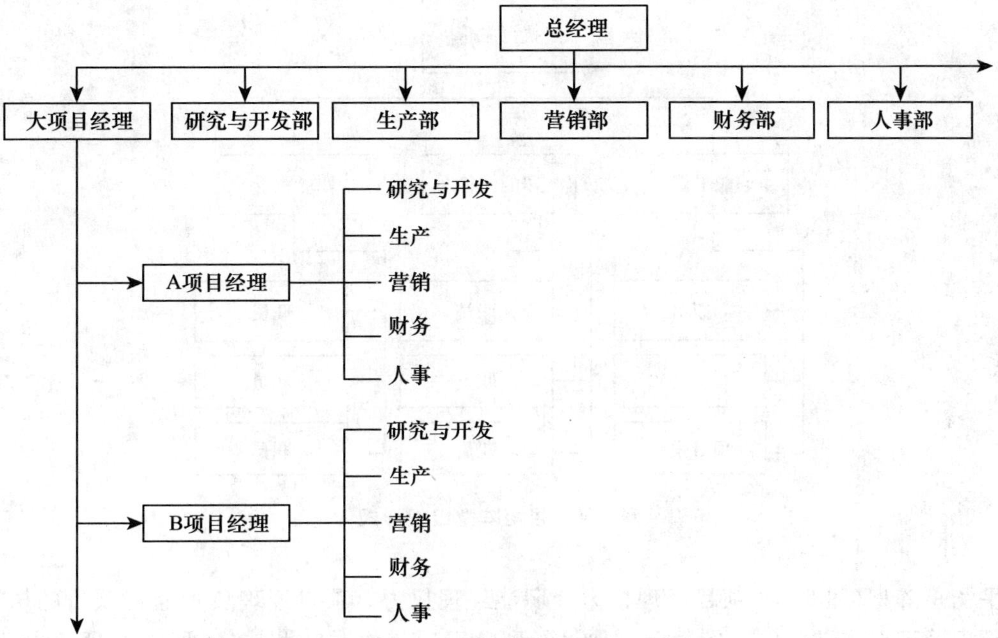

图 8.2　项目型组织形式

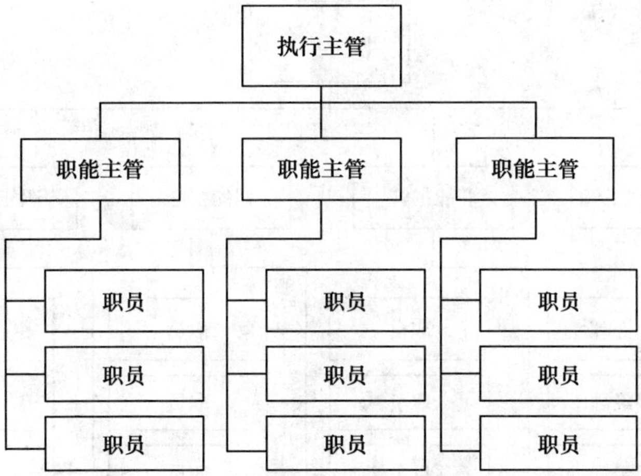

图 8.3　弱矩阵型组织形式

强矩阵型(图 8.4):项目经理权力＞职能经理权力。项目经理主要负责项目,职能部门经理辅助分派人员。项目经理对项目可以实施更有效的控制,但职能部门对项目的影响在减小。类似于项目式组织,项目经理决定什么时候做什么,职能部门经理决定派哪些人,使用哪些技术。

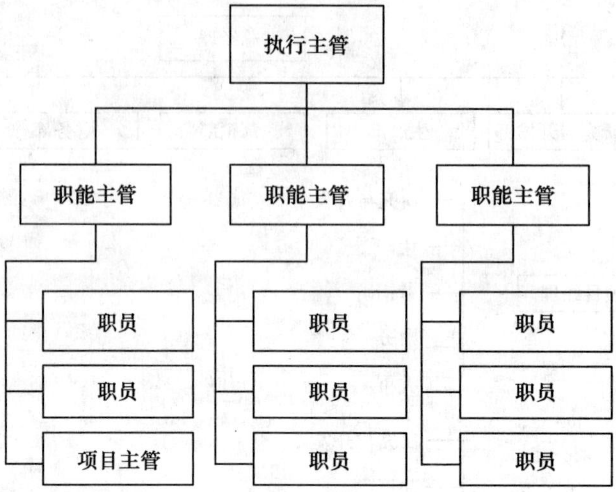

图 8.4　强矩阵型组织形式

平衡矩阵型(图 8.5):项目经理权力=职能经理权力。项目经理负责监督项目的执行,各职能部门经理对本部门的工作负责。项目经理负责项目的时间和成本,职能经理负责范围界定和质量控制。一般来说,平衡矩阵很难维持。主要取决于项目经理和职能经理的相对力度。平衡不好,要么变成弱矩阵,要么变成强矩阵。

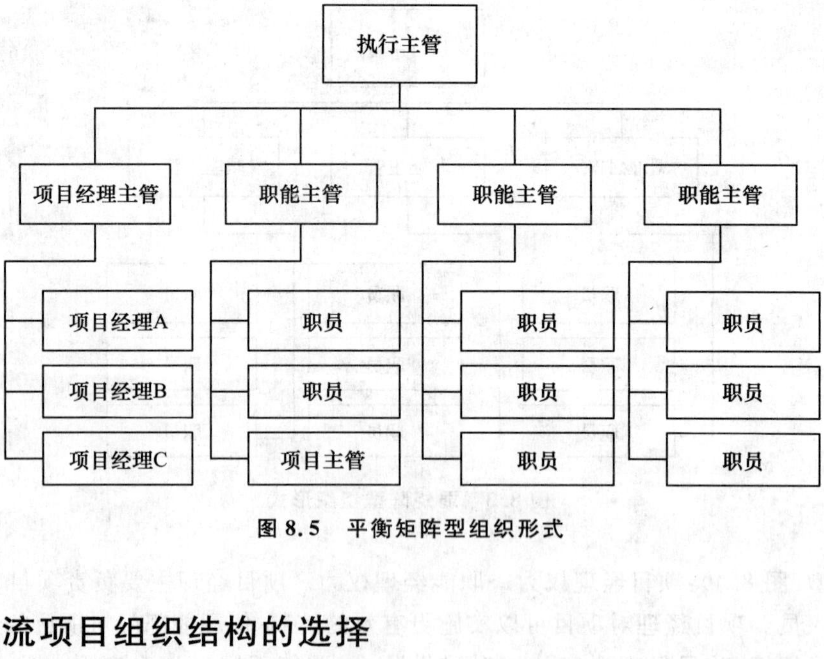

图 8.5　平衡矩阵型组织形式

二、物流项目组织结构的选择

虽然物流项目组织形式没有统一标准,但以下几个因素可以作为项目组织形式选择时参考,见表 8.1。

表 8.1 项目组织结构选择考虑的关键因素

组织结构因素	职能型	项目型	矩阵型
项目风险程度	小	大	大
项目采用的技术	标准	创新性强	复杂
项目复杂程度	低	高	适中
项目持续时间	短	长	适中
项目投资规模	小	大	适中
客户的类型	多	单一	一般
对公司内部的依赖性	弱	强	适中
对公司外部的依赖性	强	弱	适中
对项目经理能力的要求	一般	高	高

1. 新项目发生频率

当前物流市场成长较快，新项目层出不穷，我国大多数传统运输企业正处于转型期，企业的信息化建设是较迫切的需要。如一信息技术公司不断承接新的物流信息系统开发项目，则要考虑抽出一批专业人士，采用矩阵式或项目式结构，组成项目团队，形成稳定的队伍，集成技术和经验，快速满足各不同物流企业的开发需要。

2. 项目的规模和工期

项目的规模与工期呈正相关。小项目工期短，任务简单，职能式结构成本低。但一些大项目，必然影响到企业其他资源(如人力、资金、设备等)的分配与调度。如某外企想在上海建立一个配送中心，并希望与国内某物流企业合作，构建全国的配送网络。对于该物流企业，是个绝好的商机，但也是个影响企业未来的战略决策。同时，项目需要占用企业较多的资源(包括建设全国各大城市的分拨中心或仓库，配置专用的配送车辆等)形成功能齐全的全国配送网络需要一定时间。因此，采用项目式结构更为有利。

3. 项目的复杂程度

规模大的项目涉及的技术领域多，职能部门多。特别是一些未知领域的新技术开发项目，还存在较大的未知风险。对于这类复杂的物流项目，根据工期长短，采用矩阵型或项目型较好。

第二节 第三方物流项目经理

一、项目经理的权力

项目经理权力的大小取决于公司所采用的组织结构类型以及项目对该公司的重要性。如果该公司采用项目型组织结构，那么项目经理的权力就相对较大，一般会在职能部门经理之上；如果公司采用职能型组织结构，那么项目经理的权力就相对较小，项目经理的权力很可能在职能部门经理之下。另外，如果某项目对公司而言比较重要，则项目经理的权力也会相对大些。项目经理的权力具体表现在：

(1)项目团队成员选择的最终决定权。包括项目管理班子(包括项目副经理)的组成、选择、聘任,对项目组成员进行监督、考核、奖惩、辞退等。

(2)项目执行过程中的决策权。如进度计划权、技术质量决定权、物资采购权等。

(3)对项目资源具体使用和分配的权力。如人力、财力和物力的调度和使用。

二、项目经理的职责

项目经理就是项目的负责人,负责整个项目的计划、实施和控制,是项目管理的核心。一个成功的项目除了设备和技术的先进性外,更重要的是人的因素。项目经理作为项目的基石,对项目成败起决定性作用。一般情况下,项目立项后,进行各项工作前,首先要任命项目经理,并以她为中心,开展将要进行的各项工作。项目经理的工作经常围绕着人际关系、信息交流和决策过程这三个方面,其主要承担对内和对外的责任:

1. 对内承担的责任

(1)对所属上级组织的责任。主要表现在:项目目标符合上级组织的目标、充分利用上级配给的项目资源、及时与上级进行项目沟通。

(2)对所管理的项目团队的责任。项目经理的基本职责是领导项目团队完成项目的目标。项目经理协调和指挥团队成员的活动,通过计划、组织、控制来领导项目工作。

①计划。项目经理的首要任务是制订计划。首先,项目经理要高度明确项目目标,并就该目标与客户取得一致意见。接下来,项目经理与项目团队就这一目标进行沟通交流,以便团队就成功地完成项目目标应做的工作达成共识。项目经理作为带头人,领导团队成员一起制定实现项目目标的计划。然后,项目经理与客户就该计划进行评价。计划获得认可后,还得建立起一个项目管理信息系统——人工或计算机操作,以便将项目的实际进度与计划进度进行比较。

②组织。组织工作涉及为开展工作,如何合理地配置资源。首先,项目经理应决定哪些工作由组织内部完成,哪些工作由组织外部的协作者完成。对于那些由组织内部完成的工作,项目经理应对项目所要完成的每项具体工作进行描述,并安排相应的人员,把工作任务落实到项目团队中的每个人。同时,具体承担工作任务的人员应对项目经理做出承诺。对于包括众多人员的大型项目,项目经理可以为具体任务团队选派领导。对于那些由外部协作者完成的工作,项目经理应对其工作范围和交付物做出明确划分,与每位协作者协商达成一致意见并签订合同。此外,项目经理还要对合同的执行过程进行监督。对所发现的问题及时协调处理,若不在自己的职责管辖权限范围内应及时向上级报告。最后,也是最重要的,组织工作应营造一种工作环境,使所有成员作为一个项目团队士气高昂地投入工作。

③控制。为了保证项目的进展与项目的目标相一致,项目经理必须对项目进行监控,跟踪实际工作的进展情况,并将其与计划进行对比,有时甚至还需进行项目变更。因此,项目经理需要一套有效的项目管理信息系统以及项目变更程序,以便更好地对项目进行控制。借助于项目管理信息系统,项目经理能够掌握项目的实际进展情况,在定期召开的项目工作评审会议上,分析研究各种已经出现的问题和潜在的风险,在必要的时候根据项目变更程序对项目的计划作业进行调整。

项目经理通过计划、组织、控制来领导项目团队工作,但决不可独揽大权,应使团队成员参与进来,使他们为圆满完成项目工作做出更大的投入。

2. 对外承担的责任

对外承担的责任，主要是指对客户的责任。

(1)就项目目标与客户达成一致，争取客户的最大满意。

(2)最大限度争取项目可利用资源，营造有利于项目进展的外部环境。

(3)负责项目的对外谈判和合同管理。

(4)负责收取客户的项目费用并合理分配和使用。

三、项目经理的技能

除了在对项目的计划、组织、控制方面发挥领导作用外，项目经理还应具备一系列技能，来激励员工取得成功，赢得客户的信任。项目经理的能力是综合的、多方面的，主要包括以下几种主要技能：

1. 领导能力

项目经理是项目的管理者而不是项目的具体执行者。项目经理要指挥整个项目团队去实现项目目标，其领导能力决定了项目的成败。目前，大多数项目经理都采取民主参与式的领导方式。项目经理不只简单地下达命令，而是引导团队成员发挥主动性来完成自己的工作；并且项目经理通过授权，也可以从项目管理的烦琐细节中解脱出来，以更好地应对项目中的重大事项。

2. 人才开发的能力

对成员进行培养和训练，储备人才。项目经理在领导项目团队实现项目目标的同时，也应将该过程视为提高团队成员自身价值的良好机会。项目经理要营造一种学习氛围，使团队成员能够通过各自的工作来不断提高自身的专业技能，鼓励项目团队中经验丰富的成员向阅历不足的成员传授专业技能，同时，可以让团队成员参加培训，进一步提高他们的能力，更好地为项目服务。

3. 人际交往的能力

良好的人际交往能力是项目经理必备的技能，这种技能需要良好的口头表达能力和书面沟通能力。项目经理的人际交往能力主要包括：处理好与上级主管的委托代理关系的能力；处理好与项目干系人的利益关系的能力；处理好项目涉及的公共关系方面的能力，如各种媒体、社会公众等；处理好项目团队内部关系的能力。

4. 处理问题的能力

首先，项目经理要及时发现项目执行过程中存在的问题甚至是潜在的问题，只有尽早发现问题，才有充足的时间制订出合理的解决方案，从而避免事态的扩大，减少对项目的负面影响。其次，项目经理要具有分析问题的能力，一旦发现问题，就要对问题进行深入剖析。最后，项目经理还要根据问题的性质及其产生的原因，带领和指挥项目团队来解决问题。

5. 建设项目团队的能力

项目团队是项目的具体实施者，项目经理的决策也是通过项目团队体现出来的，所以，项目经理必须组建一直高效、协调的项目团队。项目经理要充分了解项目的目标，对项目的工作任务进行分解，初步确定实施项目需要的人员，然后再从公司外部或内部选取合适的人员。

第三节 第三方物流项目团队

一、项目团队的形成阶段

项目团队是目前国际流行的生产、作业形式。企业常形成跨部门的团队。项目团队是相对于“部门或小组”而言，队员间没有明确分工，彼此间工作内容交叉程度高，相互间协调性强。而“部门或小组”：存在明确分工、缺乏成员间的紧密合作。任何项目团队的建设和发展都需要经历形成阶段、磨合阶段、规范阶段、成效阶段和解散阶段五个阶段。

1. 形成阶段

这是项目团队发展过程的最初阶段。此时团队成员由个体而归属于团队，归属的需求得到满足，总体上有一种积极向上的精神，急于开始工作和表现自己，项目团队也在努力建立自己的形象，并试图对将要开始的工作进行分工和制订计划。形成阶段项目团队成员的情绪特点表现为激动、希望、怀疑、焦急和犹豫等，他们往往不知道要干什么、和谁一起干及要从事的工作是否与自己的兴趣相适应等问题，在心理上处于一种极不稳定的阶段。

在形成阶段，项目经理要重视项目团队建设工作，主要是进行团队的指导和构建。为使项目团队明确方向，项目经理一定要向团队说明项目目标，并勾画出项目成功的美好前景及成功所产生的益处，公布有关项目的工作范围、质量标准、预算及进度计划的标准和限制。项目经理要讨论项目团队的组成、选择团队成员的原因、他们的互补能力和专业知识，以及每个人为协助完成项目目标所扮演的角色。项目经理在这一阶段还要进行组织构建工作，包括确立团队工作的初始操作规程，如沟通渠道、审批及文件记录工作。这类工作规程会在未来的阶段发展中得到完善和提高。为减轻人们的焦虑，项目经理要探讨他对项目成员的工作及行为的管理方式和期望，更要使团队着手一起开始工作。这一阶段，项目经理要让团队参与制定项目计划。

2. 磨合(震荡)阶段

项目团队成员在明确了自己的目标后，便开始运用自身的技能来执行被分配的工作。项目团队成员开始合作后就会有人发现现实也许与当初的期望不一致，越来越不满意项目经理的指导和命令，结果产生矛盾和抵触。例如，他们可能会消极对待项目经理及在形成阶段建立的一套操作规程。团队成员这时候会测试项目经理和一些基本原则的限制和灵活性。在震荡阶段，冲突产生、气氛紧张，需要为应付及解决矛盾达成一致意见。这一阶段的士气较低且起伏不定，成员们可能会抵制形成团队，因为他们要表达与团队集体相对立的个性。

此时团队成员情绪的特点多表现为紧张、挫折、不满、愤怒甚至对立等，如对自己的角色不太满意，觉得项目经理制订并安排的计划不合理。此时，项目经理要对他们进行适当指导，并且要引导每个成员对自己的角色及责任进行调整。另外，项目经理还要明确项目团队成员相互之间的关系和行为规范，使每个成员都清楚地了解自己的责任。项目经理需设法解决出现的各种问题和矛盾，消除震荡的关键在于容忍不满的出现和积极解决冲突，消除团队中的震荡因素。这是项目经理创造一个理解和支持的工作环境的好时机，更要允许成员表达他们所关注的问题。项目经理要做疏导工作，致力于解决矛盾，决不能希望通过压制来使其自行消失。如果不满不能得到解决，它会不断集聚，以后会导致团队功能震荡，将项目的成功置于危险之中。

3. 规范阶段

经受了震荡阶段的考验后，项目团队就进入了正常发展的规范阶段。团队成员之间、团队与项目经理之间的关系已经确立好了，绝大部分个人矛盾已经得到解决。总的来说，这一阶段的矛盾程度要低于震荡时期。同时，随着个人期望与现实情形，即要做的工作、可用的资源、限制条件、其他参与的人员相统一，人们的不满情绪也逐渐减少了。项目团队接受了这个工作环境，项目规程得以改进和规范化。控制及决策权从项目经理移交给了项目团队，凝聚力开始形成，有了团队的意识，每个人觉得他是团队的一员，他们也接受其他成员作为团队的一部分。每个成员为项目目标所做的贡献都得到认同和赞赏。

在这一阶段，项目团队成员的情绪特点表现为信任、合作、忠诚、友谊和满意。所以，项目经理要尽量减少指导性工作，更多地扮演支持者的角色。此阶段工作进展加快，效率提高，项目经理应对项目团队所取得的成绩进行表扬。

4. 表现(辉煌)阶段

这一阶段项目团队成员积极工作，急于实现项目目标，工作效率很高，项目团队不断取得辉煌成绩，团队有集体感和荣誉感。项目团队成员能开放、坦诚、及时地进行沟通。在这一阶段，团队根据实际需要，以团队、个人或临时小组的方式进行工作，团队成员相互依赖程度很高。他们经常合作，并在自己的工作任务外尽力相互帮助。团队成员能感觉到高度授权，如果出现问题，就由适当的团队成员组成临时小组，解决问题，并决定如何实施方案。随着工作的进展并得到表扬，团队成员获得满足感。个体成员会意识到，作为项目工作的结果，他们正获得职业上的发展。

在表现阶段，项目经理完全授责授权，赋予团队权力。他的工作重点是帮助团队执行项目计划，并对团队成员的工作进度和成绩给予表扬。这一阶段项目经理集中关注预算、进度计划、工作范围及计划方面的项目业绩。如果实际进度落后于计划进度，项目经理的任务就是协助支持修正行动的制定与执行，同时，项目经理在这一阶段也要做好培养工作，帮助项目工作人员获得职业上的成长与发展。

5. 解散阶段

项目团队完成了预定目标，项目成果交付后，项目团队即告解散。当预见项目准备解散时，团队成员开始骚动不安，考虑自身今后的发展，开始做离开的准备，团队开始涣散。项目经理最好采取措施，稳定人心，明确责任，向团队成员明确还需完成哪些工作才能圆满完成项目，充分利用团队的凝聚力和团队成员的集体荣誉感。同时，也要考虑团队成员以后如何安排的问题，把项目的收尾工作做好。

二、项目团队组建

项目团队组建是指根据项目人力资源计划的要求，从项目组织内部或项目组织外部获取所需的人力资源，并根据这些人员的能力、知识和经验对他们进行合理安排，组建完成项目所需的团队的过程。

项目人力资源计划是指通过对未来人力资源需求预测，确定完成项目所需人力资源的数量和类别、各自的工作任务，以及团队成员之间相互关系的过程。它确保了在适当的时候，为适当的职位配备合适数量和类型的工作人员，使得他们能够有效地达到总体预定目标。在编制人力资源管理计划时，项目经理需要确定项目所需的人力资源数量和类别、项目团队成员的具体职位及相应的权力、责任等。项目人力资源计划的编制可参考第 4 章责任矩阵部分内容。

项目团队在组建时应该选取具有与项目任务相关的知识和技能、个人对项目任务有兴趣、能分出足够的时间参与项目、具有团队精神，喜欢与他人合作以及具有良好的诚信和稳定而开放的心理素质的人员构成。不同的物流项目，对项目团队组成人员的要求是不一样的。

1. 工程类物流项目

对于一个中等规模的物流工程项目（如建一个物流配送仓库），项目团队一般由以下关键成员组成：

(1)项目经理：包括业主项目经理、设计单位项目经理和实施单位项目经理。

(2)项目工程师：主管仓库及相关的设备设计，负责配送仓库功能分析、仓库布置和说明、设备的选型、图纸的绘制、费用估算、质量、工程变更及技术文档准备。

(3)技术工程师：围绕项目工程师的设计成果，组织有效的土建施工和设备安装等生产活动。

(4)现场经理：仓库的施工管理以及设备、装置等现场安装、调试的现场支持。

(5)合同管理员：负责项目的作业正式书面文件保管，对用户变更、提问、投诉、法律方面、成本及其他授权给项目的关于合同方面的事物保持跟踪。

(6)项目管理员：负责记录项目的日常收支情况，包括成本变化、劳务费用、日常用品及设备状况等；负责项目信息的管理，定期做一些报表，与项目经理和公司领导保持密切联系。

(7)支持服务经理：负责项目需要的材料、设备的外购或分包给其他供应商。

2. 非工程类物流项目

对于一些劳务型或咨询类的物流项目，项目团队需要的人员相对要少，如仅提供专户配送（第三方）物流项目，由以下成员组成即可（表 8.2）：

(1)项目经理：包括委托人（生产企业）的项目经理、物流公司的项目经理。

(2)项目工程师：负责企业产品的配送流程设计、运输方式与载运工具类型、运输路径的方案设计以及相关物流服务成本的测算。

(3)信息管理员：负责项目的所有正式文件（包括项目合同、会议纪要、来往公函等）和其他相关信息的记录、整理、保管和传达。

表 8.2 某物流项目组成员表

项目组成员表

一、项目基本情况

项目名称：	物流项目管理应用模板开发	项目编号：	
制作人：	刘志	制作日期：	2012.11.29
项目经理：	黎琪	审核人：	黎琪

二、项目组成员

成员姓名	项目角色	所在部门	职责	项目起止日期	联系邮件	联系电话	主管经理
景刚	项目赞助人	供应链系统	项目赞助	2012.11.12 至 2013.9.30			
黎琪	项目经理	物流部	总体负责	2012.11.12 至 2013.9.30			
杨平	项目核心成员	供应基础部	策略研讨执行	2012.11.12 至 2013.9.30			
潘圣	项目核心成员	计划部	策略研讨执行	2012.11.12 至 2013.9.30			
吴颇	项目核心成员	采购部	策略研讨执行	2012.11.12 至 2013.9.30			
杜江	项目核心成员	供应基础部	策略研讨执行	2012.11.12 至 2013.9.30			
刘志	项目核心成员	物流部	策略研讨执行	2012.11.12 至 2013.9.30			
王恩	项目扩展成员	供应链系统	项目指导支持	2012.11.12 至 2013.9.30			
聂军	项目扩展成员	供应链系统	项目指导支持	2012.11.12 至 2013.9.30			
曹汉	项目扩展成员	采购商务部	项目指导支持	2012.11.12 至 2013.9.30			
杨丽	项目扩展成员	放射影像事业部	项目指导支持	2012.11.12 至 2012.12.20			
向阳明	项目扩展成员	PMO	项目指导支持	2012.11.12 至 2012.12.20			
刘力	项目扩展成员	生产项目管理部	项目指导支持	2012.11.12 至 2012.12.20			
王月	项目扩展成员	应用系统开发与支持部	项目指导支持	2012.11.12 至 2012.12.20			

签字和日期：	项目赞助人：
	项目经理：

三、冲突管理

项目冲突是项目管理的必然产物。项目通常处于冲突的环境中。当两方或更多当事人就项目工作的目标、观点或价值等因素不能达成共识时，就会产生冲突。项目成员通常是冲突的起源。人与人的冲突可能会造成阻碍工作及时完成或者造成顾客不满意的情形发生。项目的冲突并非一无是处，有时冲突也有其有利的一面。项目冲突管理的作用是引导冲突结果向着积极的、协作的有利一面发展，而不是朝着破坏性的方向恶化。

1.冲突的根源

大多数情况下，冲突是因人而起。项目管理也不例外。它可能来自于用户与承包商、项目团队与职能小组、不同职能部门之间，甚至同一团队的小组或人员之间。

(1)客户和承包商之间。客户和承包商是两个利益不同的团体。客户总希望花更少的钱来实现预定的项目目标，而承包商却希望通过项目组织的活动，争取更大的利润。一方的利益往往表现为另一方的损失或付出。在达成的项目协议(即合同)中，都会规定一种违约的责任或处罚，每一方都想使另一方在失败或违约时承担责任，而自己获取项目必要的利益。客户与承包商之间冲突的种子在合同拟议的早期就已经播下。

实际上项目的合同是冲突的“导火索”。比如在“成本补偿”类合同中，客户同意补偿承约商实际花费的所有成本，再加上一定的协商利润，而不是预先规定数额。这种类型的合同对客户来说风险较高，因为承包商的花费可能会超出预计数额。客户必须密切监督和过问项目中的所有事情。这种细致的监督与检查，很容易引起承包商的不快，产生争执。另外，在成本、工期和绩效方面的用词含糊、规定不明确的合同，在执行中，会因多种解释而导致客户和承包商的分歧和冲突。

(2)项目组织内部。在一个总公司内部，不同项目团队和职能部门之间会产生冲突。在矩阵式的项目组织中，工作的优先顺序、工期和资源的配置通常是冲突的根源。在多个项目中，职能部门设定的工作优先顺序与项目经理的优先顺序也可能发生冲突。尽管成本和工期估计值最初是由职能部门设定的，但它们要经过项目经理的认可或修订。有时，最后的工期会与其他工作相冲突，资金配置的不足也会引起新的冲突。另外，职能经理常常会因和项目经理分享计划和控制权力而感到不满。有时，他们可能拒绝向项目调配某些人员或对他们调配给项目的人员保留支配权，无形中给项目经理的工作和人员安排设置了障碍，使被双重领导的项目成员找不到工作方向。

当许多项目成员在一起工作时，也会发生以下一些冲突：

①个性冲突。当任务艰巨、时间紧迫或工作受到了某些挫折，有些项目成员会因达到项目的期望渺茫而心灰意冷。在项目团队中，那些教育背景好、技能较高、作用较大的成员难免会轻视其他成员，从而大家无法和谐共处，这都是冲突的“温床”。

②团队冲突。在一个总公司内部，不同的项目团队成员之间也会产生冲突。有时，由于价值观或其他心理上的原因，不同团队成员对项目目的及其评判标准也有不同。尽管他们为同一个项目工作，也会在相互之间产生竞争角逐、猜疑和怨恨。当项目团队内部的凝聚力不高或团队精神建设出现问题时，团队内部也会发生内讧，这经常表现为帮派、小团体的争斗。

(3)项目生命周期。项目生命周期中最大的冲突是项目经理控制能力有限和难度较高的项目工期、项目优先顺序、人力资源和项目成本。其他的根源是技术观点和绩效权衡、管理和组织问题、人际差异等。造成冲突的原因排序会随着项目阶段的推进而变化。

①概念阶段。项目概念阶段中最显著的冲突根源是项目优先权、管理程序、进度和人力资源。项目经理与职能部门的争议产生于项目相对于其他活动的重要性、项目组织的设计、项目工作的优先顺序、项目经理的权限(包括人事任命)范围。

②项目的开发阶段。在项目开发阶段,冲突的主要根源仍然是项目优先权,接下来是项目进度、管理程序和技术问题。优先顺序冲突是从上一阶段延续下来的,而随着工作的实施以及职能部门努力实现技术要求,又会出现新的争端。

③项目实施阶段。由于项目处于执行期,主要冲突源的排序已经发生了变化。复杂的项目工作内容和管理过程,需要不同的项目团队、职能部门或分包商相互协作,解决技术问题、人力资源问题和进度拖延问题。某一责任方工作的滞延都可能引起整个项目的连锁反应。

④项目结束阶段。在项目最后收尾阶段,因工期被不断地拖延,按时完成项目更加困难,所以进度仍然是造成冲突的最主要原因。完成目标的压力和不断增加的对未来项目的忧虑增加了项目成员的不安与个性相关的冲突。项目进度计划的错位传递至项目结束阶段,从量的积累到质的变化,将严重影响项目的目标的实现,严重时将直接导致项目失败。

2. 团队冲突的后果

在由人组成的项目团队中,冲突是不可避免的,也并不总是有害的。适当加以管理,一定量的冲突是有益的。

(1)正面效应。

①冲突能够促进团队成员对重大事项进行慎重分析。对于一个团队来讲,如果所有决定没有遭到队员的任何反对和批评是不正常的,甚至是有害的。对项目计划、目标、战略等的质询,争论可以促使项目组织认真分析有关重大事项,避免造成决策的失误。

②冲突具有激励作用。冲突会带来竞争,竞争能使团队成员有一种紧迫感和危机感,有助于:迫使人们澄清自己的观点;迫使人们去寻找新的问题解决方法;迫使团队成员在工作上付出更多的努力;给团队成员有测试自己能力的机会。

③冲突是团队变迁的源泉。冲突导致团队的不均衡,促使具有创造性的队员加以变革,以寻求建立新的团队模式,实现团队的不断变迁。可以说,没有冲突,就没有团队的变迁。

④冲突可以改善团队的工作气氛。一些冲突在潜在的、模糊的状态下会继续恶化,从而导致更为严重的后果。将这些潜在的冲突显露出来,会更利于改善团队气氛,减少紧张,增进队员之间的关系。

⑤团队间的冲突能够增进团队内部的协调与合作。当遇到来自团队外部的压力时,团队队员会更加紧密地合作,希望能依靠集体力量来应付共同的挑战。

事实上,没有冲突是不健康的。缺乏冲突是过度一致的标志,被称为小团体思想。它会造成沉闷、雷同,得出低劣或平庸的判断。相反,针对不同意见或观点的冲突激发了讨论,可以促进问题的解决和创新。在担负探索新想法和解决复杂问题的项目组中,冲突是关键。

(2)负面效应。

①冲突导致团队运作的无序和混乱。对于相互间应该合作的项目团队,若每一项目小组都抱有一种"我们对他们"的态度,自私地尽力去实现自己的目标,而对其他组的目标设置障碍。从而会阻碍团队工作效率和作用的正常发挥。

②冲突导致非理性的冲动。由于冲突各方不愿意相互交流信息,因此,团队中的信息流动

将会受到阻碍,信息量减少,信息的准确度下降,造成决策只能依靠非完全的信息和错误的印象做出。显然,这样的决策是非理性和非科学的。

③冲突使团队队员的注意力从团队整体目标转向个人目标。冲突发生时,冲突各方往往更为关注直接的、表面化的冲突形势,更为强调个人的利益和目标,从而忽视团队的整体目标,影响团队绩效的实现和提高。

④冲突各方常常做出明争和暗斗。这些行为将导致团队运作效率的下降。此外,冲突的存在会使人简单地认为,只有采取“非此即彼”、“你死我活”的方式才能解决冲突。然而,事实上,许多冲突也可以采取“共赢”的方式来圆满解决。

对于严重影响项目团队运作的冲突,如果不加以控制和解决,破坏性的冲突将会愈演愈烈,造成更多的敌意和冲突。这种冲突会造成缺乏尊重、缺乏信任、破坏项目小组之间、个人之间的沟通,对其他人的想法、意见或建议一律拒绝或不予重视。最终,项目的精神被瓦解,项目的组织四分五裂,项目的失败也在所难免。

综上所述,项目冲突管理应当引导冲突结果向着积极的、协作的有利的一面发展,而不是朝破坏性的方向发展。

3. 解决冲突的策略

尽管引发冲突的因素各式各样,尽管不同的冲突源在项目的整个生命周期中呈现出不同的性质,但面对众多的冲突,常用的解决冲突的策略有五种:正视、妥协、缓和、竞争、回避。

(1)正视。正视就是直接面对冲突,它是一种解决冲突的有效方式。它既要求有效地解决问题,也要求维持良好的人际关系。正视冲突容易营造出一个以诚待人、关系融洽而民主的项目环境和讨论氛围,通过信息的充分交流,寻找解决问题的最佳方案。

(2)妥协。这是一种通过协商使冲突双方在一定程度上都获得满意的折中方法。尤其是在冲突双方势均力敌、难分胜负时,以权衡和互让为特征的妥协模式是较为恰当的解决方式。但是这种方法并非永远可行。

(3)缓和。这种方法的实质是求同存异,即在冲突中找出相同的方面,忽视两者之间的矛盾。这种方式认为,维持人际关系比解决问题更为重要,强行解决问题可能会伤害团队成员之间的感情,降低团队的凝聚力。项目管理是群体化的工作模式,团队成员之间的关系和情感对形成团队的凝聚力至关重要。适当的缓和某些矛盾的激化对项目管理是有益的。

(4)竞争或逼迫。这种方式的实质是“非赢即输”,它认为在冲突中取得胜利要比勉强保持人际关系更为重要。这是一种解决冲突的积极方式。但是,这种方式也存在一些弊端,可能会导致团队队员之间产生怨恨,甚至对工作环境产生影响。

(5)回避或撤出。就是让卷入冲突的项目团队成员从这种状态中撤出,从而避免发生实际的或潜在的争端。这是一种较为消极的冲突解决方式,有时会造成一些有利于项目的建议或方案被“隐藏”掉了,对项目工作产生重大的不利后果,也可能会使冲突积累起来,并逐步升级。

异议能导致冲动的争论。人们在解决冲突时,决不能过于情绪化或处于激动的状态。要善于处理而不是压制情绪,应该花一些时间理解别人的观点和想法。

当然,如果能将冲突扼杀在萌芽状态,即对冲突进行防范就可以避免或缩小某些不必要的冲突。项目经理必须确保所有项目团队成员都清楚地理解项目的目标和项目计划,在团队建设中强调成员间的信任和成员的自信,形成一个融洽的工作氛围等,这样就可以在某种程度上防范冲突。

此外,冲突不能完全靠项目经理来解决,团队成员间的冲突应该由相关成员来处理。

第四节　第三方物流项目沟通管理

一、基本概念

1. 项目沟通

沟通即信息的交流。具体来说,沟通是信息的发出者将信息传递给接收者,并期望接收者做出响应的过程。

管理学家西蒙认为:"沟通可视为一种程序,组织中的每一成员可以借此程序将其所决定的意见传递给其他有关成员。"

组织行为学家斯蒂芬 P 罗宾斯认为:"沟通是信息的传递和理解。"

沟通发生在项目团队和客户之间,项目团队成员之间,以及项目团队和其上层管理层之间。

项目沟通就是项目团队成员之间、项目干系人之间所进行的项目信息的发出和接受的双向、互动的反馈和理解过程。

项目信息是指数据、计划、记录、报告、演示文件和会议文件等与项目实施直接或间接联系的各种信息。项目信息在项目实施过程中起着重要作用,收集的项目信息是否正确,能否及时传递给项目干系人,将决定项目的成败与否。项目需要有效的沟通,以确保在适当的时间内以代价较低的方式使得正确的信息被合适的人所获得。项目经理的绝大多数时间都用于与团队成员和其他干系人的沟通,无论这些成员或干系人是来自组织内部(位于组织的各个层级上)还是组织外部。有效的沟通在项目干系人之间架起一座桥梁,把具有不同文化和组织背景、不同技能水平、不能观点和利益的各类干系人联系起来。这些干系人能影响项目的执行或结果。

图 8.6 是一种典型的以项目经理为"中枢"的沟通形式。

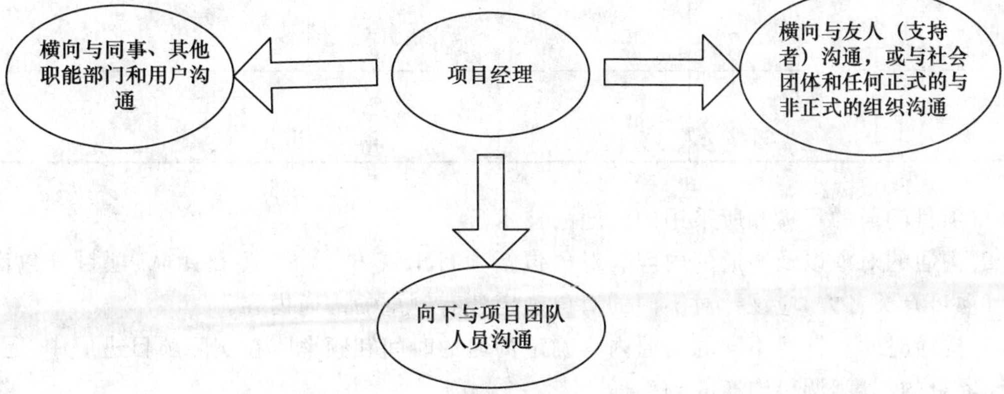

图 8.6　项目沟通渠道图

2. 项目沟通管理

项目沟通管理是指为了确保项目信息的合理收集和传递，对项目信息的内容、传递方式、传递过程等所进行的全面管理活动。

项目沟通管理是项目管理的一个重要组成部分，是项目管理中其他各方面管理的纽带。项目沟通系统，就像项目的"神经系统"，其一旦失灵或失真，会造成项目管理工作陷入瘫痪或半瘫痪状态，最终导致项目的延误，甚至失败。因此，在项目执行过程中，必须重视项目的沟通管理。

二、项目沟通管理计划

项目管理有一个通用的原则是先计划后实施。项目沟通管理计划包括对项目有关各方的沟通需求进行分析，确定谁需要何种信息、何时需要、采取何种方式、应由谁提供信息等。项目沟通管理计划和其他计划一样，对项目沟通起着指导的作用，但也同时会在项目实施中不断地被更新，以适应项目发展的需要。项目沟通管理计划的内容有：

表 8.3　某项目沟通管理计划示例

项目沟通计划表				
一、项目基本情况				
项目名称：	物流项目应用模板开发		项目编号：	
制作人：	李四		制作日期：	2012.11.29
项目经理：	王五		审核人：	王五
二、项目沟通计划Ⅱ. Project Communication Plan				
利益干系人 Stakeholders	所需信息 Info needed	频率 Frequency	方法 Means	责任人 Owner
张三	总体进展	每周	电话/E-mail	王五
项目核心成员	关键进展	随时	电话/E-mail	王五、项目核心成员
项目所有成员	总体进展	每周	会议纪要/状态报告	王五、项目核心成员

(1)项目沟通的目标和所采用的沟通的技术。

(2)沟通的对象以及沟通的内容。对象包括项目出资方、客户、项目团队、项目分包商、供应商等项目有关各方，应该针对不同的对象确定各有侧重的沟通内容。

(3)沟通时间。针对不同的沟通内容确定沟通的时间和频率。在实际项目进展中，还应根据情况紧急的程度，调整沟通的频率。

(4)沟通的地点。沟通的地点有时会影响沟通媒介的选择。例如，当一个企业产品分拨中心建设项目涉及多个地理位置的团队协作时,电视会议是一个常见的低成本形式。

(5)沟通的技术。现代通信和计算机网络技术使项目的沟通更为方便,如电子邮件、万维网、移动通信和PDA技术等。

(6)沟通信息的提供者。在项目沟通中,必须明确由谁负责提供相应信息。

(7)沟通的原因。针对每一项沟通,都应有完整的描述或界定,如为什么要进行这项沟通,这项沟通对应的需求是什么。

三、项目沟通的方式

一个有效的沟通者应该能够在明确沟通目的的前提下,根据背景情况(沟通内容的性质,与沟通对象之间的关系等),合适地选择沟通场景(地点、时间、氛围),灵活采用和组合沟通方式,达到最佳沟通效果。

可采用的沟通方式有很多,如正式沟通和非正式沟通、口头沟通和书面沟通。有时还可以按照媒介分为面对面沟通以及电话、电子邮件、电视会议和网络媒体等沟通。不同的方式有着各自的特点,在不同的场景下发挥的作用也是不一样的。其中,口头和书面沟通是最常见的两种沟通形式。

1. 正式沟通与非正式沟通

(1)正式沟通。正式沟通是指通过项目组织内部规定的沟通方式进行的信息传递与交流,如组织之间的公函来往、组织内部的文件传达、召开会议、组织规定的汇报制度等。正式沟通的优点是:沟通效果好,约束力强,易于保密,可以使沟通保持权威性;其缺点是:依靠组织系统层层传递,比较刻板,沟通的速度较慢。正式沟通通常包括上行沟通、下行沟通和平行沟通。

在项目沟通中,会议是一个非常重要的沟通工具。如果会议没有很好地规划与组织,常常会发生拖沓冗长,没有效率或没有结果。无论是物流项目的启动会议还是项目进行中的阶段汇报、计划调整会等,都可以采用以下的技巧来提高会议质量:

①事先拟好会议议程并通知与会者。会议议程包括会议的起止时间和会议议题,还包括每个主题的时间分配及谁将负责该主题。会议议程一定要提前发布,并能够表达出对参会者有什么样的期望,这样使大家对会议内容有所了解并做相应准备,也方便大家安排好各自的时间和工作。

②会议采用灵活的沟通工具,便于大家理解。可以用白板记录会议议程和进度,用幻灯片进行讲演,用便事帖记录议程之外发现的很重要的问题,待主要议题讨论完再进行讨论。

③设立会议主持人或协调员。会议协调员主要负责时间的控制和话题的监督,防止大家跑题。

④及时发布会议纪要。会议纪要的发布应该在24 h之内,这时大家对会议的内容还记忆犹新。会议纪要,要包括会议的主要议题、所做的决策、要采取的各项行动(包括谁负责、何时完成)。如果上次会议有一些行动项,本次会议纪要还要包括这些行动项的执行情况。如果下次会议的时间已经确定,会议纪要也要提醒大家谁将参加下次会议。

(2)非正式沟通。非正式沟通是指在正式沟通渠道以外进行的信息传递和交流,如项目团队成员之间的私下交流,小道消息等。非正式沟通的优点是:灵活方便,直接明了,速度快,能够了解到一些正式沟通中难以获得的信息;其缺点是:非正式沟通难于控制,传递的信息不够准确,容易造成信息失真。

2. 口头沟通和书面沟通

(1)口头沟通。口头沟通是指以谈话、报告、讨论、讲课、电话等口头表达的形式进行的信息交流活动。它的优点是亲切、灵活、速度快,双方可以自由交换意见,沟通效果好。

口头沟通可以是面对面的,也可以是通过电话等其他非面对面的方式。在所有的沟通方式中,面对面的口头沟通是最有效的。面对面的口头沟通不仅仅是言语的沟通,而是一个全方位的沟通,除了语言得体、明确之外,身体语言、眼光的接触、表情、语气、穿着、周围环境等都能传递信息。这些非直接的表达,往往更容易传递沟通者的某种倾向,或者某些潜在的意图。在项目管理过程中,可以通过启动会议、专题工作会等方式鼓励大家面对面交流、全方位的沟通。

而非面对面的沟通虽然达不到面对面沟通的效果,但沟通成本很低,很少受时间、地点的约束,因此,电话、电子邮件等非面对面沟通在现代项目管理中使用得相当普遍。

(2)书面沟通。书面沟通,就是通过书面形式进行的信息传递和交流。书面沟通大多用来进行通知、确认和要求等活动。如通知项目团队、供应商在某日来访或要求团队成员向客户提供有关月度进度报告的书面情况。

书面沟通有多种形式(如合同、文件、计划、备忘录、会议文件、信函、报告)和多种媒介(如电子方式、纸介质等)。在项目团队中通常使用内部备忘录,对客户和非公司成员如供应商,则使用外部信件的方式进行沟通。书面沟通,最大的一个特点是能够把信息及时地以一种相对稳定的方式记录下来,并且可以做到很有条理,能够减少信息在传递过程中的失真。

书面沟通可以与口头沟通相辅相成,书面的文档可以作为口头沟通之前的提纲和之后的总结,这样能够可提高沟通的效果和效率。

在项目的沟通中,书面报告也是一个非常重要的沟通工具。书面报告应该给阅读者一种清晰、友好的印象,能够让他们比较轻松地获得报告所传达的信息。要实现这一目的,必须达到以下要求:

(1)报告应有清晰的层次。不同层次的管理者对报告的关心要点是不一样的。如果一个下层管理者不做汇总加工,即将下面收集的数据和材料,装订在一起上报高层领导者,将会使高层领导陷入"信息的泥潭",不得要领。

(2)报告的内容不宜太多。当报告的内容超越了人们有限的阅读耐性,会弱化报告正确传递信息的作用。一般项目报告的主要内容包括:①项目状态信息;②项目进度情况;③项目未来预测;④项目完成质量情况;⑤项目一些必要的统计数据和指标值;⑥项目管理中存在的一些问题。

四、项目经理沟通管理

1. 沟通职责

在项目管理过程中,项目沟通无时不在,无处不有。项目经理在项目沟通中扮演着一个核心的角色。解决问题和冲突需要沟通;统一思想、组织规划需要沟通;实施和控制也需要沟通。物流项目经理的沟通角色主要体现在以下三方面:

(1)项目沟通的枢纽。物流项目经理需要与客户(或业主)、项目团队、各提供支持的职能部门和其他项目干系人保持沟通通畅。如一个全国性的物流平台搭建项目,由于项目复杂,涉及项目干系人多,可考虑在项目办公室内设置特定岗位,负责信息的发布和更新,从而实现上级与下级之间、平级之间项目信息得到充分沟通。

(2)做好项目整体沟通的规划、组织、协调、控制。项目经理要能够使项目干系人通过沟通,为整个项目做出贡献。项目经理首先要明确项目目标和工作计划,在此基础上制定沟通的方式与组织。如上述全国性的物流平台搭建项目,既可通过局域网/万维网,建立信息发布平台,还应根据项目工作进度的具体的"里程碑"计划,建立起协调、研讨会制度。运用内部简报形式,定期(每旬/每月)向上级领导和相关的职能部门以及项目各个团队(小组),通过项目进展情况、某些团队的特殊成绩、当前应注意的主要问题等,以多种方式让大家明确各自的角色和责任。项目经理还应就计划中没有考虑到的实际情况做出反应,比如出现突发事件,为了不使大部分项目成员的正常工作受到影响,项目经理要注意控制事件信息蔓延的范围。

(3)保持沟通语言的一致。由于项目有关方来自不同背景,因此,大家都能用"项目语言"进行沟通非常重要。项目管理需要大家默契的配合,对一些概念能够有共同的认识。在实际项目中,项目经理有责任保证大家在项目沟通语言上能够保持一致。比如,在进行"仓储配送一体化"物流项目设计中,必须充分地将库存管理与运输管理糅合在一起,使用最优库存、经济批量订货、最佳配送路径等项目核心的概念与术语,这样在技术方案讨论中,才会产生"共鸣"。

2. 沟通技巧

(1)有效聆听。沟通的核心不是语言,而在于理解。沟通中人们不但需要被对方理解,也应该努力地理解对方和尊重对方。有效沟通的一半是聆听,不会聆听将会使沟通失败。在项目的初期阶段,项目经理更要多听下属的不同意见,从中发现问题、了解成员的个性和才能,为将来的有效沟通奠定基础。

下面是一些有效聆听的常见障碍:

①假装聆听。你也在听和想,但是速度比一般人讲话快。这将导致漫无头绪、厌烦或只想着你该如何回答。

②注意力分散。如果你想做其他事情,如回电或读书,而有人正在跟你讲话,那么你就不能集中精力听这个人讲话。另外,身旁经过的人或窗外发生的事情也容易分散注意力。

③偏见和固执。只听你支持的观点而决绝不同意的事物是一种选择性的聆听。聆听中的偏见也可能来自对演讲者服饰、相貌、语调或特殊习惯的感觉。

④不耐烦。如果你急于让讲话者进入主题或等待机会打断其发言,你就听不进讲话者在讲什么了。

⑤急于得出结论。如果你在讲话人还没有结束讲话时就开始对他讲的东西下结论,你就无法静下心来听完整个故事或所有事实。

聆听不仅仅是给他人讲话的机会,它是一个主动而非被动的过程。主动去听可以增进理解并减少矛盾。下面是提高聆听效果的一些技巧:

①集中精力听。看着讲话人会帮助你集中精力,并且你可以观察讲话人的身体语言。

②积极主动地聆听。向讲话人提供语言或非语言反馈信息,这里包括身体语言,如点头表示同意所讲的东西、微笑或表示注意的前倾;也可以说不要求讲话人回答的语言评论,如"很有意思"、"我明白了"或"嗯";还可以对讲话人所讲的话进行解释,如"你所说的是……"或"你的意思是……"这种解释将会给讲话者解除误解的机会。

③提问。当你想要澄清这人所讲的事情或获得关于此事更多信息时,可以追根究底地提问,如"关于那件事,你能告诉我多一些吗"。

④不要打断。当一个人在讲话时,听清整个思路或在适当的间歇提出问题或评论。在一

个人提供完信息之前，不要打断或转换主题。

(2)敞开办公室的门。物理环境的考虑也会影响沟通的效果。当一位项目经理办公室的门经常是敞开的，无形中减少了下属与项目经理沟通的一个阻碍心理因素(如下属不必怀着一个忐忑不安的心情去敲门)。

(3)走访项目组。项目的各级经理应主动走出办公室，走到项目团队中去，这样不但能及时了解项目进行中的关键信息，还能够让下属感到重视和支持，更愿意积极与经理沟通，提出解决当前问题的设想与办法。

【课后习题】

1. 试比较不同项目组织形式的优势与劣势。
2. 作为一名优秀的项目经理，其应掌握哪些技能?
3. 项目团队形成和发展经历了哪些阶段？这些阶段各有什么特征?
4. 使用正视方式化解项目冲突的前提条件是什么?
5. 项目经理如何应用有效的沟通手段来解决项目的冲突?

【案例思考】

海尔的组织结构变革

海尔集团是在海内外享有较高美誉的大型国际化企业集团。在海尔的发展进程中，其组织结构在不断调整。海尔最早的组织结构是直线职能式结构，后来是矩阵结构，第三阶段就是市场链结构。

直线职能制结构就像一个金字塔。下面是最普通的员工，最上面是厂长、总经理，它的好处就是容易控制到终端。在企业小的时候，反应非常快。但企业大了以后，其最大的弱点就是对市场反应太慢。这种结构在海尔发展的初期起了很大的作用，当时海尔内部局面混乱，纪律涣散，员工素质低，如果不采用这种组织结构，最高领导的魅力无法展现，海尔无法发展。到1996年，这种结构在海尔发展到了顶峰，于1996年海尔开始实行事业部制。

这是一种分权结构的运作形式。在企业运作方式上，海尔集团采取“联合舰队”的运作机制。集团总部作为“旗舰”，以“计划经济”的方式协调下属企业。下属企业在集团内部是事业本部，对外则是独立法人，独立进入市场经营，发展“市场经济”，但在企业文化、人事调配、项目投资、财务预决算、技术开发、质量认证及管理、市场网络及服务等方面必须听集团统一协调。实行事业部制，必须要有一个强有力的“中央”。

随着海尔的壮大，海尔染上了“大企业病”，反应迟钝，效率低下，企业由上到下都是行政隶属关系，一级传递一级，集团是决策中心，事业部是利润中心，分厂是成本中心，班组是质量中心。结果，所有的人只面对上级，都没有面对市场，没有责任对整个过程负责，各司其职，根本无法对大规模企业灵活管理。1999年3月，海尔开始把“金字塔式”的直线结构转变成矩阵结构的项目流程。这种结构仍然保留了所有的事业部和事业部的研发、采购、销售等完整的业务流程，但是集团的整个管理职能不再是程序化的由上到下的统一指令，各个事业部不再各自为政。他们会因为项目而发生关联，事业部包揽全部业务流程的权利被肢解。

1999年8月，海尔开始BPR流程革命，成立超事业部结构，开始了组织结构的深度变革。第一步，把原来分属于每个事业部的财务、采购、销售业务全部分离出来，整合成独立经营的商流推进本部、物流本部、资金流推进本部，实行全集团范围内统一营销、统一采购、统一结算；第二步，把集团原来的职能管理资源进行整合，如人力资源开发、技术质量管理、信息管理、设备管理等职能管理部门全部从各事业部分离出来，成立独立经营的服务公司。整合后集团形成直接面对市场的、完整的物流、商流、资金流等核心流程体系和企业基础设施、研发、人力资源等支持流程体系。第三步，把这些专业化的流程体系通过“市场链”连接起来，设计索酬、索赔、跳闸标准，经过对原来的职能结构和事业部进行重新设计，把原来的职能型组织结构转变成流程型的网络体系结构，垂直业务结构转变为水平业务流程，形成首尾相接和完整连贯的新业务流程，如图8.7所示。

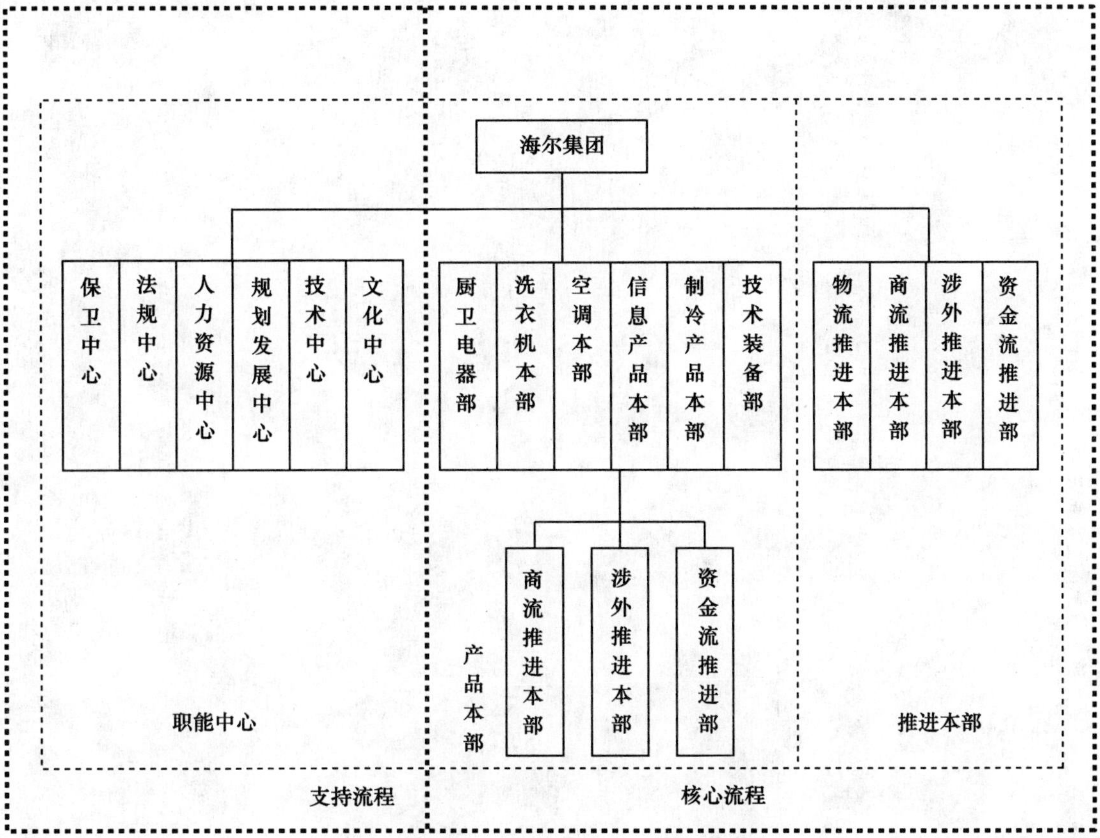

图8.7　海尔集团流程再造后的组织结构创新

当然，在各流程内部要建立自己的子流程，例如：物流内部建立了采购事业部、储运事业部、配送事业部。采购事业部业务流程的任务主要是从分供方采购产品事业部所需要的零配件，并对分供方进行管理；储运事业部业务流程主要是仓储和运输采购事业部的零配件，以供产品事业部制造产品所用；配送事业部业务流程主要是从储运事业部的仓库把零配件直接送到产品事业部的生产线上，同时把产品成品配送到销售中心和客户手中，这样物流管理使海尔实现在全球范围内采购零配件和原材料，为全球生产线配送物资，为全球销售中心配送成品。

降低了成本,提高了产品的竞争力。

问题:

1.从理论上来说不同组织结构形式都有哪些优势和不足,你认为这种优劣势在海尔公司的组织结构的变革过程中都有哪些体现?

2.通过阅读案例材料你有何感受?(从组织结构变革与创新的角度)

第九章　第三方物流项目采购管理

【导入案例】

夏晖与麦当劳的合作——超契约的合作关系

谈到麦当劳的物流，不能不说到夏晖公司，这家几乎是麦当劳“御 3PL”（该公司客户还有必胜客、星巴克等）的物流公司，他们与麦当劳的合作，至今在很多人眼中还是一个谜。麦当劳没有把物流业务分包给不同的供应商，夏晖也从未移情别恋，这种独特的合作关系，不仅建立在忠诚的基础上，麦当劳之所以选择夏晖，在于后者为其提供了优质的服务。

而麦当劳对物流服务的要求是比较严格的。在食品供应中，除了基本的食品运输之外，麦当劳要求物流服务商提供其他服务，比如信息处理、存货控制、贴标签、生产和质量控制等诸多方面，这些“额外”的服务虽然成本比较高，但它使麦当劳在竞争中获得了优势。

另外，麦当劳要求夏晖提供一条龙式物流服务，包括生产和质量控制在内。在夏晖设在台湾的面包厂中，就全部采用了统一的自动化生产线，制造区与熟食区加以分隔，厂区装设空调与天花板，以隔离落尘，易于清洁，应用严格的食品与作业安全标准。在专门设立的加工中心，物流服务商为麦当劳提供所需的切丝、切片生菜及混合蔬菜，拥有生产区域全程温度自动控制、连续式杀菌及水温自动控制功能的生产线，生产能力每小时 1 500 kg。此外，夏晖还负责为麦当劳上游的蔬果供应商提供咨询服务。

麦当劳利用夏晖设立的物流中心，为其各个餐厅完成订货、储存、运输及分发等一系列工作，使得整个麦当劳系统得以正常运作，通过它的协调与连接，使每一个供应商与每一家餐厅达到畅通与和谐，为麦当劳餐厅的食品供应提供最佳的保证。目前，夏晖在北京、上海、广州都设立了食品分发中心，同时在沈阳、武汉、成都、厦门建立了卫星分发中心和配送站，与设在香港和台湾的分发中心一起，斥巨资建立起全国性的服务网络。

例如，为了满足麦当劳冷链物流的要求，夏晖公司在北京地区投资 5 500 多万元人民币，建立了一个占地面积达 12 000 m^2、拥有世界领先的多温度食品分发物流中心，在该物流中心并配有先进的装卸、储存、冷藏设施，5～20 t 多种温度控制运输车 40 余辆，中心还配有电脑调控设施用以控制所规定的温度，检查每一批进货的温度。

“物流中的浪费很多，不论是人的浪费、时间的浪费还是产品的浪费都很多。而我们是靠信息系统的管理来创造价值。”夏晖食品公司大中华区总裁白雪李很自豪地表示，夏晖的平均库存远远低于竞争对手，麦当劳物流产品的损耗率也仅有万分之一。

“全国真正能够在快餐食品达到冷链物流要求的只有麦当劳。”白雪李称，“国内不少公司很重视盖库买车，其实谁都可以买设备盖库。但谁能像我们这样有效率地计划一星期每家餐厅送几次货，怎么控制餐厅和分发中心的存货量，同时培养出很多具有管理思想的人呢?”与其合作多年的麦当劳中国发展公司北方区董事总经理赖林胜拥有同样的自信：“我们麦当劳的物流过去是领先者，今天还是领导者，而且我们还在不断地学习和改进。”

赖林胜说，麦当劳全国终端复制的成功，与其说是各个麦当劳快餐店的成功，不如说是麦当劳对自己运营的商业环境复制的成功，而尤其重要的是其供应链的成功复制。离开供应链的支持，规模扩张只能是盲目的。

很让人感兴趣的是，麦当劳与夏晖长达30余年的合作，为何能形成如此紧密无间的“共生”关系？甚至两者间的合作竟然没有一纸合同？

“夏晖与麦当劳的合作没有签订合同，而且麦当劳与很多大供应商之间也没有合同。”的确有些难以置信！在投资建设北京配送中心时，调研投资项目的投资公司负责人向夏晖提出想看一下他们与麦当劳的合作合同。白雪李如实相告，令对方几乎不敢相信，不过仔细了解原因后，对方还是决定投资。这种合作关系看起来不符合现代的商业理念，但却从麦当劳的创始人与夏晖及供应商的创始人开始一路传承下来。“这种合作关系很古老，不像现代管理，但比现代管理还现代，形成超供应链的力量。”白雪李说，在夏晖的10年工作经历让自己充分感受到了麦当劳体系的力量。夏晖北方区营运总监林乐杰则认为，这种长期互信的关系使两者的合作支付了最低的信任成本。

多年来，麦当劳没有亏待他的合作伙伴，夏晖对麦当劳也始终忠心耿耿，白雪李说，有时长期不赚钱，夏晖也会毫不犹豫地投入。因为市场需要双方来共同培育，而且在其他市场上这点损失也会被补回来。有一年，麦当劳打算开发东南亚某国市场，夏晖很快跟进在该国投巨资建配送中心。结果天有不测风云，该国发生骚乱，夏晖巨大的投入打了水漂。最后夏晖这笔损失是由麦当劳给付的。

资料来源：http://www.all56.com/www/34/2010-05/40647.html

问题：

1. 夏晖公司相对于麦当劳公司扮演着什么样的角色？

2. 你如何看待夏晖跟进麦当劳开店构建物流资源的做法？

【本章概要】

· 项目采购管理概述

· 第三方物流项目采购规划

· 第三方物流项目采购实施

· 第三方物流项目采购合同管理

第一节　第三方物流项目采购管理概述

任何项目的实施都需要投入一定的资源。一般来说，这些资源包括人力、原材料以及设备等。资源的投入贯穿于项目的整个生命周期，是项目得以顺利完成的重要保障。项目组织为了获取项目所需要的资源，就必须进行项目采购活动。采购是保证项目实施的物质基础的一项十分关键的工作，它甚至影响到项目建设的成败。如果采购活动的工作方式不合理或管理不当，所采购的物资和服务达不到项目的规定要求，这不仅对项目的顺利实施产生影响，而且也会影响到项目的预期收益和未来的现金流，甚至由于采购的失败会导致项目的失败。因此，对采购过程的管理是项目管理领域里的一个非常重要的内容。采购活动的好坏，直接对项目的成本、工期和质量三大目标的成功实现产生重大的影响。

一、项目采购的定义和分类

1. 项目采购的定义

一般来说，企业采购是指商品的购买，而本章所指的采购与企业一般意义上的商品采购有所不同，它假设供应商在项目组织外部，并主要是从采购关系（项目组织——供应商）中的项目组织角度出发来考虑问题，即从项目组织的视角出发讨论如何进行项目采购管理。

项目采购是指项目组织通过各种努力，以招标采购或非招标采购的形式，从组织外部获得项目所需的各种资源的整个采办过程。

物流项目缺少不了采购。项目的采购工作是项目执行中的重要一环。如要做好物流企业中长期的战略规划，“采购”（聘请）专业公司的咨询服务是完全必要的；建设一个现代化的物流配送中心必须慎重地选择工程的承包商；而立体自动化物流仓库还需要大量地采购可调整货架、专用（带有起重平台）装卸货小车、辊式输送机、条码打印机、信息采集设备、射频传输设备等；企业物流业务的“外包”更需要挑选理想的战略合作伙伴。本书的侧重点在于第三方物流服务类项目，这些服务类项目，如物流系统规划、运输项目、供应商管理库存项目、物流新产品开发项目、社会化物流项目等，在项目的实施过程中，有些作业环节或有些货物、物资需要从第三方物流企业外部采购，因此，有必要进行采购方式的适当选择。如果采购的产品或服务不符合项目设计预定的要求，将直接影响项目质量，严重时会导致项目的失败。因此，规范项目采购，可以有效地降低物流项目成本，促进项目的顺利实施和按期完成。

2. 项目采购的分类

按照项目采购的方式，项目采购可分为招标采购和非招标采购。

（1）招标采购。招标采购是指为了使项目组织能够以更为合理的价格采购其所需的货物、工程和服务，并保证投标人有一个公平参与投标竞争的机会而进行的工作。具体来说，是由需方提出招标条件和合同条件，由许多供应商同时投标报价，然后由招标人对投标商所提出的招标文件进行综合评估，从而确定中标人，并与之签订采购合同的一种采购方式。

招标采购又可以进一步分为无限竞争性的公开招标和有限竞争性的邀请招标。对受客观条件限制和不易形成竞争的项目还可以采取协商议标。

①公开竞争性招标。是由招标单位通过报刊、广播、电视、网络等媒体工具发布招标公告，吸引众多企业单位参加投标竞争，招标单位从中择优选择中标单位的招标方式。凡是对该招标项目感兴趣又符合投标条件的法人，都可以在规定的时间内向招标单位提交意向书，由招标单位进行资格审查，核准后购买招标文件，进行投标。公开竞争招标的方式可以给一切合格的投标者以平等的竞争机会，能吸引众多的投标者，故又称之为无限竞争性招标。

②有限竞争性招标。又称为邀请招标或选择招标。有限竞争性招标不发布广告，招标单位根据自己的经验和所掌握的各种信息资料，向有能力承担该项目的承包商发出邀请，招标单位从应邀单位（必须不少于3家）中择优选择中标单位的招标方式。一般邀请3～10个投标单位较为适宜，收到邀请书的单位有权选择是否参加投标，但在规定的时间内向招标单位提交投标意向的应邀单位不得少于3家。这种方式的优点，是应邀投标者的技术水平、经济实力、信誉等方面具有优势，基本上能保证招标目标顺利完成。其缺点，是在邀请时如带有感情色彩，就会使一些更具竞争力的投标单位失去机会。但这种方式比公开招标节省了广告费用和招标的工作量。

③议标。也称谈判性招标或限制性招标。是一种以议标文件或拟议的合同草案为基础的,直接通过谈判方式分别与若干家承包商进行协商,选择自己满意的一家,签订承包合同的招标方式。议标通过谈判来确定中标者,主要有以下几种方式:a. 直接邀请议标方式。选择中标单位不是通过公开或邀请招标,而是由招标人或其代理人直接邀请某一企业进行单独协商,达成协议后签订采购合同。如果与一家协商不成,可以邀请另一家,直到协议达成为止。b. 比价议标方式。“比价”是兼有邀请招标和协商特点的一种招标方式,一般适用于规模不大、内容简单的项目和货物采购。通常的做法是招标人将采购的有关要求送交选定的几家企业,要求他们在约定的时间提出报价,招标单位经过分析比较,选择报价合理的企业,就工期、价格、质量、付款条件等细节进行协商,从而达成协议,签订合同。c. 方案竞赛议标方式。它是选择工程规划设计任务的常用方式。通常组织公开竞赛,也可邀请经预先选择的规划设计机构参加竞赛。一般的做法是由招标人提出规划设计的基本要求和投资控制数额,并提供可行性研究报告或设计任务书、场地平面图、有关场地条件和环境情况的说明,以及规划、设计管理部门的有关规定等基础资料,参加竞争的单位据此提出自己的规划或设计的初步方案,阐述方案的优点和长处,并提出该项规划或设计任务的主要人员配置、完成任务的时间和进度安排,总投资估算和设计等,一并报送招标人。然后由招标人邀请有关专家组成的评选委员会,选出优胜单位,招标人与优胜者签订合同。对未中选的参赛单位给予一定补偿。

议标是一种特殊的招标方式,是公开招标、邀请招标的例外情况。自 2001 年 1 月 1 日起施行的《中华人民共和国招投标法》就只规定招标分为公开招标和邀请招标,而对议标未明确提及。但在我国项目招标投标的进程中,议标作为一种招标方式已经约定俗成,且在国际上也普遍采用。从我国市场整体发育状况来考察,在当前和今后一定时间内议标仍可作为一种项目交易方式存在着。议标不同于直接发包,议标有“标”,而直接发包没有“标”。议标招标人必须事先编制议标招标文件或拟议合同草案,议标投标人也须有议标投标文件,议标也必须经过一定的程序。

(2)非招标采购。需方直接与某供应商,按协议价格采购。它可以分为询价采购、直接采购。

①询价采购。即比价方式,一般习惯称作“货比三家”。根据来自几家供应商(至少 3 家)所提供的报价,然后将各个报价进行比较的一种采购方式,其目的是确保价格的竞争性。这种方式无须正式的招标文件,具体做法同一般的对外采购区别不大,只不过是要向几个供应商询价进行比较,最后确定采购的厂家。它适用于项目采购时即可直接取得的现货采购,或价值较小、属于标准规格的产品采购。

②直接采购。是指在特定的采购环境下,不进行竞争而直接签订合同的采购方法。它主要适用于不能或不便进行竞争性招标、竞争性招标优势不存在的情况。例如,有些货物或服务具有专卖性质,只能从一家制造商或承包商处获得;在重新招标时没有一家承包商愿意投标等。

竞争性招标采购有规范的程序,体现公平、公正原则。我国《招标投标法》规定:在中华人民共和国境内进行的大型基础设施、共用事业等关系社会公共利益、公众安全的项目、全部或部分使用国有资金投资或者国家融资的项目、使用国际组织或国外政府贷款、援助资金的项目,包括项目的勘察、设计、施工、监理以及与工程建设有关的重要设备、材料等的采购,必须采取招标的方式。采用任何方式规避招标的将承担一定的法律责任。

二、项目采购管理的定义

项目采购管理是指为达到项目的目标而从项目组织外部获取所需物料、工程和服务的过程。项目采购管理的总目标是以最低的成本、及时地为项目提供满足其需要的物料、工程和服务。

项目采购管理是项目管理的重要组成部分，是保证项目成功实施的关键活动，它几乎贯穿于整个项目生命期。任何项目的实施都需要投入包括人力、材料、设备等在内的大量资源，如果采购的物料、工程和服务没有达到项目规定的标准，必然会降低项目的质量，影响项目的成本、进度和质量等目标的实现。

项目采购管理工作过程主要包括：项目采购规划、项目采购实施和项目采购合同管理。

第二节　第三方物流项目采购规划

项目采购规划是整个项目采购过程中的第一步。从识别项目组织需要从外部采购哪一些产品和服务开始，然后制定出能够最好地满足项目需求的采购工作计划安排的管理流程。它包括确定项目的采购方式、采购的预测成本、时间安排、各种采购活动之间的相互衔接、项目采购过程如何与项目的其他方面（如进度计划）相协调等。在这一过程中，要明确以下方面的问题：项目在什么时间需要投入什么产品或服务；需要采购哪些产品或服务；何时采购；如何采购；采购多少等。并根据对这几个问题的回答，编制出详细可行的项目采购计划。

一、自制或外购决策

采购管理规划的首要工作就是确定项目是否需要外部支持，即识别哪些项目需求可以由项目团队自行实现，哪些项目需求应该通过从外部采购产品、服务或成果来实现。自制或外购分析是一种通用的管理技术，可以用来判断项目组织所需的资源和服务是通过自制还是外购获得。

第三方物流项目所涉及的采购大致可分为服务、设施、设备及一般物资，其中涉及的决策有服务的自营或外包决策、设施的自建或租赁决策、设备的购买或租赁决策、物资采购批量决策。当设施、设备采用租赁方式获取时，还应进一步做出长期租赁或短期租赁的决策。如果决定自制，那么可能需要在采购计划中规定组织内部的流程和协议。如果决定外购，那么要在采购计划中规定与产品或服务供应商签订协议的流程。

1. 自制或外购分析

(1)购买或租赁分析。项目中需要的一些独立的设备（如可移动式机械、车辆等），既可以采取自我购置长期使用，也可以针对项目一次、临时性的特点，采用短期租借的方式，以节省项目资源使用成本。如一家第三方物流企业在承揽一项配送合同（项目）时，车辆运力不足或车辆种类不符，从而带来的是运力补充或调剂的问题。管理技术中常用的平衡点分析法可用来解决购买或租赁的决策问题。

【例 9.1】A 物流企业承接了某配送物流项目。根据三年的合同要求，必须用 4 t 的冷藏火车送货，而企业尚未配置此类货车。若为此项目购置冷藏车，购置费为 25 万元/辆；年运营成本费为 3.5 万元/(辆·年)；若考虑到项目合同期的长短，采用租车方案，年租车开销约 8.5 万元/(辆·年)。试问该企业如何根据项目的寿命期进行决策?

解: 单纯从成本有利的角度,两者的项目寿命平衡点分析如下:

设:n 为项目寿命期的年份数;就单个冷藏货车而言,若存在寿命平衡点 n_0,则有:

$25+3.5n_0=8.5n_0$,解得 $n_0=5$(年)

由平衡点可知(图 9.1):

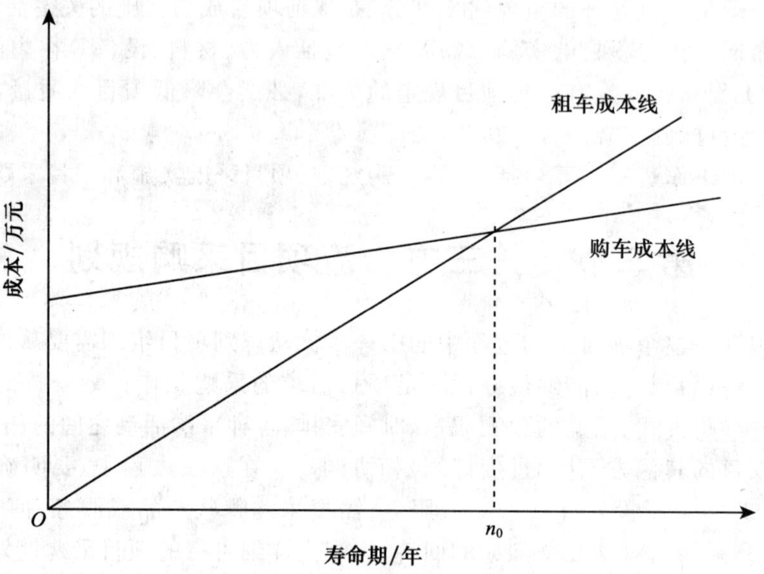

图 9.1　平衡点分析图

①当项目寿命期 $n<n_0$ 时,宜采用租车方案,以减少投资的风险。由题意,A 企业首次进入冷藏货运市场,经验不足。现签订的合同仅为 3 年,而且合同执行中,当达不到客户的要求时,随时可能中止合同的执行。因此保守的决策,采用租车方案;

②当项目寿命期 $n>n_0$ 时,可采用购车方案,为企业的发展奠定基础。当前 A 企业正在积极努力改制,以适应物流市场发展。以此为契机,通过改善项目的运作体制与机制,为客户提供满意的服务,很有可能续签合同。因此,从发展和竞争的角度,可选择购车方案。

(2)自建或租赁分析。对于项目中可能用到的仓库等固定设施,可以考虑企业自建或从外部市场租赁。企业自建仓库要考虑仓库的建造成本及仓库日常运营维护成本,而租用仓库只要考虑租金。这个问题同样可以采用平衡分析法来解决。如图 9.2 所示,当项目寿命期内的货物周转量超过临界值,则可以考虑自建仓库,否则选择租用仓库。

(3)自营或外包分析。在第三方物流企业拿下货主企业的物流服务项目合同后,可能会面临资源紧张问题,即第三方物流企业的现有资源可能无法满足货主企业的要求。为圆满完成物流服务项目,第三方物流企业可以选择将部分业务或部分环节转包给社会资源来完成,也可以选择自己来完成所有业务,但后者需要第三位物流企业投资搭建物流基础设施平台,招聘更多的物流作业人员,这可能在短期内需要大量的投资。为此,第三方物流企业可以结合自身企业的发展战略,全面分析自营与外包的利弊,并对两种模式的成本进行详细分析,最终做出自营或外包的决策。如夏晖公司为麦当劳服务过程中的跟随策略,麦当劳到哪夏晖就到哪,麦当劳新开拓一个市场,夏晖的配送中心等物流基础设施建设就跟到哪,这是一种典型的自营决策。

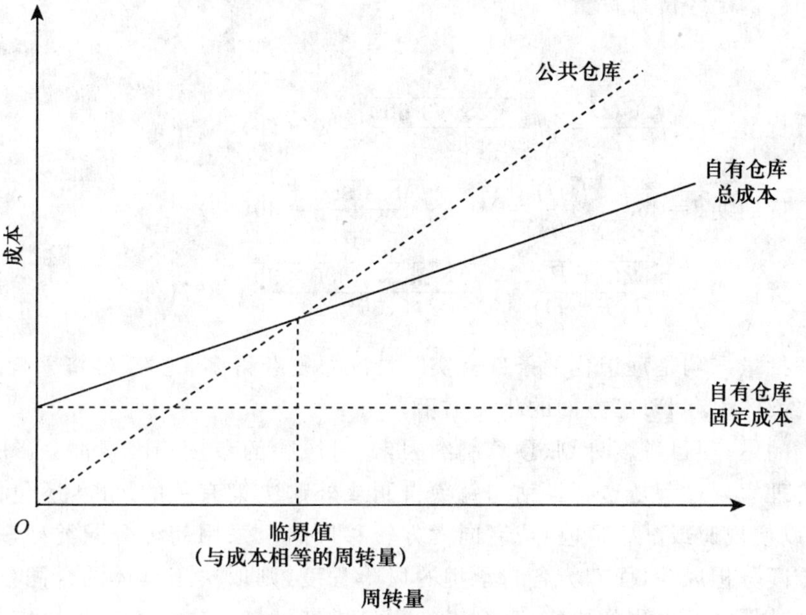

图 9.2　自建或租赁分析

2. 短期租赁或长期租赁分析

当某些项目需要短期用到某特种设备，专门购置今后会造成浪费，可从市场上去租赁。至于是短期租赁还是长期租赁，通常取决于财务上的考虑。根据项目对某租赁品的预计使用时间、租金大小来分析短期租赁与长期租赁的成本平衡点。

【例 9.2】某专项运输项目，因承担特大物件运输项目外租某台特殊设备，若短期租赁，租金每天 250 元；也可以长期租用，租金每天 190 元，但须额外交纳固定手续费用 6 000 元。问如何抉择？

解：设预计租期为 x 天时，长短期租赁费用相等，则有：

$$90x + 6\,000 = 250x$$

解得：$x=100$(天)

建议：从节约租赁成本考虑，若预计租用设备不超过 100 天，应选择短期租赁；若预计租用设备超过 100 天，选择长期租赁更经济。

3. 经济订货批量分析

对于项目中消耗量较大的物资，按照采购优化管理的要求，应该合理地确定进货批量和进货时间，即保证项目不因缺材料，耽搁项目进度，又使备料的存量总成本最低，这个批量叫作经济采购量或经济批量。有了经济批量，可以容易地找出最适宜的进货时间。

【例 9.3】某项目要采购某种包装材料 3 600 件，该物料年单位存储成本为每件 2 元，每次订货成本为 25 元。试确定：

①一次的经济订货量？

②最佳订货周期是多少天？

③如果该物料是陆续供应和耗用的，假设该物料每日送货量为 30 件，物料的每日耗用量

为10件,则如何确定经济订货量?

解:

①经济订货量 $Q=\sqrt{\frac{2C_0D}{H}}=\sqrt{\frac{2\times25\times3\ 600}{2}}=300$(件)

②最佳订货周期 $t=360/\sqrt{\frac{DH}{2C_0}}=360/\sqrt{\frac{2\times3\ 600}{2\times25}}=30$(天)

③经济订货量 $Q=\sqrt{\frac{2C_0DP}{H(P-D)}}=\sqrt{\frac{2\times25\times3\ 600\times30}{2\times(30-10)}}=367$(件)

上述经济批量采购是理想化的条件。实际情况要复杂得多。关于经济采购批量相关公式的推导,可以参见"库存管理"方面的相关书籍。

需要注意的是,项目进度计划、预算制约因素、对风险的考量等因素都会影响自制或外购决策。采购管理规划过程还包括评估与每项自制或外购决策有关的风险,还包括审查拟使用的合同类型,以便规避或减轻风险,或者向卖方转移风险。采用何种合同类型,取决于想要如何在买卖双方间分担风险,而双方各自承担的风险程度,则取决于具体的合同条款。反过来,制定采购管理计划时所做出的决定,又会影响项目进度计划。应该把这些决定与制定进度计划、估算活动资源和自制或外购分析的决策整合起来。

二、采购管理计划

采购管理计划是项目管理计划的组成部分,说明项目团队将如何从执行组织外部获取货物和服务,以及如何管理从编制采购文件到合同收尾的各个采购过程。采购管理计划包括如下内容:

(1)拟采用的合同类型。合同类型主要分为两种,固定价格合同和成本补偿合同。

(2)风险管理事项。

(3)是否需要编制独立估算,由谁进行估算,以及是否应把独立估算作为评价标准。

(4)如果执行组织设有采购、发包或采办部门,项目管理团队可独自采取的行动。

(5)标准化的采购文件(如需要)。

(6)如何管理多个供应商。

(7)如何协调采购工作与项目的其他工作,如制定进度计划与报告项目绩效。

(8)可能影响采购工作的制约因素或假设条件。

(9)如何处理某些产品的采购需要提前较长时间的问题,并在项目进度计划中考虑所需的时间。

(10)如何进行自制或外购决策,并把该决策与估算活动资源和制定进度计划等过程联系在一起。

(11)如何在每个合同中规定合同可交付成果的进度日期,并与制定进度计划和控制进度过程相协调。

(12)如何识别对履约担保或保险合同的需求,以减轻某些项目风险。

(13)如何指导供应商编制和维护工作分解结构(WBS)。如果采购的不只是现货物资、商品或普通产品,则供应商通常应把相关工作当作一个项目来管理。在这种情况下,执行组织是供应商的客户，是供应商的一个关键项目干系人。

(14)如何确定采购/合同工作说明书的形式和格式。

(15)如何识别预审合格的供应商(如有)。

(16)用于管理合同和评价供应商的采购测量指标。

根据每个项目的需要，采购管理计划可以是正式的或非正式的，非常详细或高度概括的。

三、采购工作说明书

采购工作说明书说明的是与采购合同相关部分的项目范围。根据项目范围说明书制订每项采购合同的工作说明书。采购工作说明书对所采购的产品进行详细的描述，以便使潜在的供应商确定它们能否提供这些产品。至于采购工作说明书详细到何种程度，根据项目的性质、项目组织的需要或者预期的合同形式而定。采购工作说明书描述了将由供应商供应的产品、服务或成果，包含的信息有规格、数量、质量、性能参数、履约期限、工作地点与其他需求。

采购工作说明书应力求清晰、完整和简练。它也应该说明任何所需的附带服务，如绩效报告或项目后的运营支撑等。每次进行采购都需要编制采购工作说明书，不过，可以把多个产品或服务组合成一个采购包，由一个采购工作说明书全部覆盖。

四、采购文件

采购文件用于向潜在供应商征求报价或建议书。报价和建议书的不同之处在于，报价主要依据价格来选择供应商时使用，如购买一般性商业产品，或征询某运输专线的价格；而建议书则是主要根据非价格因素来选择供应商时使用，如以技术能力或运作方案作为最重要的考虑因素。采购文件使用的术语有多种，如投标邀请书、征求建议书、询价书、招标通知书、洽谈邀请以及承包商初步建议征求书等。

采购文件不仅应便于潜在供应商做出准确、完整的应答，还要便于对供应商应答进行评价。采购文件中应该包括应答格式要求、相关的采购工作说明书及所需的合同条款。

采购文件的复杂和详细程度应与采购的价值和风险水平相适应。采购文件的严格程度既要足以保证供应商做出一致且适当的应答，又要具有足够的灵活性，允许供应商为满足既定需求而提出更好的建议。如要求供应商完全按照投保邀请书提交建议书，但运行供应商在另外的建议书中提供推荐的可选择方案等方法实现。

项目团队通常按照所在组织的相关政策，邀请潜在的供应商提交报价或建议书，可以通过报纸、杂志、网络等发布邀请。

五、供应商选择标准

供应商选择标准通常是采购文件的一部分。制定这些标准是为了对供应商建议书进行评级或打分。标准可以是客观或主观的，如“所推荐的项目经理必须是 PMP”就是客观的要求，而“所推荐的项目经理必须具有记录在案的以往管理类似项目的经验”则是较为主观的要求。

如果所采购的产品或服务很容易从若干个可选择的供应商处获得，则评估标准可仅限于采购价格。这种情况下，采购价格既包括产品或服务本身的成本，也包括所有附加费用，如运输费用。

对于较复杂的产品或服务，还需要确定和记录其他选择标准，并将其形成文字，以便作为评估的依据。可能的供应商选择标准如下：

(1)对需求的理解。供应商的建议书对合同工作说明书的响应情况如何？

(2)总成本或生命周期成本。所选择的供应商能否提供最低的全生命周期成本(采购成本加运营成本)？

(3)技术能力。供应商是否拥有或能合理获得预期所需的技术能力与知识？

(4)风险。工作说明书中包含多少风险？供应商将承担多少风险？供应商如何减轻风险？

(5)管理方案。供应商能否具备保证项目成功所需的管理流程和程序实施能力？

(6)技术方案。供应商建议的方法、技术、解决方案和服务是否能满足采购文件的要求，或者他们的技术方案比预期的更好？

(7)担保。供应商承诺在多长时间内为最终产品提供何种担保？

(8)经济实力。供应商是否拥有或能合理获得所需的资金？

(9)生产能力和兴趣。供应商是否有能力和兴趣来满足潜在的未来需求？

(10)业务规模和类型。供应商是否满足项目组织定义的作为中标条件的业务类型或规模标准？

(11)业绩。供应商是否可以提供现有客户的意见，以证明供应商的工作经验及履行合同方面的情况。

(12)知识产权。供应商是否拥有项目生产的产品或将使用的工作流程或服务的知识产权？

(13)所有权。供应商是否拥有项目生产的产品或将使用的工作流程或服务的所有权？

第三节　第三方物流项目采购实施

项目组织依据制订出的采购管理计划及其相应的各种采购文件，就可以开始项目采购的实施阶段。实施采购是获取供应商应答、选择供应商并授予合同的过程。本过程的主要作用是，通过达成协议，使内部和外部干系人的期望协调一致。在实施采购的过程中，项目团队将会收到报价书、投标书或建议书，并按照事先拟定的选择标准，选择一个或多个有资格履行工作且可接受的供应商。

项目采购方式有招标采购和非招标采购两种。以下分别对两种采购方式的流程进行介绍。

一、招标采购的实施

招标采购是商品经济发展到一定阶段的产物，是一种特殊的商品或劳务的交易方式，它是一种由招标人发出投标邀请，投标人按照平等、自愿、公平竞争、诚实信用的原则提出投标承诺，然后招标人在遵循规范的标准和程序在若干投标人中间进行择优选拔，最终以协议或合同的形式确定平等经济主体之间的买卖关系活动过程。

第三方物流项目多为非工程建设的服务类项目，在项目实施过程中，项目组织需要对外采购货物(如机械设备、车辆、材料等)，或需要向外采购部分服务(如专线运输、仓储服务)，都可以采取招标的方式，以挑选最佳的合作伙伴。

按照标准的招标程序，招标活动一般分为三个阶段。

1. 招标准备阶段

该阶段的主要内容表现在以下几个方面。

(1)组建专门的招标工作小组和评标委员会(由懂技术、懂经济、懂法律三方面专家组成)。招标工作是由项目团队所在组织的采购或发包部门负责还是由项目团队独立完成取决于组织的政策。

(2)编制招标文件和标底。招标文件既是投标方进行投标的依据,也是招标方进行评标的依据,同时还是招投标双方最终签订合同的主要条款和内容。招标文件应该详细说明:投标的注意事项、合同的通用条款和专用条款;项目采购的对象、数量、规格以及性能要求;投标方资格审查、投标书的格式内容及补充说明资料;招投标双方签订合同的格式、履约保证金格式、动员预付款保函以及招投标双方的权利义务关系。

物流项目招标文件的内容和篇幅大小,与物流项目的规模和类型有关。一般而言,服务类项目的招标文件简单些,工程建设招标的内容复杂些。

标底是招标人对投标项目所需费用的自我估算值,它是评定投标价的合理、可行性的重要依据,也是衡量招标活动经济效果的依据。编制标底时,要在充分考虑项目规模的大小、标的所需技术的难易程度、市场情况、时间紧迫程度以及质量要求等因素的基础上,制定项目采购成本、投标者合理利润和风险系数。

标底直接关系到招标人的经济利益和投标者的中标率,应严加保密,如有泄露,情况严重者,应追究其法律责任。

(3)在媒体上发布招标公告。公告的内容要包括项目采购类目、项目资金来源、招标内容、时间要求、招标文件的价格及发放的日期和地点、投标的截止日期(需要具体到年月日时)和地点、开标时间(不能超过投标截止日期的 24 h)、招标单位的联系方式(邮编、地址、电话、传真、电子邮箱等)。

(4)对提出投标申请的单位进行资格预审。资格预审的主要内容有投标者的法人地位、资产状况、财务状况、人员素质、技术力量、商业信誉和业绩等。

(5)对符合资格的投标单位发放招标文件,并收取一定的投标保证金。

(6)组织标前答疑会议,投标方需对招标文件中的内容做全面深入的理解,如有不明确的地方,可以在答疑会上要求招标方予以澄清,答疑会议上提出的问题和解答的概要情况应记录在案,并作为招标文件的补充部分发给所有投标人。

(7)接受投标方提交的投标文件。

2. 开标评标阶段

开标应当在招标文件确定的提交投标文件截止时间的同一时间公开进行,开标地点应当为招标文件中预先确定的地点。

(1)在招标期限截止后,首先将投标箱封闭,不再接受投标。

(2)开标时,由主办人员会同有关部门之代表,开启标箱。在公证人员监督下,将密封的投标文件当众启封,公开宣读各投标单位投标书的内容(如单位名称、投标报价、工期、质量目标等),并记录在案,由投标方代表签字认可。投标文件有以下情形之一的,应当在开标时当场宣布无效:未加密或者逾期送达的;无投标单位及其法人或其代理人印签的;关键内容不全、字迹辨认不清或则明显不符合招标文件要求的。无效投标文件,不得进入评标阶段。

(3)开标后,应由评标委员会进行评标。评标委员会应坚持公正态度,按预先确定的评标原则，一视同仁地对待每份合格的投标文件，从技术、工期、管理、服务、商务、法律等方面进行分析、评价。

对每份投标文件都要写出书面分析资料和评价意见，拟写评价对比表和分析报告，提出2～3家预中标者的建议，供决标参考。

具体评标方法应在招标文件中载明。通常有合理低标价法和综合评议法两大类。

合理低标价法，即能够满足招标文件的各项要求，投标价格最低的投标即可作为中选投标。

综合评议法又可分为最低评标价法和打分法两种。所谓最低评标价法，即评标委员会根据评标标准确定的每一投标不同方面的货币数额，然后将那些数额与投标价格放在一起来比较，估值后价格（即“评标价”）最低的投标可作为中选投标；所谓打分法则是评标委员会根据评标标准确定的每一投标不同方面的“得分”，得分高者将胜出，即为最佳投标。打分法又分为两类：简单评分法和加权评分法。简单评分法是对每一个投标的各个方面进行打分，然后将打分值简单相加，其明显的缺陷是所有标准被视为同等重要。而加权评分法，根据每个标准相对于项目的总体目标的关联度或重要性，事先给每个标准赋予一个权重，在对投案的每个方面进行打分，然后加权求和得出投标方案的得分。

除采用议标程序外，招标人或招标代理机构不得在定标前与投标人就投标价格、投标方式等事项进行协商谈判。

3. 决标签约阶段

决标指招标单位将依据评标委员会的评标报告，并从其推荐的中标候选单位名单中确定中标单位。中标单位应是技术合适、标价合理、服务优惠、质量有保证的最佳投标者。

决标后，招标人或招标代理机构应当将中标结果书面通知所有投标人。招标人与中标人应当按照招标文件的规定和中标结果签订书面合同。

二、非招标采购的实施

在现实生活中，采购项目所需绝大多数资源还是通过非招标采购的方式获得的。项目非招标采购方式的实施同一般运营单位的商品采购实施工作基本上是相同的，主要包括以下几个方面的内容。

1. 询价

项目组织根据事先编制好的项目采购计划和项目采购工作计划中所规定的咨询时间，并结合其他各种项目采购工作文件以及项目的实际进度情况，积极寻找潜在可能的产品或服务供应商（可以根据项目组织自己所掌握的情况或接受咨询专家的建议来选择发出邀请的潜在供应商），并向这些潜在供应商发出描述项目所需要资源要求的采购工作说明书和询价信，邀请他们提供报价。

2. 获得报价

接受邀请的潜在供应商向项目组织发出报价，项目组织就所接收的报价向供应商询问更多信息，请他们解释其报价的理由和根据，确认报价所包括的商品和服务的内容，明确供应商报价的实际内涵。

3. 评审

在获得和明确了各供应商的报价及其提供的商品和服务的有关情况后，项目组织根据预先制定的评价标准，对所有的供应商及其报价情况进行评审，即“货比三家”，筛选出价格低、服务好，所提供的商品和服务能够满足项目要求的供应商候选人。

4. 磋商

项目组织同供应商候选人进行进一步磋商、讨价还价，主要为了尽可能地降低成本，确定成本价格，并最终确定供应商人选。项目组织在同供应商进行价格磋商的时候，就注意使用讨价还价的策略和幅度，既要努力压低价格，降低成本，争取最大利益，又要给供应商留以合理的盈利空间，否则买卖双方无法达成一致。

5. 谈判签约

项目组织最终确定供应商，并就价格问题同供应商达成一致后，接下来就进入更进一步的合同条款谈判和签约工作中了，在谈判签约工作中，双方主要明确已磋商协定的价格条款，数量与质量条款，交货日期，交货地点和交货方式条款，支付条款，违约条款，纠纷处理方式等。然后，双方代表在合同上签字盖章，合同即生效。

第四节 第三方物流项目采购合同管理

项目组织与各供应商就货物和服务的买卖达成一致并签订合同之后，项目采购管理就进入最后的阶段，即项目采购合同管理阶段。项目采购合同管理是确保供应商或承包商履行合同，提供合格的货物和服务的过程。

一、项目采购合同

1. 项目采购合同的含义

合同是指平等主体的自然人、法人和其他组织之间订立、变更、解除民事权利和义务关系的具有法律效力的协议。项目采购合同是指项目执行组织与项目组织外部的承包人或供应商为完成某一确定的项目所指向的目标或规定的内容，明确双方权利义务关系而达成的协议。

2. 项目采购合同的内容

一般来说，项目采购合同包含以下方面的内容：

(1)产品名称、商标、型号、厂家、数量、金额、供货数量与日期；

(2)产品的质量要求、技术标准、供方对质量负责的条件和权限；

(3)运输方式及达到站港和运输费用的承担方式；

(4)交货地点和方式；

(5)包装标准、包装物的供应与回收；

(6)合理损耗及计算办法；

(7)产品附件、配备工具的数量及供应方法；

(8)合同结算方式及期限；

(9)验收日期、标准、方法及提出异议的期限；

(10)如需提供担保，则另立合同担保书作为合同附件等。

二、项目采购合同管理

项目采购合同管理是指对采购或承发包合同的履约管理，其基本思想是为了实现项目采购计划，保证供应商或承包商按照合同约定履行义务，而运用各种手段，采取各种措施进行管理。合同管理是贯穿于整个项目实施过程中，是全面项目管理的一个有机组成部分，需要与项目的其他管理职能相协调。在控制采购的过程中，需要把适当的项目管理过程（如进度管理、质量管理、风险管理等）应用于合同关系，并把这些过程的输出整合进项目的整体管理中。如果项目有多个供应商，涉及多个产品或服务，这种整合就经常需要在多个层次上进行。对于有多个供应商的较大项目，合同管理的一个重要方面就是管理各个供应商之间的界面。

项目采购合同管理通常包括以下方面的内容。

1. 采购质量控制管理

采购质量控制包括来自供应商或承包商的货物或服务的检查、验收和交付的工作，这是保证项目所使用的资源符合质量要求的重要手段。

在采购合同管理实践中，对货物的基本验收方式有：凭到货的现状验收、凭货物的封存样品验收、根据卖主提供的样品验收以及凭权威部门的鉴定结论验收等。这些验收的凭据是区分合同各方经济责任的依据。

对服务外包合同，需要在物流服务过程中进行质量控制。因此，需要在采购合同中对物流服务质量做出明确规定，设立服务质量考核指标，确定服务质量考核方式、考核标准。由于物流服务提供的过程即是物流服务的消费过程，而且对货物的一些物流操作结果是不可逆的，如运输过程中的货损、延迟到达等，因此，要特别重视物流服务的过程控制。对于项目组织来说，通过设立的一些服务质量考核指标，定期或不定期对供应商进行考核，建立服务质量反馈和改进机制，建立供应商淘汰机制，保障项目的整体质量。

2. 对供应方工作的监督管理

项目组织应该根据合同规定，对供应商或承包商的工作进行必要的跟踪控制管理。项目组织要在适当的时间，以适当的方式方法，监督和控制供应商或者承包商的供应工作，确保他们的工作能够有效地达到合同目标，保证项目资源的及时供应。例如，派技术专家到供应商或承包商的工作现场，按照项目的技术要求直接指导和监督工作。在项目的实施过程中，在某种资源投入之前的一段时间内，项目组织要保持同资源供应商的联系，监督他们按时交货，以免延误项目的进度。此外，在成本补偿合同中，项目组织要及时了解资源供应商或承包商的成本情况，当实际成本大幅超过计划成本的时候，双方就必须及时对资源供应情况进行调整，以确保项目成本目标的实现。

3. 合同变更的管理

在采购合同的实施过程中，由于合同双方的因素或外部存在的种种不确定性因素，可能会根据合同中的合同变更协议条款对合同中的某些条款进行变更修改。合同的变更会对双方的利益产生影响，因此，在变更时需要合同双方的意见达成一致。此外，除了合同中的变更约定条款外，《中华人民共和国合同法》也对合同变更做了相应法律规定。合同双方当事人中的任何一方都可以提出合同变更或解除的书面建议，建议中应包括：变更或解除合同的充足理由和变化后的合同条款；双方在接到变更建议书后，如无异议即发生变更效力；若有异议双方可以谈判协商；对变更达成一致意见后，双方需签订书面的合同变更协议，这些协议与合同一样具有法律效力；合同当事人一方提出变更建议，另一方在接到通知后应该在规定或约定的时间内予以答复，逾期不答复视为默许。

4. 解决纠纷

在合同的履行和变更过程中，常常由于价格、付款、索赔和其他各种因素导致合同双方的争议和经济纠纷。当这些情况出现时，要依照合同中有关解决争议和纠纷的条款进行处理；如果没有此类条款，那么可以请双方约定的第三方进行调解；如果双方对于第三方的调解不能达成一致，就应该交由法院或仲裁机关，通过诉讼、复议的方式，按照法律规定的纠纷处理原则来解决。

5. 项目组合内部对于变更的理解

项目合同发生变更后，项目组合应该通知所有项目成员有关合同的变更情况并征得他们的理解和认可，同时分析合同的变更会给项目带来哪些方面的影响和应该采取的调整措施，以确保项目各方面工作的协调进行。采购合同变更的控制系统应该与全项目变更控制系统相结合。因为采购合同的变动可能会影响到整个项目计划的实施，所以凡是出现采购合同变更的，都应该对项目计划和他们的相关文件进行更新。

6. 合同付款支付系统的管理

对供应商或承包商的支付管理通常也是项目合同管理的一个重要内容。在有众多项目采购管理的大型项目管理中，项目组织可以开发建立自己的支付系统。这一系统包括由项目管理者做出的评价和认可等控制措施，以及相应的支付控制工作。根据国际惯例，项目采购合同的支付方式一般有两种：一种是现金支付方式；另一种是转账支付方式。通常限定数额以内的小额价款结算可以采用现金支付方式；大额价款的结算必须通过开户银行，将资金做账面上的划拨。项目组织应该根据合同条款中确定的支付方法，按照供应商或承包商提交的发货单或完工单位对供应商或承包商进行付款，并对其进行严格管理。

合同的类型主要有两种：固定价格合同和成本补偿合同。在固定价格合同中，项目组织与供应商就所采购的货物或服务达成一致的价格。除非项目组织与供应商均同意变更合同，否则价格就保持不变。这种类型的合同对于项目组织来说风险较低，因为不管采购标的物实际耗费了供应商多少成本，项目组织都不必支付高于固定价格的部分。成本补偿合同中，项目组织同意补偿供应商实际花费的所有成本（劳动力、原材料等），再加上一定的协商利润，而并不预先规定数额。这种类型的合同对项目组织来说风险较高，因为供应商的花费有可能会超过预计数额。这种合同对于项目组织来说风险较高。由于不同的合同类型双方承担的风险程度不同，因此，应根据合同类型做好合同的风险管控。

【课后习题】

1. 简述项目采购的分类。
2. 项目采购规划主要解决哪些问题？
3. 选择供应商时，要考虑哪些因素？
4. 非招标采购的主要过程有哪些？
5. 举例说明第三方物流项目采购合同应包括哪些内容以及它们的作用？
6. 项目采购合同管理的内容包括哪些？

【案例思考】

Q公司项目采购管理的失误

A公司下属子公司Q要求指定购买一台某品牌投影机及幕布、吊架等配件，向A公司采购中心递交了申请，要求于2天内必须安装调试完毕。对于零星采购申请，采购中心有两种选择：定点采购和网上公开竞价。纳入定点采购的货物，采购中心以“公开招标、分批供货”的采购方式确定品牌和型号。每月随时更新价格。下属子公司如果采用定点的品牌和型号，当天申请，采购中心当天办结并通知供应商，供应商一般在1～3天内完成供货。没有纳入定点采购范围的货物都采用网上竞价的方式，采购中心邀请一定数量的供应商在网上参与报价。这样一般需要2天时间来办结采购工作，供应商供货期也是1～3天。

由于事情紧急，只有2天时间，采购中心经办人建议Q公司采用“公开招标、分批供货”的采购方式确定定点品牌投影机，这样在价格和质量上都有保证，供货商如期完成安装调试的可能性也较大。但是Q公司不同意，采购中心只好邀请6家代理供应商在网上参与报价。经办人陆续接到代理供应商的电话，称该品牌投影机的上海总代理已经知道Q公司指定要购买该品牌的投影机，采取了封锁价格的方法，不肯降低报价，并且要求他们抬高价格。

于是采购中心经办人和Q公司商量，看是否能更换品牌，如果更换品牌，价格就不会被供货商控制。但Q公司坚持己见不肯换品牌。最后经过6家代理供应商多大几十轮的竞价，虽然中标价格比Q公司的预算低了近10%，但这只是代理供应商在降低自己的利润，而上海总代理出货的价格并没有下降。由于事先指定了品牌，该品牌投影机的成交价格没有达到最合理的价位。如果事先没有指定该品牌，而是改成定点采购或改为品牌间的竞争，由几个品牌的投影机进行竞价，这样，价格就会有更大幅度的下降。

从这个案例中可以看出，如果在项目采购这一工作环节出现失误，不但会影响项目的顺利进行，甚至还会导致整个项目的失败。

问题：

1.Q公司在项目采购规划上存在哪些问题？

2.Q公司在该项目采购组织上存在哪些问题？

3.该项目的项目沟通管理有何问题？

资料来源：骆珣.项目管理教程.北京：机械工业出版社，2010.

第四篇　第三方物流项目收尾

项目生命周期的最后阶段是结束项目，它对项目的圆满结束有着重要意义。当项目的阶段目标或最终目标已经实现，或者项目的目标无法实现时，项目就进入了收尾阶段。在项目收尾阶段，需要对项目从财务、时间、质量、等方面完成情况进行验收、评价总结，分享项目经验教训，提高项目管理绩效。本篇着重对项目收尾阶段的主要工作进行阐述。

第十章　第三方物流项目收尾

【导入案例】

浙江某物流中心建设项目2001年3月开工建设,2002年9月建成并顺利运行。

项目投资情况:批准的计划总投资金额为16 845.3万元。调整概算总投资额为19 257.2万元。2002年项目竣工时实际总投资为19 936.8万元。其中,银行专项贷款9 000万元,自筹资金10 936.8万元。项目评价如下:

1. 项目勘察设计评价

项目是由某设计研究院承担设计,设计周期内完成设计任务,但由于业主和设计院的设计合同签订过于粗糙,造成了设计费用的争议,许多详图还要另行购买。同时,设计中套图和标准图采用较多,没有按工程实际设计,造成了设计变更近百项,主要涉及变更33项,为以后的项目实施与运营增添了许多的障碍。

2. 项目建设实施管理评价

项目在运作时成立了工程指挥部,厂长任指挥长,下设现场副指挥长和工艺设备副指挥长,全面负责项目的实施。施工现场土建、工艺设备、电气、综合办公室和生产准备等职能部门。财务和采购供应由老厂兼顾。土建施工由两家建筑公司承包,设备安装由一家安装公司承担。工艺设备和大宗材料采购均采用招标采购。建设项目管理的核心指标有工期、质量、总投资额度三项,下面就这三个指标做出评价。

(1)工期评价。本项目计划为14个月,实际完成工期为18个月,超过计划工期4个月,主要原因是设备厂家拖延设备交货期。

(2)工程质量评价。经验收,确认工程质量管理资料和施工记录真实、齐全、规范。在被查的117个单位工程中,117个为合格级别,合格率为100%。其中107项为优良,优良率为91.5%。

(3)总投资控制评价。项目开工时确定的项目计划总投资为16 845.3万元,2001年调整概算为19 257.2万元,工程竣工决算总投资为19 936.8万元。实际吨水泥投资成本为575元。

资料来源:王学锋.国际物流项目管理.上海.同济大学出版社,2006.

问题:

项目在收尾阶段需要进行哪些评价工作?

【本章概要】

- 第三方物流项目收尾
- 第三方物流项目后评估

第一节　第三方物流项目收尾

一、第三方物流项目收尾概述

当项目的阶段目标或最终目标已经实现，或者项目的目标无法实现时，项目就进入了收尾阶段。项目收尾是项目团队完成所有项目管理过程组的工作，正式结束项目或阶段，把已完成或取消的项目移交给客户的过程。

项目生命周期的最后阶段是结束项目，它对项目的圆满结束有着重要意义。只有通过项目收尾这个工作环节，项目干系人才有可能终止他们为完成项目所承担的责任和应尽的义务，并从项目中获益。项目收尾是一项烦琐耗时的工作，项目经理和项目团队需要投入大量精力，密切关注工作中的细节。其程序如下：首先，核实和记录项目或阶段可交付成果；其次，与客户或发起人进行协调和联系，使其正式接收可交付成果；再次，调查和记录项目未完成就被终止的原因。

项目或阶段的管理收尾所进行的活动主要有以下几种：

(1)为达到项目或阶段的完成或结束项目而进行的活动。如确认项目或阶段符合发起人、客户或其他干系人的要求，对交付和接受项目可交付成果过程中的活动进行核实。

(2)将项目产品或服务移交至下一阶段，转入生产和(或)经营所必需的活动。如项目试运行，用户培训等。

(3) 为收集项目或阶段的相关信息，审核项目的成败，获取经验教训和存档项目信息所必需的活动。如项目内部总结、客户满意度调查、项目评估总结等工作。

(4)颁布项目结束通知书，项目团队解散。

二、第三方物流项目收尾的依据

(1)项目管理计划。

(2)验收的可交付成果。验收的可交付成果是指在项目范围确认过程中，客户或项目发起人正式接收并签字确认的可交付成果。

(3)组织积累的相关资源。包括：①项目收尾的指导方针和要求。如项目审计、项目评估、产品验收标准等。②历史信息和经验教训知识库。如项目记录表和文件、项目收尾的全部信息和文档，与先前项目选择的决策结果，绩效信息及风险管理工作有关的信息等。

三、第三方物流项目收尾的工具和方法

专家判断法是项目或阶段收尾的常用工具。在实施管理收尾时，专家凭借其丰富的专业知识，对项目或阶段收尾是否按照适当的标准实施做出判断。

四、第三方物流项目收尾的结果

1. 最终产品、服务或成果的移交

最终产品、服务或成果的移交是在签订好项目验收鉴定书后，项目团队将项目产品和相关的技术档案资料的所有权移交给客户的行为。项目移交需完成以下工作：

(1)准备需要移交的项目产品和文件资料。可以准备一份项目交付件清单。

表 10.1 是某第三方物流企业的内部项目“物流项目管理模板开发”项目的交付件清单。第三方物流企业很多任务需要以项目化的方式去运作,而当前该物流企业物流项目的操作没有相对统一的项目管理机制,员工对项目缺乏统一的认识和应用,项目过程各交付件的要求和形式各异,缺乏统一的模板。为此,该物流企业启动了“物流项目管理模板开发”这样一个项目,项目由内部团队完成。该项目的目的是统一企业内部对物流项目管理内容的认识,标准化项目过程使用的交付件模板,提升企业员工的项目管理能力。

表 10.1　项目交付件清单

一、项目基本情况					
项目名称:	物流项目管理模板开发			项目编号:	
制作人:				制作日期:	
项目经理:				审核人:	
二、项目交付件清单					
序号	交付件名称	交付人	交付时间	归档状况	备注
1	项目组成员表				
2	项目章程				
3	项目启动报告				
4	项目 WBS 及进度表				
5	项目资源计划表				
6	项目沟通计划表				
7	项目会议纪要				
8	项目风险管理表				
9	项目问题管理表				
10	项目状态报告表				
11	项目交付件清单				
12	项目满意度调查表				
13	项目总结表				
14	项目结项报告				
15	项目变更管理表				
签字和日期:	项目经理:				

(2)由项目团队负责进行项目产品的试运营。

(3)办理好项目产品的移交手续,包括收到一份合同项目已被认可的正式声明。

(4)处理好项目运营后的技术服务和人员培训工作。

2. 更新的组织积累的相关资源

(1)正式的验收文件。客户或发起人正式确认有关项目或阶段的产品、服务或结果符合其要求和规格。

(2)项目档案。项目档案是指在项目活动中形成的文件,如项目管理计划、范围基准、成本基准、进度基准和质量基准、项目日历、风险登记表、计划风险应对措施以及风险影响等。

(3)项目或阶段收尾文件。项目或阶段收尾文件,即表明项目或阶段已经完成,完成的项目或阶段可交付成果已经转交给其他方(如一个经营组织或其他阶段等)的正式文件。如果项目在完成前被取消,该文件需要说明项目为何被取消,并且将移交该项目的已完成和未完成的可交付成果的过程正式化。

(4)历史信息。项目组织应该把引起项目偏差的原因、采取纠正措施的理由、不同项目管理方法和技术等编制成文件,以此作为历史资料的一部分,以便为项目组织继续完成这个项目或今后进行其他项目提供参考。

第二节 第三方物流项目后评估

在项目结束阶段的一项重要活动是举行项目后评估会议。这些会议应在内部、执行项目的组织内,以及与客户共同举行。这些会议的目的是评估项目绩效,以确定应从项目中获得的预期收益是否确实达到了,并确定为改进将来的项目绩效应该做些什么。

一、项目内部总结

有两种类型的内部会议:与团队成员之间的个人会议及与项目团队的小组会议。在项目完成后,会议应尽快举行,并且应当提前宣布召开会议,以便人们做好准备工作。

项目经理应当和每个团队成员都进行一次个人会议,这些会议允许团队成员说出他们个人对项目工作绩效的认识,以及未来的项目应该做哪些改进工作。这种会议让成员们能够畅所欲言,不受团队会议的约束。例如,他们可以谈到在与其他团队成员合作时工作关系上的问题。当然,项目经理必须严守秘密。团队成员的个人会议结束后,项目经理就能提炼出会议中一些共同问题。有了这些信息,项目经理就可以为与整个项目团队一起召开的团队会议准备会议议程了。

在与项目团队一起召开的团队会议中,项目经理应当讨论项目执行期间发生的事,并确定一些具体的改进建议。项目后评估团队会议的议程可以包括如下内容:

(1)技术绩效。最后的工作范围与项目初期的工作范围的比较结果是什么?工作范围上有什么变更吗?变更文件与批准行动处理得当吗?变更对项目成本和进度计划有什么影响吗?工作范围都完成了吗?项目工作和交付物的完成质量如何?符合客户期望吗?

(2)成本绩效。最终的项目成本与原始预算和包括项目范围变更的项目预算的比较结果是什么?如果是固定价格合同,那么项目组织是获利了还是亏损了?如果是成本补偿合同,项目是在客户的预算内完成的吗?有没有个别工作包超支或节省了10%以上的预算?如果有,为什么?所有成本超支的原因是什么?成本预算切合实际吗?

(3)进度绩效。实际项目进度计划与原始进度计划的比较结果是什么?如果项目延期完成,是什么原因?每个工作包进度计划的绩效如何?活动工期估计现实可行吗?

(4)项目计划与控制。项目计划足够详细吗?计划是否及时得到了更新从而包含了变更部分?实际绩效与计划绩效是否定期进行了比较?有关实际绩效的资料准确吗?收集及时吗?项目团队定期使用项目计划和控制系统吗?计划和控制系统是否有助于决策制定?

(5)客户关系。是否努力让客户参与项目?是否定期征询客户对项目进程的满意度?与客户之间定期举行面对面的会谈吗?是否及时通知客户潜在的问题,并邀请客户参与解决问题?

(6)团队关系。有团队观念和为使项目成功而努力的使命感吗?是否有阻碍团队合作的情况?

(7)交流。团队对项目执行状况和潜在的问题及时了解并掌握了吗?项目环境是否有助于公开、坦诚、及时的交流?项目会议有成果吗?团队内部、团队与客户间的书面交流充不充分?

(8)识别问题与解决问题。这一机制合理吗?是否有利于团队成员及早识别潜在问题?问题解决的方法合理而全面吗?

(9)建议。基于团队讨论和上述各项内容的评估,可得到哪些有助于改进未来项目绩效的具体建议?

在评估会议后,项目经理应当为管理层准备一份简要的书面报告,作为项目绩效和建议的总结。

表10.2是上述第三方物流企业的“物流项目管理模板开发”项目的项目总结表。

表10.2 项目总结表

<table>
<tr><td colspan="4">一、项目基本情况</td></tr>
<tr><td>项目名称:</td><td>物流项目管理模板开发</td><td>项目编号:</td><td></td></tr>
<tr><td>制作人:</td><td></td><td>制作日期:</td><td></td></tr>
<tr><td>项目经理:</td><td></td><td>审核人:</td><td></td></tr>
<tr><td colspan="4">二、项目完成情况总结</td></tr>
<tr><td rowspan="3">时间总结:</td><td>计划完成日期:</td><td colspan="2"></td></tr>
<tr><td>实际完成日期:</td><td colspan="2"></td></tr>
<tr><td>时间(差异)分析:</td><td colspan="2"></td></tr>
<tr><td rowspan="3">成本总结:</td><td>计划费用:</td><td colspan="2"></td></tr>
<tr><td>实际费用:</td><td colspan="2"></td></tr>
<tr><td>成本(差异)分析:</td><td colspan="2"></td></tr>
<tr><td rowspan="3">交付结果总结:</td><td>计划交付结果:</td><td colspan="2"></td></tr>
<tr><td>实际交付结果:</td><td colspan="2"></td></tr>
<tr><td>交付结果(差异)分析:</td><td colspan="2"></td></tr>
<tr><td colspan="4">三、项目经验、教训总结</td></tr>
<tr><td colspan="4"></td></tr>
<tr><td rowspan="2">签字和日期:</td><td>项目赞助人:</td><td colspan="2"></td></tr>
<tr><td>项目经理:</td><td colspan="2"></td></tr>
</table>

二、客户反馈

客户反馈与客户的项目后评估会议与内部会议一样，都很重要。会议的目的是确定项目是否为客户带来了预期的收益，评估客户满意度，获得将来可能会对与这家客户或其他客户开展业务联系有所帮助的反馈信息。会议参与者应当包括项目经理、关键的项目团队成员、与项目有关的客户组织的主要代表。项目经理应当仔细斟酌，确定一个合适的开会时间，以便客户能真正说出项目是否达到了预期水平，是否获得了预期收益。如果项目是给客户做单次运输，那么在运输任务完成后不久，就可以举行会议，因为客户立即就知道运输服务是否符合期望。

然而，如果项目是向客户提供一个库存系统优化以使得存货周转率从每年 10 次提高到每年 20 次，那么就得在系统上线后几个月内，客户才能证明存货周转率是否确实提高了。因为存货的降低是一个渐进的过程，而且需要一段时间的运行才能体现出来。理想情况下，承约商应当与客户坐下来开诚布公地交流，这不仅给客户提供了表达他们满意度的机会，也给他们提供了对项目的某些部分满意与否的详细评论的机会。如果项目经理在整个项目过程中都持续关注客户满意度，那么这些评估就不会来得太突然。如果客户对项目很满意，执行项目的承约商或组织就会得到更多的机会。

首先，承约商可以向客户要求他可以做的其他项目，或者可以不经过竞争需求建议书的过程。例如，如果客户对单次运输很满意，承约商就可以要求承担别的相似的物流项目。

同样，如果客户对库存系统优化项目很满意，承约商就可以询问一下，是否客户的物流系统的其他部分也需要改进物流效率。其次，承约商可以获得客户的许可，将该客户作为对其潜在客户的成功例证。承约商甚至可以在其他方案中为客户做一个特写，可能附上图片或一段话，说明客户对承约商的工作有多么满意。另外一个宣传角度是写一篇与客户合作的新闻稿发布在相关媒体平台。

另外一个得到有关客户对项目结果满意度的反馈方法，通常是客户对项目的评估调查表。项目经理把调查表交给客户和其他利害相关者，让他们完成并返还。对于大型项目，客户组织可能还会下一番功夫系统地分析一下答复意见。

客户反馈表内容应根据具体项目而具体设计。表 10.3 是上述第三方物流企业“物流项目管理模板开发”项目的项目满意度调查表。

当有多个客户或多个终极用户时，如社会化的物流项目，从社会大众那里获得翔实的反馈可能比较困难。

表 10.3　项目满意度调查表

<table>
<tr><td colspan="4">一、项目基本情况</td></tr>
<tr><td>项目名称：</td><td>物流项目管理模板开发</td><td>项目编号：</td><td></td></tr>
<tr><td>制作人：</td><td></td><td>制作日期：</td><td></td></tr>
<tr><td>项目经理：</td><td></td><td>审核人：</td><td></td></tr>
<tr><td colspan="4">二、评价人信息</td></tr>
<tr><td>所属部门：</td><td></td><td>姓名：</td><td></td></tr>
<tr><td colspan="4">三、评价情况</td></tr>
<tr><td>评价项</td><td colspan="2">具体表现</td><td>评价：1 分为最低分，5 分为最高分</td></tr>
<tr><td rowspan="4">工作态度</td><td colspan="2">1. 具备主动为客户解决问题的服务意识</td><td>⑤极佳</td></tr>
<tr><td colspan="2">2. 认真负责，遇事不推诿，有积极的意愿和热情</td><td>⑤极佳</td></tr>
<tr><td colspan="2">3. 能够虚心听取他人意见，接收批评与建议</td><td>⑤极佳</td></tr>
<tr><td colspan="2">4. 经常在第一时间响应客户要求，决不敷衍客户</td><td>⑤极佳</td></tr>
<tr><td rowspan="3">工作能力</td><td colspan="2">5. 对于业务方面的问题能够准确到位地回答</td><td>⑤极佳</td></tr>
<tr><td colspan="2">6. 培训时能将系统的各项功能进行详细说明</td><td>⑤极佳</td></tr>
<tr><td colspan="2">7. 语言表达，书面表达能够简练、清晰，描述规范、准确</td><td>⑤极佳</td></tr>
<tr><td rowspan="3">项目管理</td><td colspan="2">8. 对于客户提出的需求能够认真、详细的询问、了解，并能够在指定的时间内给出答复</td><td>⑤极佳</td></tr>
<tr><td colspan="2">9. 每周能够及时向客户负责人报告项目进度，有效地对项目进度进行控制</td><td>⑤极佳</td></tr>
<tr><td colspan="2">10. 每周都能召开项目会议，汇报本周工作内容和下周工作计划</td><td>⑤极佳</td></tr>
<tr><td rowspan="2">模板应用</td><td colspan="2">11. 模板设计简洁、美观</td><td>⑤极佳</td></tr>
<tr><td colspan="2">12. 模板应用切合实际应用，简单明了</td><td>⑤极佳</td></tr>
<tr><td>整体评价</td><td colspan="2"></td><td>⑤极佳</td></tr>
<tr><td colspan="4">四、建议或意见</td></tr>
<tr><td colspan="4"></td></tr>
<tr><td colspan="4">感谢您的支持与配合！</td></tr>
<tr><td colspan="4">您的签名：　　　　　日期：</td></tr>
</table>

三、项目结束报告

项目收尾过程中，撰写项目结束报告是项目经理的一项重要工作。项目结束报告是项目的最后一个重要文件，也是一个总结性的文件。项目结束报告不是简单地对项目过程的记录，而是项目的自我评价，目的是累积项目管理经验，为改进将来的项目管理服务提供经验，为公司高层领导提供决策参考。

项目结束报告应包含如下几项内容：

(1)项目组织机构。记录项目所采用的组织形式，并分析该组织形式的优缺点。

(2)项目小组成员。对小组成员的表现、成员之间的沟通及相互合作精神进行评价，提出同类型项目关键人员在项目管理中起到的作用。

(3)项目绩效。把项目最终所实现的结果与计划要实现的目标作比较，提出项目管理的一系列建议，并与同类型项目的成本和结果进行比较，说明本项目的经济效果。

(4)管理绩效。管理绩效记录项目管理过程中出现的问题及解决问题的方式，总结管理经验。管理绩效主要表现在项目达到的技术水平、成本节约、时间的节省等指标。管理虽不能解决项目中的技术问题，但却对技术的实现起促进作用，并可避免某些问题的发生。

(5)项目管理技术的运用。项目的实施结果在一定程度上依赖于项目管理技术的运用，如计划技术、预测技术、预算技术、进度计划及资源分配技术、风险控制技术等。这里主要对这些技术是否运用得当，应用中的效果以及存在的问题，进行检查与总结。

(6)项目管理经验。项目管理经验包括项目实施管理过程中遇到的主要问题、总结的成功经验，对同类型项目的建议等。

项目结束报告的最后递交，也就标志着项目的最后结束。接着是解散项目团队。

【课后习题】

1. 第三方物流项目在收尾阶段有哪些工作要做？
2. 常用的项目收尾的工具与方法是什么？
3. 讨论项目后评估的内部总结应如何进行？
4. 项目结束报告包括哪些内容？

【案例思考】

天竹物流园区项目

某市天竹物流园区是2002年6月6日经市人民政府批准成立的市级开发区，是该市三大物流基地中重点建设的试点园区，也是该市唯一的航空—公路国际货运枢纽型物流园区，2003年60项重点工程之一。总占地面积6.2 km^2，首期开发1.55 km^2。园区与即将扩建的机场及其货运区统一规划，科学布局，“无缝对接”，充分满足航空货运对速度、质量的要求，并最大限度降低物流成本。在依托国际机场的基础上，凭借周边发达的公路、轻轨网络，辅以铁路运输和海运，吸引从事国际国内货运分拨、整理、加工、仓储、配送、展示、展销等业务的企业入驻，为该市进出口货物集散和中外客商国内外采购、分销提供物流平台。天竹物流园区一直致力于园区的信息化建设，通过建立园区的信息平台可以最大限度地降低物流成本，提高工作效率，科学整合物流资源，实现物流资源的高效利用。目前，该物流园区已竣工。

问题：

1. 该物流园区建设项目在收尾阶段有哪些工作？

2. 试为该项目制定收尾程序。

资料来源：王学锋. 国际物流项目管理. 上海：同济大学出版社，2006.

附录 Microsoft Project 2010 在项目管理中的应用

一、Microsoft Project 2010 简介

Project2010 是微软最新推出的项目管理软件。Project 2010 的工作界面如附图 1 所示。

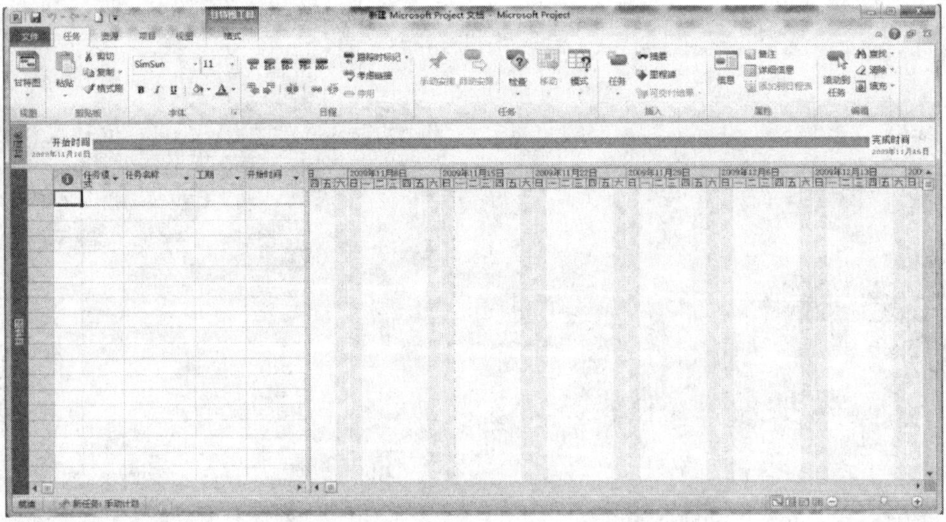

附图 1 Project 2010 工作界面

在本附录中，以一个物流企业的“消费者市场研究”项目为背景资料，介绍如何运用 Project 2010(标准版)软件进行物流项目的信息管理。

二、项目基本情况

1. 项目描述

宇宙物流公司准备开发一个新的物流产品，为使得项目有较好的发展前景，企业决定预先开展一个“消费者市场研究项目”来对市场进行深入透彻的分析。该项目由物流市场部经理吉姆全权负责，团队主要成员均来自物流市场部。

项目要求于 2014 年 12 月 1 日开始，2015 年 6 月 11 日前结束，项目总预算为 5 万元。

2. 项目的工作分解结构

见附图 2。

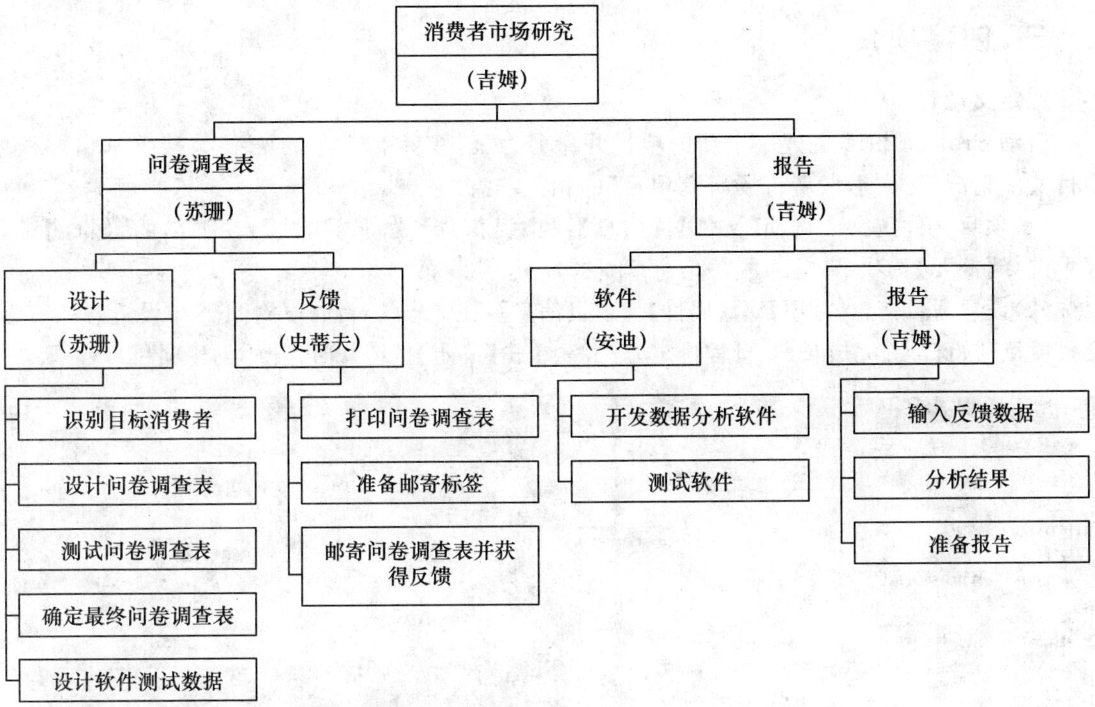

附图 2 消费者市场研究项目工作分解结构

3. 项目工作关系与工期估计

由附图 2 的 WBS 图和项目子任务工作量和相互之间的衔接关系，制定出附表 1 的项目工作关系表。

附表 1 项目工作关系表

任务名称	工作代号	紧前工作	持续时间/天	固定成本	负责人
识别目标消费者	A	—	3		苏珊
设计问卷调查表	B	A	10		苏珊
测试问卷调查表	C	B	20	300	苏珊
确定最终问卷调查表	D	C	5		苏珊
设计软件测试数据	E	D	2		苏珊
打印问卷调查表	F	D	10		史蒂夫
准备邮寄标签	G	D	2		史蒂夫
邮寄问卷调查表并获得反馈	H	F,G	65	500	史蒂夫
开发数据分析软件	I	D	12		安迪
测试软件	J	E,I	5		安迪
输入反馈数据	K	H,J	7		吉姆
分析结果	L	k	8		吉姆
准备报告	M	L	10		吉姆

三、创建项目

1. 定义项目

启动 Project 2010 创建一个新的项目并命名为“消费者市场研究项目”。接下来需要根据项目实际情况定义“消费者市场研究项目”的相关信息。

(1)项目文件定义。选择【文件】|【信息】|【项目信息】|【高级属性】,在弹出的【属性】对话框中选择【摘要】选项卡,输入相关信息(附图 3)。

(2)设置项目信息。【项目】|【属性】|【项目信息】,在弹出的对话框(附图 4)中设置各项信息。设置项目开始日期、完成日期、日程排定方法等,单击【确定】按钮,即可开始创建项目日程了。

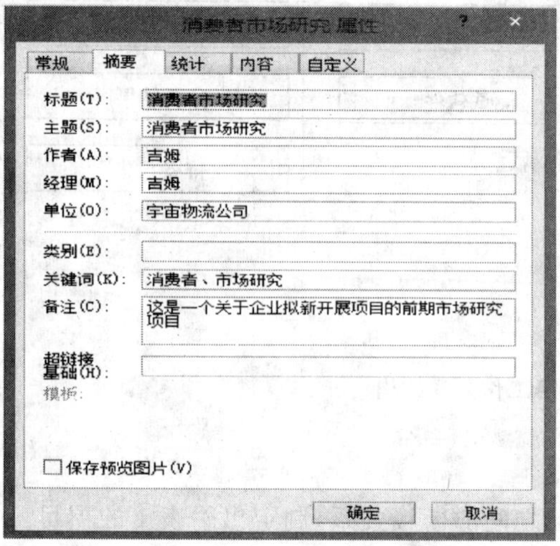

附图 3 设置项目属性

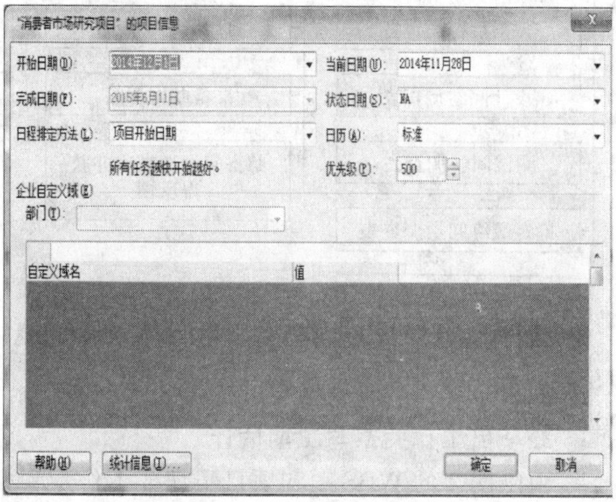

附图 4 设置项目信息

(3)设置项目日历。Project 2010 默认的标准日历为每周工作 5 天,每天工作 8 h。用户可以在【项目信息】对话框中为项目中的具体任务或每组资源创建“标准日历”。若用户需要设置特殊的工作时间(如加班),则选择【项目】|【属性】|【更改工作时间】,在【更改工作时间】对话框中修改。

2. 输入项目任务

根据项目的工作分解结构 WBS,在任务栏(附图 1)创建一个主要任务的清单,包括任务名称、开始日期、工期(单位可设置为分钟、小时、天、周或月)、完成日期。利用 Project 2010 提供的大纲功能,可通过将输入的任务升级或降级的方法,来创建摘要任务和子任务的大纲。WBS 代码可以在软件中设置自动生成,也可以手动输入。

3. 设置任务工期

在 Project 2010 中,用户只能为子任务设置任务工期,每个子任务的累计工期便是摘要任务的工期。在“手动计划”模式下,可以在【甘特图】视图中的工期单元格为每项任务输入工期值,也可以双击任务名称或选择任务后执行【任务】|【属性】|【信息】命令,在弹出的【任务信息】对话框中输入工期值。

4. 分配任务日历

Project 2010 默认的日历是“标准日历”,当资源或任务中的日历与项目的标准日历不一致时，用户可以自定义日历。任务日历是项目任务实施时所使用的日历，不同任务可能需要设置不同的日历，以适应项目计划的需求，这时就需要给各项任务分配日历。双击任务名称在弹出的【任务信息】对话框中选择【高级】选项卡，在日历下拉列表中进行选择。分配日历后，在【标记】域中将显示日历标记。本例全部选择“标准日历”。

5. 规划和链接项目任务

要有效地管理项目，需要确定每一项任务的前置和后续任务，从而排定各项任务之间的次序，形成项目进度表。

选择多个子任务，执行【任务】|【日程】|【链接任务】命令，即可为选择的任务创建链接。本例中，所有任务间的链接全部设置为默认的“完成—开始”模式，本例设置结果如附图5所示。

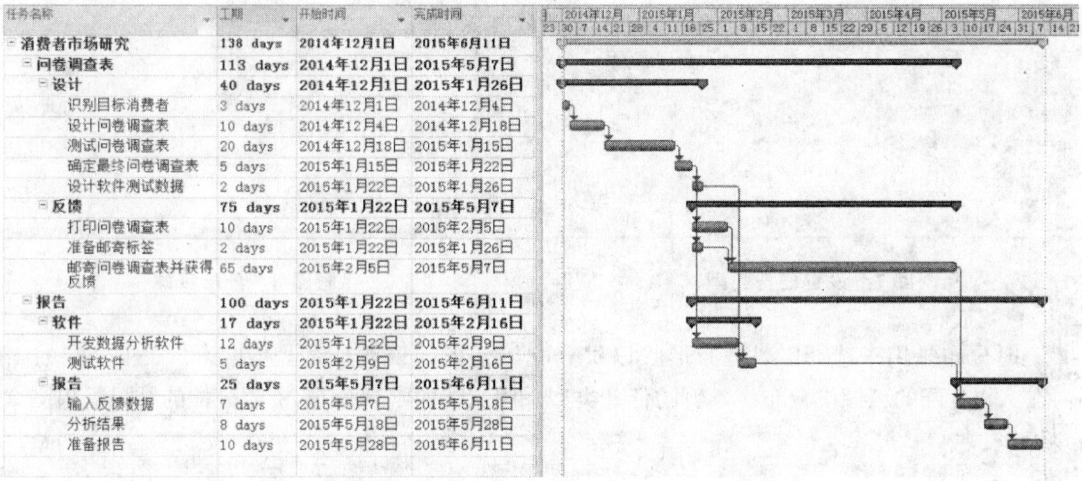

任务名称	工期	开始时间	完成时间
消费者市场研究	138 days	2014年12月1日	2015年6月11日
问卷调查表	113 days	2014年12月1日	2015年5月7日
设计	40 days	2014年12月1日	2015年1月26日
识别目标消费者	3 days	2014年12月1日	2014年12月4日
设计问卷调查表	10 days	2014年12月4日	2014年12月18日
测试问卷调查表	20 days	2014年12月18日	2015年1月15日
确定最终问卷调查表	5 days	2015年1月15日	2015年1月22日
设计软件测试数据	2 days	2015年1月22日	2015年1月26日
反馈	75 days	2015年1月22日	2015年5月7日
打印问卷调查表	10 days	2015年1月22日	2015年2月5日
准备邮寄标签	2 days	2015年1月22日	2015年1月26日
邮寄问卷调查表并获得反馈	65 days	2015年2月5日	2015年5月7日
报告	100 days	2015年1月22日	2015年6月11日
软件	17 days	2015年1月22日	2015年2月16日
开发数据分析软件	12 days	2015年1月22日	2015年2月9日
测试软件	5 days	2015年2月9日	2015年2月16日
报告	25 days	2015年5月7日	2015年6月11日
输入反馈数据	7 days	2015年5月7日	2015年5月18日
分析结果	8 days	2015年5月18日	2015年5月28日
准备报告	10 days	2015年5月28日	2015年6月11日

附图5 消费者市场研究项目任务清单(甘特图)

6. 规定项目资源和成本

执行【视图】|【资源视图】|【资源工作表】命令，即可以在“资源工作表”中添加资源。本例的资源需求计划结果如附图6所示。

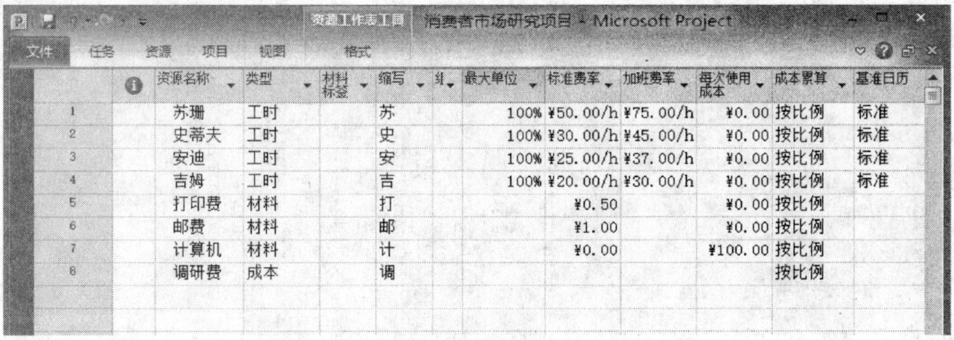

	资源名称	类型	材料标签	缩写	组	最大单位	标准费率	加班费率	每次使用成本	成本累算	基准日历
1	苏珊	工时		苏		100%	¥50.00/h	¥75.00/h	¥0.00	按比例	标准
2	史蒂夫	工时		史		100%	¥30.00/h	¥45.00/h	¥0.00	按比例	标准
3	安迪	工时		安		100%	¥25.00/h	¥37.00/h	¥0.00	按比例	标准
4	吉姆	工时		吉		100%	¥20.00/h	¥30.00/h	¥0.00	按比例	标准
5	打印费	材料		打			¥0.50		¥0.00	按比例	
6	邮费	材料		邮			¥1.00		¥0.00	按比例	
7	计算机	材料		计			¥0.00		¥100.00	按比例	
8	调研费	成本		调						按比例	

附图6 消费者市场研究项目资源计划表

7. 分配计划资源和成本

(1)设置任务类型。Project 2010 中任务类型有三种，分别是“固定单位”、“固定工期”和“固定工时”。可在【任务信息】对话框中的【高级】选项卡中设置任务类型(附图7)。设置好任务类型后，Project 2010 能自动计算与生成项目(成本)日程表即资源分配表。

(2)分配资源。在【甘特图】视图中选择任务名称，执行【资源】|【工作分配】|【分配资源】命令，在弹出的【分配资源】对话框中，根据任务工作性质、进程要求，选择需要的资源，单击【分配】按钮即可。如附图 8 所示，资源项前打“√”者即为本项任务所分配的资源。

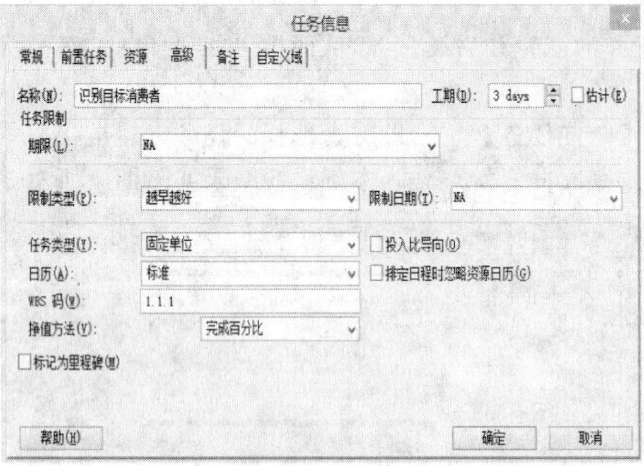

附图 7　设置任务类型

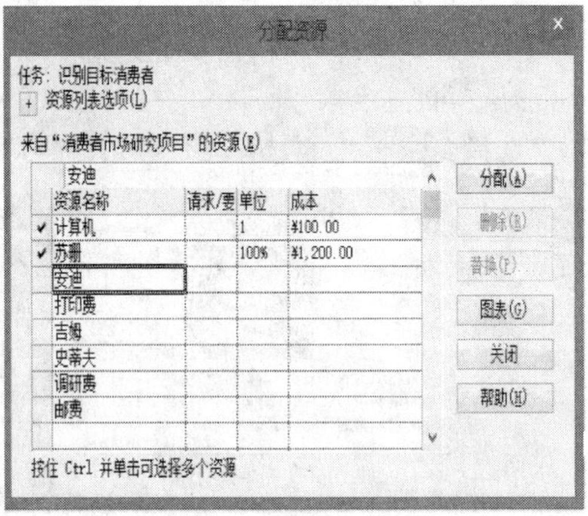

附图 8　分配资源

工时分布是用来选择工时分布形状以供分配给任务的资源使用，它决定了工作分配的工时如何在工作分配的工期中分布。本例的任务类型采用默认的常规分布，资源分配的结果见附图 9。

标识号	任务模式	任务名称	工时	工期	开始时间	完成时间	详细信	23日 一	二	三
0		**消费者市场研究**	**1,272 h**	**138 days**	**2014年12月1日**	**2015年6月11日**	工时			
1		**问卷调查表**	**936 h**	**113 days**	**2014年12月1日**	**2015年5月7日**	工时			
2		**设计**	**320 h**	**40 days**	**2014年12月1日**	**2015年1月26日**	工时			
3		识别目标消费者	24 h	3 days	2014年12月1日	2014年12月4日	工时			
		苏珊	24 h		2014年12月1日	2014年12月4日	工时			
		计算机	1		2014年12月1日	2014年12月4日	工时			
4		设计问卷调查表	80 h	10 days	2014年12月4日	2014年12月18日	工时			
		苏珊	80 h		2014年12月4日	2014年12月18日	工时			
		计算机	1		2014年12月4日	2014年12月18日	工时			
5		测试问卷调查表	160 h	20 days	2014年12月18日	2015年1月15日	工时			
		苏珊	160 h		2014年12月18日	2015年1月15日	工时			
		计算机	1		2014年12月18日	2015年1月15日	工时			
6		确定最终问卷调查表	40 h	5 days	2015年1月15日	2015年1月22日	工时			
		苏珊	40 h		2015年1月15日	2015年1月22日	工时			
		计算机	1		2015年1月15日	2015年1月22日	工时			
7		设计软件测试数据	16 h	2 days	2015年1月22日	2015年1月26日	工时			
		苏珊	16 h		2015年1月22日	2015年1月26日	工时			
		计算机	1		2015年1月22日	2015年1月26日	工时			
8		**反馈**	**616 h**	**75 days**	**2015年1月22日**	**2015年5月7日**	工时			
9		打印问卷调查表	80 h	10 days	2015年1月22日	2015年2月5日	工时			
		史蒂夫	80 h		2015年1月22日	2015年2月5日	工时			
		打印费	2,000		2015年1月22日	2015年2月5日	工时			
10		准备邮寄标签	16 h	2 days	2015年1月22日	2015年1月26日	工时			
		史蒂夫	16 h		2015年1月22日	2015年1月26日	工时			
		打印费	2,000		2015年1月22日	2015年1月26日	工时			
11		邮寄问卷调查表并获得反馈	520 h	65 days	2015年2月5日	2015年5月7日	工时			
		史蒂夫	520 h		2015年2月5日	2015年5月7日	工时			
		邮费	2,000		2015年2月5日	2015年5月7日	工时			
12		**报告**	**336 h**	**100 days**	**2015年1月22日**	**2015年6月11日**	工时			
13		**软件**	**136 h**	**17 days**	**2015年1月22日**	**2015年2月16日**	工时			
14		开发数据分析软件	96 h	12 days	2015年1月22日	2015年2月9日	工时			
		安迪	96 h		2015年1月22日	2015年2月9日	工时			
		计算机	1		2015年1月22日	2015年2月9日	工时			
15		测试软件	40 h	5 days	2015年2月9日	2015年2月16日	工时			
		安迪	40 h		2015年2月9日	2015年2月16日	工时			
		计算机	1		2015年2月9日	2015年2月16日	工时			
16		**报告**	**200 h**	**25 days**	**2015年5月7日**	**2015年6月11日**	工时			
17		输入反馈数据	56 h	7 days	2015年5月7日	2015年5月18日	工时			
		吉姆	56 h		2015年5月7日	2015年5月18日	工时			
		计算机	1		2015年5月7日	2015年5月18日	工时			
18		分析结果	64 h	8 days	2015年5月18日	2015年5月28日	工时			
		吉姆	64 h		2015年5月18日	2015年5月28日	工时			
		计算机	1		2015年5月18日	2015年5月28日	工时			
19		准备报告	80 h	10 days	2015年5月28日	2015年6月11日	工时			
		吉姆	80 h		2015年5月28日	2015年6月11日	工时			
		计算机	1		2015年5月28日	2015年6月11日	工时			

附图 9　资源分配表

(3)资源过度分配的检查。资源的过度分配指在某一时段,某资源分配的工时总量超过了该资源的最大单位。Project2010 将对过度分配的资源,在资源工作表中以“红色粗体字”表示,并在标识列中显示一个“警示性”图标。项目经理应在计划阶段就及时发现,并予以调整,如调整工作日程或改变资源分配量。

本例中就出现了资源的过度分配问题。附图 9 中,史蒂夫在 2015 年 1 月 22 日至 2015 年 1 月26 日期间被同时分配给了任务 9 和任务 10,出现了资源冲突。解决资源冲突问题的方法有多种,如:添加资源或替换资源、安排加班工时、调整资源值、调整资源分布、系统自动调配资源等。在进行资源调配时,还要考虑到资源与进度的平衡。如本例若选择系统自动调配资源,执行【资源】|【级别】|【调配资源】命令,在列表框中选择过度分配的资源名称,并单击【开始调配】按钮(附图 10)。资源调配后,任务 10 延迟 10 天后进行,整个项目工期将延迟 2 天。若项目有较为严格的工期限制,则这样的自动调配虽然解决了资源冲突但是又带来了进度的延误,在这种情况下,就需要另外想其他的办法进行的调配。

考虑到项目工期较为紧张,本例采用调整资源的工作时间,即安排加班工时的办法进行资源调配。首先,在【资源工作表】选择过度分配的资源,在【资源信息】对话框点击【更改工作时间】按钮,在【更改工作时间】对话框激活【例外日期】选项卡输入例外事由名称(本例为“加班”)并设置例外日期的开始时间和完成时间,点击【详细信息】按钮设置资源的例外工作时间,本例将“史蒂夫”这个资源在选定时间段每天的工作时间延长 2 小时(附图 11)。然后再回到【甘特图】视图,选择【准备邮寄标签】任务,将其任务类型更改为“固定工时”,然后再将分配给该任务的“史蒂夫”这个资源的单位更改为 25%,这样系统会自动调整【准备邮寄标签】任务的工期,由于该项工作不是关键工作,所以其工期的延长并不会影响整个项目的工期。资源调整后的加载资源的项目甘特图如附图 12 所示。

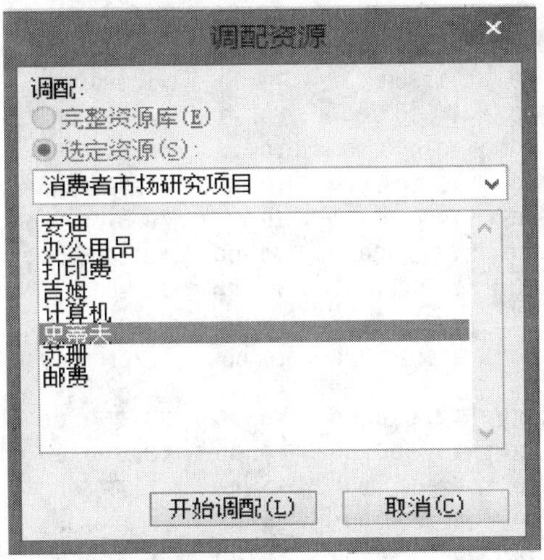

附图 10　调配资源

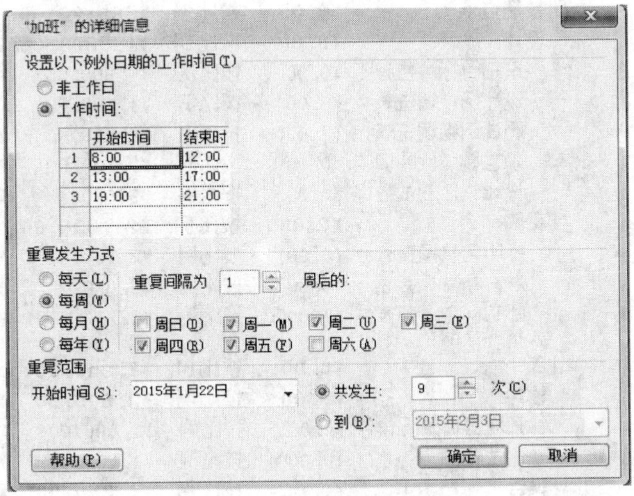

附图 11　更改资源的工作时间

(4)资源成本费率设置。给资源设置了加班工时后,还要根据情况为任务资源设置不同的成本费率。Project 2010 为用户提供了 A、B、C、D、E 五种不同的费率,A 为资源的默认费率。本例中,由于“史蒂夫”有加班工时,因此其适用的费率不止一种,可以为其设置两种费率。本例中涉及打印的有三个任务,分别是:打印问卷调查表、打印邮寄标签、准备报告,这三种类型的打印也适用不同的费率,因此,应为“打印费”资源设置三种不同的费率。

任务名称	工期	开始时间	完成时间
消费者市场研究	**138 days**	**2014年12月1日**	**2015年6月11日**
问卷调查表	**113 days**	**2014年12月1日**	**2015年5月7日**
设计	**40 days**	**2014年12月1日**	**2015年1月26日**
识别目标消费者	3 days	2014年12月1日	2014年12月4日
设计问卷调查表	10 days	2014年12月4日	2014年12月18日
测试问卷调查表	20 days	2014年12月18日	2015年1月15日
确定最终问卷调查表	5 days	2015年1月15日	2015年1月22日
设计软件测试数据	2 days	2015年1月22日	2015年1月26日
反馈	**75 days**	**2015年1月22日**	**2015年5月7日**
打印问卷调查表	10 days	2015年1月22日	2015年2月5日
准备邮寄标签	8 days	2015年1月22日	2015年2月3日
邮寄问卷调查表并获得反馈	65 days	2015年2月5日	2015年5月7日
报告	**100 days**	**2015年1月22日**	**2015年6月11日**
软件	**17 days**	**2015年1月22日**	**2015年2月16日**
开发数据分析软件	12 days	2015年1月22日	2015年2月9日
测试软件	5 days	2015年2月9日	2015年2月16日
报告	**25 days**	**2015年5月7日**	**2015年6月11日**
输入反馈数据	7 days	2015年5月7日	2015年5月18日
分析结果	8 days	2015年5月18日	2015年5月28日
准备报告	10 days	2015年5月28日	2015年6月11日

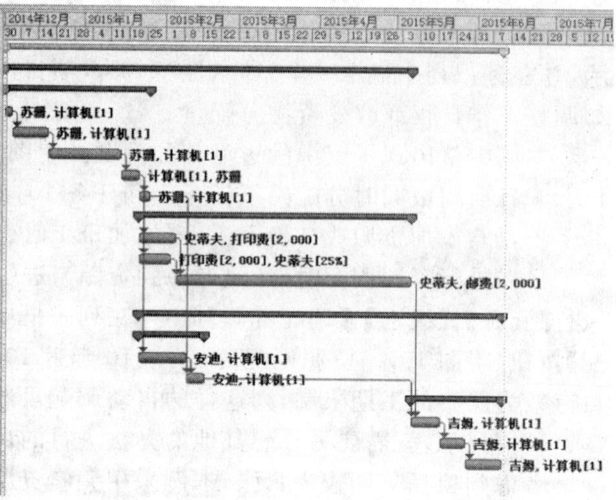

附图 12　资源调配后的项目甘特图

在系统中录入固定成本后，可以得到项目总成本(附图 13)，由此可以得到项目每周的现金流量表(附图 14)。Project 中可以为摘要任务输入固定成本，摘要任务的总成本值是摘要任务的固定成本值与子任务固定成本值的总和。

任务名称	固定成本	固定成本累算	总成本	比较基准	差异	实际	剩余
消费者市场研究	**¥0.00**	**按比例**	**¥46,070.00**	**¥0.00**	**¥46,070.00**	**¥0.00**	**¥46,070.00**
问卷调查表	**¥0.00**	**按比例**	**¥38,120.00**	**¥0.00**	**¥38,120.00**	**¥0.00**	**¥38,120.00**
设计	**¥0.00**	**按比例**	**¥16,800.00**	**¥0.00**	**¥16,800.00**	**¥0.00**	**¥16,800.00**
识别目标消费者	¥0.00	按比例	¥1,300.00	¥0.00	¥1,300.00	¥0.00	¥1,300.00
设计问卷调查表	¥0.00	按比例	¥4,100.00	¥0.00	¥4,100.00	¥0.00	¥4,100.00
测试问卷调查表	¥300.00	按比例	¥8,400.00	¥0.00	¥8,400.00	¥0.00	¥8,400.00
确定最终问卷调查	¥0.00	按比例	¥2,100.00	¥0.00	¥2,100.00	¥0.00	¥2,100.00
设计软件测试数据	¥0.00	按比例	¥900.00	¥0.00	¥900.00	¥0.00	¥900.00
反馈	**¥0.00**	**按比例**	**¥21,320.00**	**¥0.00**	**¥21,320.00**	**¥0.00**	**¥21,320.00**
打印问卷调查表	¥0.00	按比例	¥3,400.00	¥0.00	¥3,400.00	¥0.00	¥3,400.00
准备邮寄标签	¥0.00	按比例	¥820.00	¥0.00	¥820.00	¥0.00	¥820.00
邮寄问卷调查表并获得反馈	¥500.00	按比例	¥17,100.00	¥0.00	¥17,100.00	¥0.00	¥17,100.00
报告	**¥0.00**	**按比例**	**¥7,950.00**	**¥0.00**	**¥7,950.00**	**¥0.00**	**¥7,950.00**
软件	**¥0.00**	**按比例**	**¥3,600.00**	**¥0.00**	**¥3,600.00**	**¥0.00**	**¥3,600.00**
开发数据分析软件	¥0.00	按比例	¥2,500.00	¥0.00	¥2,500.00	¥0.00	¥2,500.00
测试软件	¥0.00	按比例	¥1,100.00	¥0.00	¥1,100.00	¥0.00	¥1,100.00
报告	**¥0.00**	**按比例**	**¥4,350.00**	**¥0.00**	**¥4,350.00**	**¥0.00**	**¥4,350.00**
输入反馈数据	¥0.00	按比例	¥1,220.00	¥0.00	¥1,220.00	¥0.00	¥1,220.00
分析结果	¥0.00	按比例	¥1,380.00	¥0.00	¥1,380.00	¥0.00	¥1,380.00
准备报告	¥0.00	按比例	¥1,750.00	¥0.00	¥1,750.00	¥0.00	¥1,750.00

附图 13　项目各项成本图

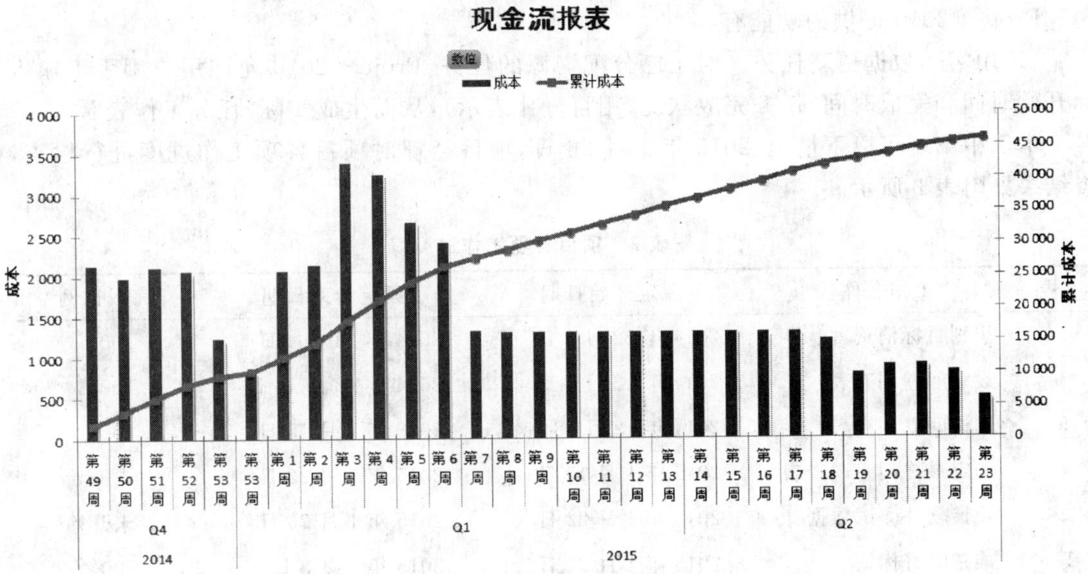

附图 14 项目现金流量报表

8. 公布项目

到此为止，可以说已完成了项目计划的初步工作。作为项目经理，在公布计划之前，还应做好以下几方面的工作：

(1)原始计划信息和资料的保存。项目计划定案后，必须将其另外保存为比较基准计划，作为未来项目执行的跟踪与控制比较的基准，从计划与实际的差异中，识别项目执行可能存在的问题，以利于及时纠正项目执行的偏差。在 Project 2010 中执行【项目】|【日程】|【设置比较基准】|【设置比较基准】，在弹出的对话框【设置比较基准】中即可设置“比较基准”(附图 15)。

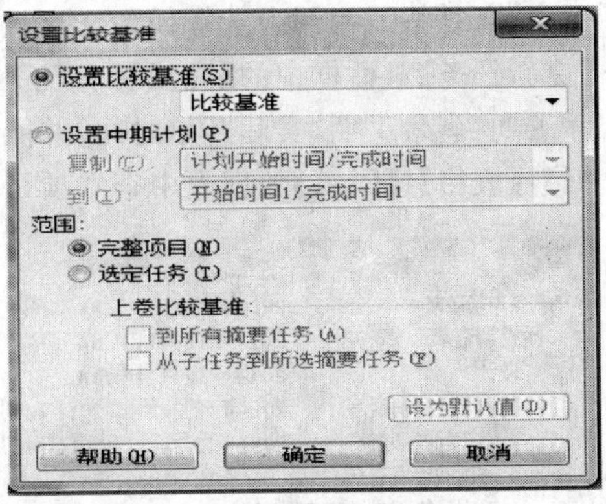

附图 15 设置比较基准

(2)项目公布相关文件与材料(包括图表)的准备。为了使业主(投资商)和其他项目参与者，对项目有较为充分的了解，可以将 Project 2010 中的相关数据如项目任务表、甘特图、预算报表、任务分配表、资源使用表、项目建议工期等，导入其他软件(如 Excel)，创作出带有个性化的图表。

四、管理项目

1. 建立中期计划(临时计划)

在跟踪项目进度时，首先需要根据项目计划设置项目的比较基准与中期计划，以便于与实际信息进行比较，并根据比较结果调整计划与实际信息之间的差异。建立“中期计划”的方法与建立“比较基准”相近，先修改任务变动的起止时间，然后，打开如附图 15“设置比较基准”对话框，选择“保存为中期计划”，将修改的基准计划另存为新的开始时间和完成时间。

2. 跟踪与控制项目进度

Project 2010 提供的功能有：

(1)用实际数据更新任务。对于已分配资源的任务，Project 2010 允许用户用手工输入实际开始时间和完成时间、任务完成状况(用百分比表示)，从而生成实际“任务工作表”。

本例中出现了以下情况：2015 年 1 月 26 日，项目经理对项目各项工作进度进行检查，检查结果如附表 2 所示。

附表 2　项目各项工作进度表

序号	工作名称	原定开始日期	原定结束日期	完成比例
3	识别目标消费者	2014 年 12 月 1 日	2014 年 12 月 4 日	100%
4	设计问卷调查表	2014 年 12 月 4 日	2014 年 12 月 18 日	100%
5	测试问卷调查表	2014 年 12 月 18 日	2015 年 1 月 15 日	80%
6	确定最终问卷调查表	2015 年 1 月 15 日	2015 年 1 月 22 日	未开始
7	设计软件测试数据	2015 年 1 月 22 日	2015 年 1 月 26 日	未开始
10	准备邮寄标签	2015 年 1 月 22 日	2015 年 2 月 3 日	100%

先保存比较基准，然后执行【项目】|【状态】|【状态日期】，将状态日期设置为检查日期。接下来，在甘特图视图中选择任务，执行【任务】|【日程】|【跟踪时标记】|【更新任务】，在弹出的【更新任务】对话框中的【完成百分比】处输入完成百分比，Project2010 自动计算并显示出实际工期、剩余工期、实际开始时间，并能计算出实际成本和实际工时。用户可以在【视图】|【数据】|【表格】|【跟踪】数据表中查看项目的进度更新的更为详细的数据(附图 16)。

任务名称	实际开始时间	实际完成时间	完成百分比	实际完成百分	实际工期	剩余工期	实际成本	实际工时
⊟消费者市场研究	**2014年12月1日**	**NA**	**22%**	**0%**	**30.95 days**	**107.05 days**	**¥12,960.00**	**248 h**
⊟问卷调查表	**2014年12月1日**	**NA**	**30%**	**0%**	**33.99 days**	**79.01 days**	**¥12,960.00**	**248 h**
⊟设计	**2014年12月1日**	**NA**	**72%**	**0%**	**29 days**	**11 days**	**¥12,140.00**	**232 h**
识别目标消费者	2014年12月1日	2014年12月4日	100%	0%	3 days	0 days	¥1,300.00	24 h
设计问卷调查表	2014年12月4日	2014年12月18日	100%	0%	10 days	0 days	¥4,100.00	80 h
测试问卷调查表	2014年12月18日	NA	80%	0%	16 days	4 days	¥6,740.00	128 h
确定最终问卷调查表	NA	NA	0%	0%	0 days	5 days	¥0.00	0 h
设计软件测试数据	NA	NA	0%	0%	0 days	2 days	¥0.00	0 h
⊟反馈	**2015年1月22日**	**NA**	**10%**	**0%**	**7.23 days**	**67.77 days**	**¥820.00**	**16 h**
打印问卷调查表	NA	NA	0%	0%	0 days	10 days	¥0.00	0 h
准备邮寄标签	2015年1月22日	2015年2月3日	100%	0%	8 days	0 days	¥820.00	16 h
邮寄问卷调查表并获得反馈	NA	NA	0%	0%	0 days	65 days	¥0.00	0 h
⊟报告	**NA**	**NA**	**0%**	**0%**	**0 days**	**100 days**	**¥0.00**	**0 h**
⊟软件	**NA**	**NA**	**0%**	**0%**	**0 days**	**17 days**	**¥0.00**	**0 h**
开发数据分析软件	NA	NA	0%	0%	0 days	12 days	¥0.00	0 h
测试软件	NA	NA	0%	0%	0 days	5 days	¥0.00	0 h
⊟报告	**NA**	**NA**	**0%**	**0%**	**0 days**	**25 days**	**¥0.00**	**0 h**
输入反馈数据	NA	NA	0%	0%	0 days	7 days	¥0.00	0 h
分析结果	NA	NA	0%	0%	0 days	8 days	¥0.00	0 h
准备报告	NA	NA	0%	0%	0 days	10 days	¥0.00	0 h

附图 16　消费者市场研究项目任务工作表

(2)比较基准和检查差异。

①用“跟踪甘特图”显示计划基准与实际时间的差异(附图 17)。测试问卷调查表应在 2015 年 1 月 15 日完成,却只完成了 80%,明显滞后。确定最终问卷调查表及设计软件测试数据未开始。准备邮寄标签是非关键任务,虽然有前置工作,但考虑到工期已被延误,这项工作被提前完成了。设计软件测试数据属于非关键工作,工期的滞后并不影响总工期的实现,而测试问卷调查表属于关键工作,其滞后会影响到项目总工期的实现,应制定相应的措施加以控制。

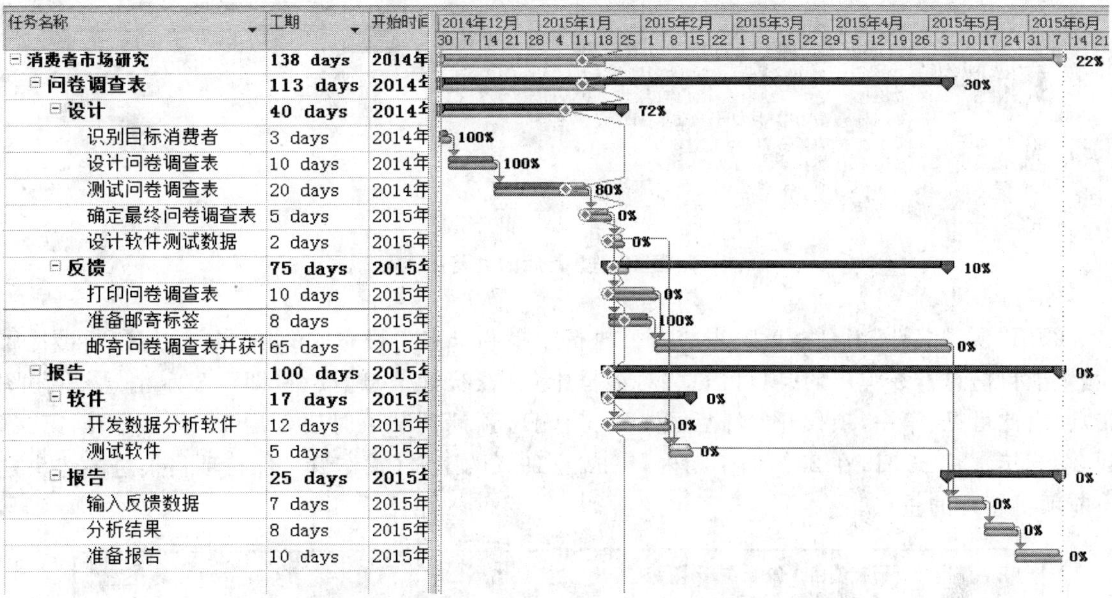

附图 17　带检查线的跟踪甘特图

Project 2010 提供了自动更新项目的功能,执行【项目】|【状态】|【更新项目】命令,按附图 18 所示进行设置,点击【确定】按钮。

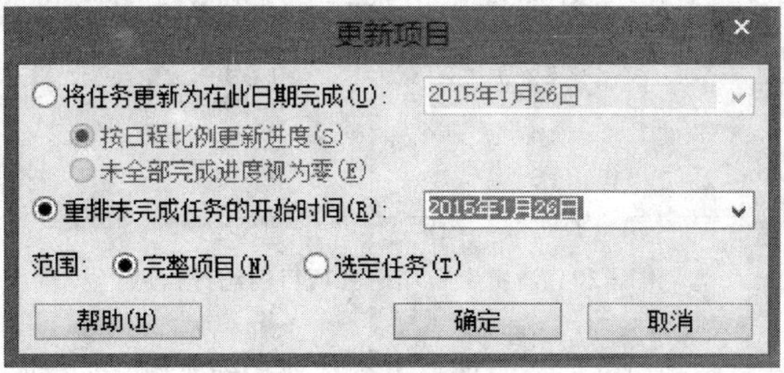

附图 18　更新项目对话框

更新后的带进度线的项目进度图见附图 19,由图可知,2015 年 1 月 26 日检查后重排计划,项目到 2015 年 6 月 26 日才能完工,工期拖后 11 天,所以要制定相应的赶工措施。

任务名称	工期	开始时间	完成时间
消费者市场研究	149 days	2014年12月1日	2015年6月26日
问卷调查表	124 days	2014年12月1日	2015年5月22日
设计	51 days	2014年12月1日	2015年2月10日
识别目标消费者	3 days	2014年12月1日	2014年12月4日
设计问卷调查表	10 days	2014年12月4日	2014年12月18日
测试问卷调查表	20 days	2014年12月18日	2015年1月30日
确定最终问卷调查表	5 days	2015年1月30日	2015年2月6日
设计软件测试数据	2 days	2015年2月6日	2015年2月10日
反馈	86 days	2015年1月22日	2015年5月22日
打印问卷调查表	10 days	2015年2月6日	2015年2月20日
准备邮寄标签	8 days	2015年1月22日	2015年2月3日
邮寄问卷调查表并获	65 days	2015年2月20日	2015年5月22日
报告	100 days	2015年2月6日	2015年6月26日
软件	17 days	2015年2月6日	2015年3月3日
开发数据分析软件	12 days	2015年2月6日	2015年2月24日
测试软件	5 days	2015年2月24日	2015年3月3日
报告	25 days	2015年5月22日	2015年6月26日
输入反馈数据	7 days	2015年5月22日	2015年6月2日
分析结果	8 days	2015年6月2日	2015年6月12日
准备报告	10 days	2015年6月12日	2015年6月26日

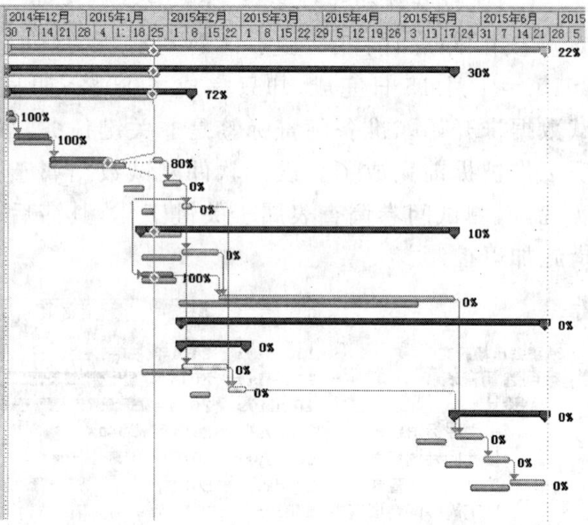

附图 19　更新后的甘特图

②用“项目统计”消息框反映当前项目执行效果和未来项目完成的预计。执行【项目】|【属性】|【项目信息】，在弹出的【项目信息】对话框中点击【统计信息】按钮，即可显示消息框(附图 20)。由此可见：第一，项目开始滞后了 0 个工作日，预计到结束时要延后 11 个工作日；第二，到 2015 年 1 月 26 日，在 22%的工期内，完成了 19%的工时(工作量)，保持项目推进的势头是当前项目管理的重点。

“5消费者市场研究项目(1.26日更新项目进度)”的项目统计

	开始	完成
当前	2014年12月1日	2015年6月26日
比较基准	2014年12月1日	2015年6月11日
实际	2014年12月1日	NA
差异	0d	11d

	工期	工时	成本
当前	149d	1,272h	¥46,070.00
比较基准	138d	1,272h	¥46,070.00
实际	33.41d	248h	¥12,960.00
剩余	115.59d	1,024h	¥33,110.00

完成百分比：

工期：22%　工时：19%

关闭

附图 20　消费者市场研究项目的统计信息

(3)用盈余分析法评估项目性能。当项目未按计划日程或预算运行时，项目成本可能超过了预算或低于预算，这时，可借助于 Project 2010 提供的“项目盈余分析”(即挣值法)功能，全面了解项目的整体绩效，如成本低于预算，是因为工期落后了，还是成本支出节省了。通过挣值，不仅可以确定目前为止项目结果的真实成本，而且可以预测项目的未来绩效。本例中，项目经理于 2015 年 2 月 24 日对项目进度和成本进行了检查，检查结果如附表 3 所示。

附表 3 项目费用实际支出与完成工作量数据表

序号	工作名称	原定开始日期	原定结束日期	进度及成本
3	识别目标消费者	2014 年 12 月 1 日	2014 年 12 月 4 日	100%,产生费用 1 000 元
4	设计问卷调查表	2014 年 12 月 4 日	2014 年 12 月 18 日	100%
5	测试问卷调查表	2014 年 12 月 18 日	2015 年 1 月 30 日	100%,产生费用 8 500 元
6	确定最终问卷调查表	2015 年 1 月 30 日	2015 年 2 月 10 日	100%
7	设计软件测试数据	2015 年 1 月 22 日	2015 年 1 月 26 日	50%,产生费用 200 元
9	打印问卷调查表			25%,产生费用 750 元
10	准备邮寄标签	2015 年 1 月 22 日	2015 年 2 月 3 日	100%
11	邮寄问卷并获取反馈			未开始
14	开发数据分析软件			75%,产生费用 2 000 元

在附图 19 更新项目的基础上,先保存“比较基准 1”及“中期计划 1”,然后将状态日期更改为 2015 年 2 月 24 日。接下来更新任务的完成百分比,切入【跟踪】表格,系统已经自动计算出了各任务的实际成本。由于各项任务的实际成本可能偏离计划值,因此,在此我们应该手动输入各任务的实际成本。执行【文件】|【选项】|【日程】,不勾选【Project 自动计算实际成本】,这样就可以手工录入成本数据,完成项目成本的更新,可得到附图 21 挣值分析数据表和附图 22 更新后的项目横道图。

任务名称	计划分析 - PV (BCWS)	挣值 - EV (BCWP)	AC (ACWP)	SV	CV	EAC
消费者市场研究	**¥28,040.00**	**¥19,970.00**	**¥19,770.00**	**-¥8,070.00**	**¥200.00**	**¥45,608.61**
问卷调查表	**¥24,440.00**	**¥18,070.00**	**¥17,770.00**	**-¥6,370.00**	**¥300.00**	**¥37,487.13**
设计	**¥16,800.00**	**¥16,400.00**	**¥16,200.00**	**-¥400.00**	**¥200.00**	**¥16,595.12**
识别目标消费者	¥1,300.00	¥1,300.00	¥1,000.00	¥0.00	¥300.00	¥1,000.00
苏珊	¥1,200.00	¥1,200.00	¥900.00	¥0.00	¥300.00	
计算机	¥100.00	¥100.00	¥100.00	¥0.00	¥0.00	
设计问卷调查表	¥4,100.00	¥4,100.00	¥4,100.00	¥0.00	¥0.00	¥4,100.00
苏珊	¥4,000.00	¥4,000.00	¥4,000.00	¥0.00	¥0.00	
计算机	¥100.00	¥100.00	¥100.00	¥0.00	¥0.00	
测试问卷调查表	¥8,400.00	¥8,400.00	¥8,800.00	¥0.00	-¥400.00	¥8,800.00
苏珊	¥8,000.00	¥8,000.00	¥8,400.00	¥0.00	-¥400.00	
计算机	¥100.00	¥100.00	¥100.00	¥0.00	¥0.00	
确定最终问卷调查表	¥2,100.00	¥2,100.00	¥2,100.00	¥0.00	¥0.00	¥2,100.00
计算机	¥100.00	¥100.00	¥100.00	¥0.00	¥0.00	
苏珊	¥2,000.00	¥2,000.00	¥2,000.00	¥0.00	¥0.00	
设计软件测试数据	¥900.00	¥500.00	¥200.00	-¥400.00	¥300.00	¥360.00
苏珊	¥800.00	¥400.00	¥100.00	-¥400.00	¥300.00	
计算机	¥100.00	¥100.00	¥100.00	¥0.00	¥0.00	
反馈	**¥7,640.00**	**¥1,670.00**	**¥1,570.00**	**-¥5,970.00**	**¥100.00**	**¥20,043.35**
打印问卷调查表	¥3,400.00	¥850.00	¥750.00	-¥2,550.00	¥100.00	¥3,000.00
史蒂夫	¥2,400.00	¥600.00	¥500.00	-¥1,800.00	¥100.00	
打印费	¥1,000.00	¥250.00	¥250.00	-¥750.00	¥0.00	
准备邮寄标签	¥820.00	¥820.00	¥820.00	¥0.00	¥0.00	¥820.00
打印费	¥100.00	¥100.00	¥100.00	¥0.00	¥0.00	
史蒂夫	¥720.00	¥720.00	¥720.00	¥0.00	¥0.00	
邮寄问卷调查表并获得反馈	¥3,420.00	¥0.00	¥0.00	-¥3,420.00	¥0.00	¥17,100.00
报告	**¥3,600.00**	**¥1,900.00**	**¥2,000.00**	**-¥1,700.00**	**-¥100.00**	**¥8,368.42**
软件	**¥3,600.00**	**¥1,900.00**	**¥2,000.00**	**-¥1,700.00**	**-¥100.00**	**¥3,789.47**
开发数据分析软件	¥2,500.00	¥1,900.00	¥2,000.00	-¥600.00	-¥100.00	¥2,631.58
安迪	¥2,400.00	¥1,800.00	¥1,900.00	-¥600.00	-¥100.00	
计算机	¥100.00	¥100.00	¥100.00	¥0.00	¥0.00	
测试软件	¥1,100.00	¥0.00	¥0.00	-¥1,100.00	¥0.00	¥1,100.00
报告	**¥0.00**	**¥0.00**	**¥0.00**	**¥0.00**	**¥0.00**	**¥4,350.00**
输入反馈数据	¥0.00	¥0.00	¥0.00	¥0.00	¥0.00	¥1,220.00
分析结果	¥0.00	¥0.00	¥0.00	¥0.00	¥0.00	¥1,380.00
准备报告	¥0.00	¥0.00	¥0.00	¥0.00	¥0.00	¥1,750.00

附图 21 挣值分析数据表

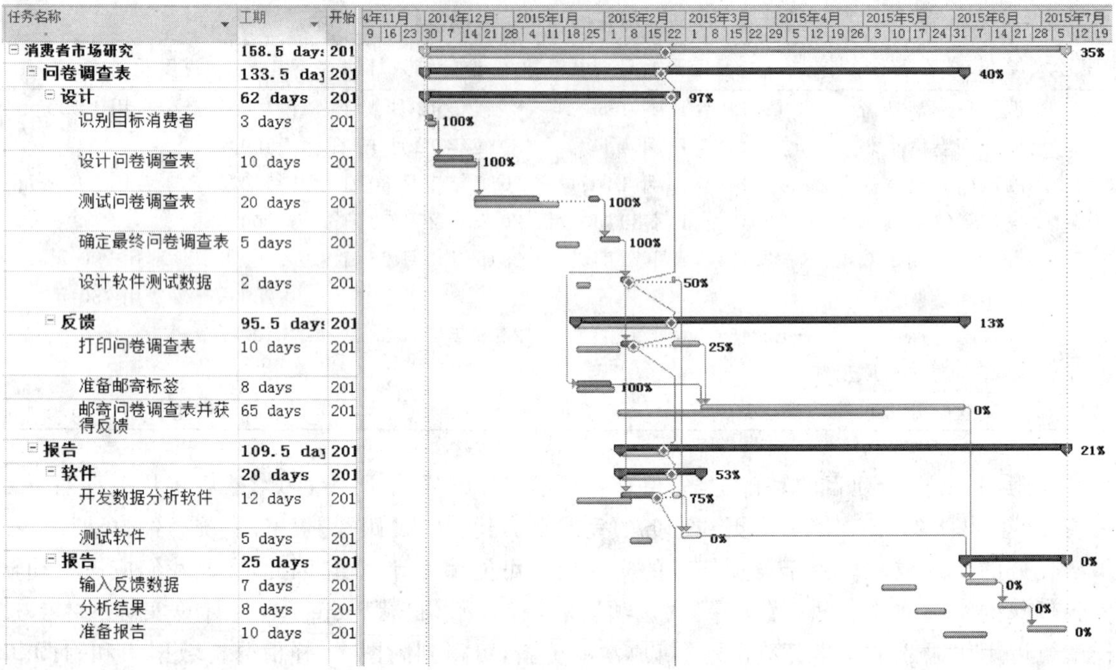

附图 22　更新后的项目横道图及工期

从附图 21 可知：

对于已完成的任务，出现了两种情况：第一，项目的执行效果不佳的任务（CV<0），表现为效率低，工期被拖长，如试验性测试问卷调查表；第二，项目执行效果较好的任务（CV>0），表现为效率较高，进展较快，提前完成了任务，如识别目标消费者。

对于部分完成的任务，也分两种情况：第一，任务表现不佳（SV<0 且 CV<0），表现为效率低，进度缓慢，如开发数据分析软件；在资金有保障的前提下，需要增加人力资源投入，加快任务进程；第二，任务表现较好（SV<0 且 CV>0），表现为进度非常慢，但效率较高，如设计软件测试数据、打印问卷调查表，应迅速增加人员投入以保障任务顺利完成。

（4）调整项目日程。由附图 22 可知在 2015 年 2 月 24 日更新项目后，项目的工期从 138 天延长到 158.5 天。而这不符合项目的预期目标，为了使项目能在 2015 年 6 月 11 日前完工，需要对项目日程进行调整。在保持任务工时不变的前提下，采取措施对任务的工期进行压缩，可采取的措施如增加资源、安排加班、采取更有效率更高的运作方式等。按附表 4 所示调整资源后，任务分配状况如附图 23 所示，更新的项目日程见附图 24。自 2 月 24 日起，项目团队应吸取教训并采取措施以保障项目按照附图 24 所示的日程推进。若能严格按日程推进项目，项目的成本情况如附图 25 所示。

附表 4　任务增加资源情况

序号	工作名称	增加资源
9	打印问卷调查表	吉姆 50%
11	邮寄问卷并获取反馈	采用快递，邮费 5 元/件，任务工期缩减为 55 天
17	输入反馈数据	安迪 100%
19	准备报告	史蒂夫 100%

任务名称	成本	工时	工期	开始时间	完成时间
⊟ 消费者市场研究	**¥47,810.00**	**1,192 h**	**137.5 days**	**2014年12月1日**	**2015年6月10日**
⊟ 问卷调查表	**¥39,220.00**	**856 h**	**121 days**	**2014年12月1日**	**2015年5月19日**
⊟ 设计	**¥16,600.00**	**320 h**	**62 days**	**2014年12月1日**	**2015年2月25日**
⊞ 识别目标消费者	¥1,000.00	24 h	3 days	2014年12月1日	2014年12月4日
⊞ 设计问卷调查表	¥4,100.00	80 h	10 days	2014年12月4日	2014年12月18日
⊞ 测试问卷调查表	¥8,800.00	160 h	20 days	2014年12月18日	2015年1月30日
⊞ 确定最终问卷调查表	¥2,100.00	40 h	5 days	2015年1月30日	2015年2月6日
⊟ 设计软件测试数据	¥600.00	16 h	2 days	2015年2月6日	2015年2月25日
苏珊	¥500.00	16 h		2015年2月6日	2015年2月25日
计算机	¥100.00	1		2015年2月6日	2015年2月25日
⊟ 反馈	**¥22,620.00**	**536 h**	**83 days**	**2015年1月22日**	**2015年5月19日**
⊟ 打印问卷调查表	¥3,100.00	80 h	7.5 days	2015年2月6日	2015年3月3日
史蒂夫	¥1,700.00	60 h		2015年2月6日	2015年3月3日
吉姆	¥400.00	20 h		2015年2月24日	2015年3月3日
打印费	¥1,000.00	1,000		2015年2月6日	2015年3月3日
⊞ 准备邮寄标签	¥820.00	16 h	8 days	2015年1月22日	2015年2月3日
⊟ 邮寄问卷调查表并获得反馈	¥18,700.00	440 h	55 days	2015年3月3日	2015年5月19日
史蒂夫	¥13,200.00	440 h		2015年3月3日	2015年5月19日
邮费	¥5,000.00	1,000		2015年3月3日	2015年5月19日
⊟ 报告	**¥8,590.00**	**336 h**	**88.5 days**	**2015年2月6日**	**2015年6月10日**
⊟ 软件	**¥3,700.00**	**136 h**	**20 days**	**2015年2月6日**	**2015年3月6日**
⊞ 开发数据分析软件	¥2,600.00	96 h	12 days	2015年2月6日	2015年2月27日
⊞ 测试软件	¥1,100.00	40 h	5 days	2015年2月27日	2015年3月6日
⊟ 报告	**¥4,890.00**	**200 h**	**16.5 days**	**2015年5月19日**	**2015年6月10日**
⊟ 输入反馈数据	¥1,360.00	56 h	3.5 days	2015年5月19日	2015年5月22日
吉姆	¥560.00	28 h		2015年5月19日	2015年5月22日
计算机	¥100.00	1		2015年5月19日	2015年5月22日
安迪	¥700.00	28 h		2015年5月19日	2015年5月22日
⊞ 分析结果	¥1,380.00	64 h	8 days	2015年5月22日	2015年6月3日
⊟ 准备报告	¥2,150.00	80 h	5 days	2015年6月3日	2015年6月10日
吉姆	¥800.00	40 h		2015年6月3日	2015年6月10日
计算机	¥100.00	1		2015年6月3日	2015年6月10日
打印费	¥50.00	10		2015年6月3日	2015年6月10日
史蒂夫	¥1,200.00	40 h		2015年6月3日	2015年6月10日

附图 23　任务分配状况

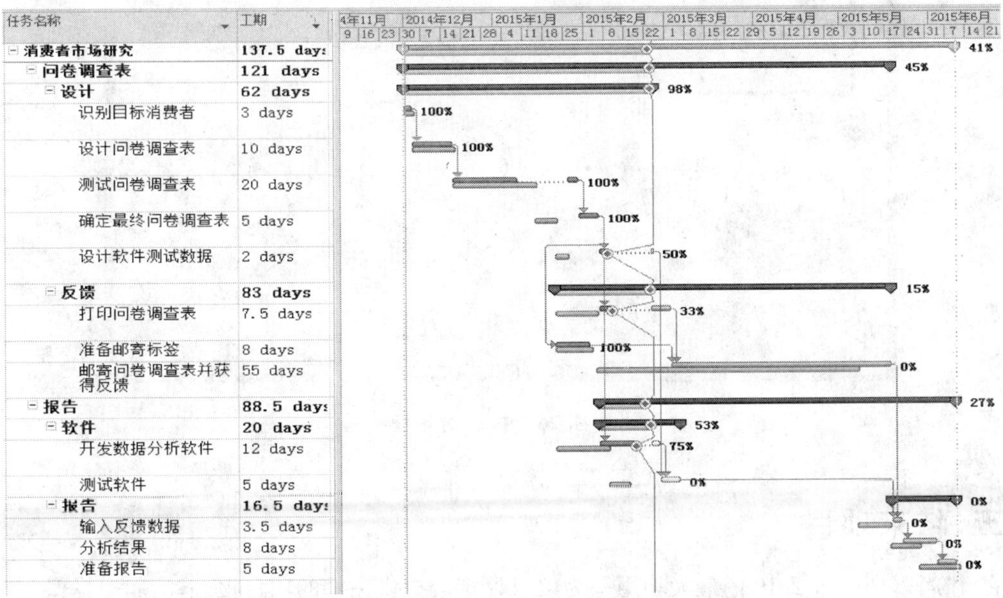

附图 24　压缩工期后的项目甘特图

任务名称	固定成本	固定成本累算	总成本	比较基准	差异	实际	剩余
⊟消费者市场研究	**¥0.00**	**按比例**	**¥47,810.00**	**¥46,070.00**	**¥1,740.00**	**¥19,770.00**	**¥28,040.00**
⊟问卷调查表	**¥0.00**	**按比例**	**¥39,220.00**	**¥38,120.00**	**¥1,100.00**	**¥17,770.00**	**¥21,450.00**
⊟设计	**¥0.00**	**按比例**	**¥16,600.00**	**¥16,800.00**	**-¥200.00**	**¥16,200.00**	**¥400.00**
识别目标消费者	¥0.00	按比例	¥1,000.00	¥1,300.00	-¥300.00	¥1,000.00	¥0.00
设计问卷调查表	¥0.00	按比例	¥4,100.00	¥4,100.00	¥0.00	¥4,100.00	¥0.00
测试问卷调查表	¥300.00	按比例	¥8,800.00	¥8,400.00	¥400.00	¥8,800.00	¥0.00
确定最终问卷调查表	¥0.00	按比例	¥2,100.00	¥2,100.00	¥0.00	¥2,100.00	¥0.00
设计软件测试数据	¥0.00	按比例	¥600.00	¥900.00	-¥300.00	¥200.00	¥400.00
⊟反馈	**¥0.00**	**按比例**	**¥22,620.00**	**¥21,320.00**	**¥1,300.00**	**¥1,570.00**	**¥21,050.00**
打印问卷调查表	¥0.00	按比例	¥3,100.00	¥3,400.00	-¥300.00	¥750.00	¥2,350.00
准备邮寄标签	¥0.00	按比例	¥820.00	¥820.00	¥0.00	¥820.00	¥0.00
邮寄问卷调查表并获得反馈	¥500.00	按比例	¥18,700.00	¥17,100.00	¥1,600.00	¥0.00	¥18,700.00
⊟报告	**¥0.00**	**按比例**	**¥8,590.00**	**¥7,950.00**	**¥640.00**	**¥2,000.00**	**¥6,590.00**
⊟软件	**¥0.00**	**按比例**	**¥3,700.00**	**¥3,600.00**	**¥100.00**	**¥2,000.00**	**¥1,700.00**
开发数据分析软件	¥0.00	按比例	¥2,600.00	¥2,500.00	¥100.00	¥2,000.00	¥600.00
测试软件	¥0.00	按比例	¥1,100.00	¥1,100.00	¥0.00	¥0.00	¥1,100.00
⊟报告	**¥0.00**	**按比例**	**¥4,890.00**	**¥4,350.00**	**¥540.00**	**¥0.00**	**¥4,890.00**
输入反馈数据	¥0.00	按比例	¥1,360.00	¥1,220.00	¥140.00	¥0.00	¥1,360.00
分析结果	¥0.00	按比例	¥1,380.00	¥1,380.00	¥0.00	¥0.00	¥1,380.00
准备报告	¥0.00	按比例	¥2,150.00	¥1,750.00	¥400.00	¥0.00	¥2,150.00

附图 25　压缩工期后的项目总成本

(5)浏览和打印摘要报表。执行【项目】|【报表】|【报表】,将弹出【报表】对话框(附图 26)。此外,用户还可以执行【项目】|【报表】|【可视报表】,输出可视化的图形报表,如附图 14 所示的现金流量报表。

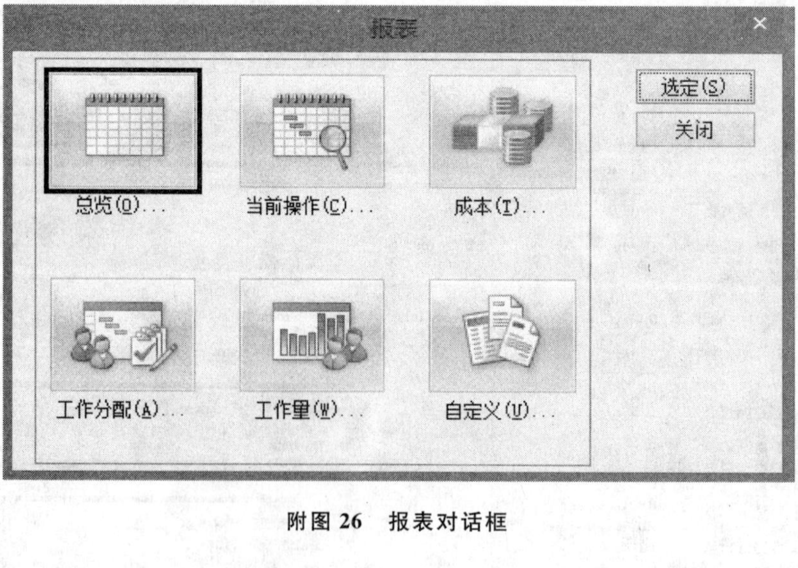

附图 26　报表对话框

五、结束项目

在此阶段,Project 2010 的最大功用是为项目评审会提供完整的项目报表,为用户提供必需的数据,充实项目经理提交的总结报告和评审会的介绍材料。Project 2010 预定的项目结束报表见附表 5。

附表 5　项目结束主要报表

序号	报表名称	主要内容
1	项目摘要表	项目开始和完成日期,计划和剩余工期、工时、成本、任务和资源状况
2	里程碑表	里程碑的任务名称、工期、开始和完成时间等
3	最高级任务表	大纲的第一级任务的名称和工期、开始和完成时间、完成百分比、成本和工时
4	预算表	各任务的固定成本、总成本、比较基准(成本)、差异、实际和剩余成本
5	盈余分析表	项目预算成本和实际成本,估计完成成本和差异完成成本
6	超过预算的任务表	实际成本超出比较基准预算的任务
7	超过预算的资源表	实际消耗工时和材料超出比较基准计划的任务

附图 27 为消费者市场研究项目的"项目摘要表"(其他表略)。在项目后期,通过增加及调整邮寄调查问卷的方式(由平邮改为快递)等良好的组织与协调措施,项目终于按时结束。但因赶工等原因,项目的总成本比计划成本多出 1 740 元,但仍在预算范围内。输出其他表还会发现项目管理中的其他具体问题,这里不再一一列举。总之,做好本项目的总结,也有利于新开工项目的取长补短。

消费者市场研究
宇宙物流
吉姆
日期: 2014年12月2日

日期

开始时间:	2014年12月1日	完成时间:	2015年6月10日
比较基准开始时间	2014年12月1日	比较基准完成时间:	2015年6月11日
实际开始时间:	2014年12月1日	实际完成时间:	NA
开始时间差异:	0 days	完成时间差异:	-0.5 days

工期

当前规划:	137.5 days	剩余:	81.64 days
比较基准:	138 days	实际:	55.86 days
差异:	-0.5 days	完成百分比:	41%

工时

当前规划:	1,192 h	剩余:	772 h
比较基准:	1,272 h	实际:	420 h
差异:	-80 h	完成百分比:	35%

成本

当前规划:	¥47,810.00	剩余:	¥28,040.00
比较基准:	¥46,070.00	实际:	¥19,770.00
差异:	¥1,740.00		

任务状况		资源状态	
未开始任务:	6	工时资源:	5
进行中的任务:	8	过度分配的工时资源:	0
已完成的任务:	5	材料资源:	3
全部任务:	19	总资源:	8

备注

这是一个关于企业拟新开展项目的前期市场研究项目

附图 27　消费者市场研究项目摘要表

【复习思考题】

根据书中的某一案例,学习使用 Project 2010。

参考文献

[1] 周立新. 物流项目管理. 上海:同济大学出版社,2004.

[2] 杰克·吉多,詹姆斯·P·克莱门斯. 成功的项目管理. 张金成译. 北京:电子工业出版社,2011.

[3] 高洁,周鑫,王伟遍. 第三方物流项目管理. 上海:上海交通大学出版社,2009.

[4] 骆珣. 项目管理教程. 北京:机械工业出版社,2012.

[5] 项目管理协会. 项目管理知识体系指南:PMBOK 指南. 5 版. 许江林等译. 北京:电子工业出版社,2013.

[6] 秦立公,王兴中,丁庆. 物流项目管理. 北京:中国时代经济出版社,2006.

[7] 王学锋,刘盈,刘颖. 国际物流项目管理. 上海:同济大学出版社,2006.

[8] 孟祥如. 物流项目招投标管理. 北京:北京大学出版社,2010.

[9] 周晓晔. 物流项目管理. 北京:北京大学出版社,2011.

[10] 王道平,李建立. 物流项目管理. 北京:北京大学出版社,2012.

[11] 张旭辉,孙晖. 物流项目管理. 北京:北京大学出版社,2013.

[12] 曲建科,杨明. 物流成本管理. 北京:高等教育出版社,2013.

[13]刘丹主. 物流企业管理. 北京:科学出版社,2010.

[14] 杨继萍,吴军希,孙岩,等. Project2010 项目管理——从新手到高手. 北京:清华大学出版社,2011.

论文及网络资料:

北京邮电大学硕士学位论文《中国邮政速递物流陆路运输网络建设项目的范围管理研究》.

资料来源:http://www.pgl-world.com/news/detail.aspx? uid=100000012027559

资料来源:百度百科.

资料来源:大连理工大学硕士学位论文《大连星玛电梯有限公司实施第三方物流案例研究》.

资料来源:http://wenku.baidu.com/view/a596214dc850ad02de80413b.html

资料来源:北京邮电大学硕士学位论文《大连中外运物流有限公司集装箱场站建设项目范围管理》.

资料来源:http://www.lt56.net/news/NewsView.asp? newsid=2252

资料来源:郝春田. 鲁东临港物流中心建设项目成本控制研究. 哈尔滨工程大学,2013.

资料来源:郑小毅,上海交通大学硕士学位论文《企业物流外包的项目管理》,2011.

资料来源:http://www.all56.com/www/34/2010-05/40647.html